Sozialwissenschaftliche Forschungen

Herausgegeben von der

Sozialwissenschaftlichen Arbeitsgemeinschaft

Abteilung IV — Heft 6

Berlin und Leipzig 1928

Walter de Gruyter & Co.

vormals G. J. Göschen'sche Verlagshandlung — J. Guttentag, Verlagsbuchhandlung
Georg Reimer — Karl J. Trübner — Veit & Comp.

Sozialwissenschaftliche Forschungen

Herausgegeben
mit Unterstützung der Notgemeinschaft der deutschen Wissenschaft von der
Sozialwissenschaftlichen Arbeitsgemeinschaft

Abteilung IV, Heft 6

Die Konzentrationsbewegung im deutschen Bankgewerbe

Ein Beitrag zur Organisationsentwicklung der Wirtschaft unter dem Einfluß der Konzentration des Kapitals

Mit besonderer Berücksichtigung der Nachkriegszeit

von

Dr. Willi Strauß

Berlin und Leipzig 1928

Walter de Gruyter & Co.

vormals G. J. Göschen'sche Verlagshandlung — J. Guttentag, Verlagsbuchhandlung
Georg Reimer — Karl J. Trübner — Veit & Comp.

Angenommen auf Antrag von Professor Dr. Alfred Weber
durch den Abteilungsleiter Professor Dr. Prion.

Druck von Walter de Gruyter & Co., Berlin W 10.

Inhaltsübersicht.

(Abgeschlossen März 1925, ergänzt bis Mitte 1928.)

Vorbemerkung.

Aufgabe dieser Arbeit soll es sein, die Konzentration der Unternehmungen im deutschen Bankgewerbe, naturgemäß unter Ausschluß der Notenbanken, jedoch unter Einbeziehung der privaten Realkreditbanken, nach ihrem heutigen Stande zu untersuchen. Sie stellt die Vorkriegsentwicklung nur insoweit dar, als aus ihr die Vorbedingungen des historischen Anschlusses erklärt werden müssen. Im übrigen behandelt das Material, aus dem sich die theoretischen Gedankengänge ergaben, ausschließlich die Vorgänge und Besonderheiten der Nachkriegsperiode.

Es ist sechzehn Jahre her, seit das Buch Jacob Rießers über „Die deutschen Großbanken und ihre Konzentration im Zusammenhang mit der Entwicklung der Gesamtwirtschaft in Deutschland" zuletzt erschienen ist. Seitdem fand unseres Wissens die tiefgreifende Umwälzung, die die Banken in erster Linie treffen mußte, nur hier und da Darstellungen einzelner ihrer Seiten. Wir hielten es daher für berechtigt, eine untersuchende Darstellung der Wirkung der Inflationszeit und der sie einleitenden und abschließenden Perioden auf die Bankenkonzentration, wenn auch in engerem Rahmen, so doch einmal als Ganzes zu versuchen.

Zu besonderem Dank bin ich Herrn Geheimrat Prof. Alfred Weber für die Anregung zu dieser Arbeit und für vielfache gütige Förderung verpflichtet.

I. Einleitung.

Die große sozial-ökonomische Wandlung unserer Zeit, die äußerlich sich am deutlichsten in der lebhaften Entwicklung nationaler und internationaler Konzentration manifestiert, hat auch in großem Umfange die Initiatoren und Helfer der Gesamtwirtschaft, die Banken, ergriffen und deren Aufbau von Grund auf umgestaltet. Dieser spezielle Prozeß im größeren Rahmen der gesamtwirtschaftlichen Evolution, der bei uns durch die in den Jahren 1917 und 1920 erfolgenden großen Zusammenfassungen der wirtschaftlichen Interessen, die großen Zusammenschlüsse, von neuem aufs intensivste eingeleitet worden ist, ist noch nicht ein Vollzogenes, sondern, wenn auch tatsächlich seit längerer Zeit unterbrochen, in der Entwicklung Befindliches, und darum ist es schwer, das Fließende erschöpfend darzustellen und zu deuten. Die Fülle der Tatsachen und Erscheinungen, deren eine jede einer umfassenden Monographie wert und fähig wäre, zwingt zu stark zusammenfassender Darstellung. —

Der Vorgang der Konzentration vereinigt — meist auf Grund Besitzverhältnisses — die Dispositionsgewalt über Unternehmungen und deren Vermögen, die zuvor in der Hand vieler, isoliert Handelnder und vermöge individueller Kapitalmacht Wirtschaftender gelegen hat, in der Hand weniger mehr und mehr aufsteigender Großunternehmer. An die Stelle der Vereinzelung tritt das kontraktlich geregelte oder doch einverständliche, das solidarische, auf Gleichgewicht der Kräfte oder auf Unterordnung basierende Vorgehen, an Stelle der Funktion der Einzelgröße die Gesamtfunktion einer kollektiven Macht; wenigen Großen fällt die bisherige Aufgabe vieler Kleiner zu. Der den Banken zur Verfügung stehende Prozentsatz des Nationalvermögens ist in der Hauptsache und in seinen entscheidenden Teilen auf wenige wichtige Stellen zentralisiert, das „Finanzkapital" mehr und mehr „konzentriert". Aus zahlreichen notorischen und zahlreicheren latenten Fäden hinüber und herüber setzt sich das Gebilde des Konzerns zusammen, der letzten Endes als Gesamtbild aller stärkeren und loseren Interessengemeinschaften, Beteiligungen und finanziell begründeten Dauerfreundschaften, als komplexe Gestaltung mit einheitlicher Spitze, ersteht. Es entsteht der Bankenkonzern, die Zusammenfassung von durch gemeinsame Orientierung an Kapitalinteressen verbundenen, meist gesellschaftsrechtlich dauernd verknüpften, rechtlich selbständigen Bankunternehmungen, die (einander gleichgeordnet oder aber — meist — infolge der ungleich verteilten Kapitalgewichte untergeordnet) eine von einander entsprechenden Intentionen getragene und weitgehend zentral geleitete, gewohnheitsmäßig oder (überwiegend!) vertraglich geregelte, einheitliche Geschäftspolitik betreiben. Das Ziel ist der Konzernorganismus, in dem die Einzelglieder so innig verknüpft sind, daß die Disposition über das Geldkapital (kraft dessen Fungibilität) einheitlich von oben erfolgt — mit anderen Worten: die vorhandenen Kapitalmengen jeweilig vorzugsweise an die Stellen vorzugsweise zu befriedigender Kreditnachfrage geleitet und verteilt werden können. Ein in sich geschlossener Kreislauf soll also die Glieder verbinden und zu einheitlicher Funktion im Sinne gleicher Interessen befähigen, so daß die nach außen ausstrahlenden Beziehungen jedes einzelnen Gliedes dem Ganzen zugute kommen und auch gegenüber den Anforderungen labiler äußerer Wirtschaftslage eine von außen möglichst unabhängig machende Autarkie des großen Gesamtgebildes garantiert bleibt.

Dabei gilt als Charakteristikum gerade der Bankenkonzerne und für die Bewertung der für ihre Begründung gewählten Organisationsformen: mag auch der juristische Vorgang — insbesondere seinerzeit bei den „Interessengemeinschafts"verträgen — formal auf völlige Gleichberechtigung und gegenseitige Abhängigkeit in der Verfügungsgewalt abheben: in der Tat wird heute in den meisten Fällen Initiative und wirkliche Führung trotz aller denkbaren rechtlichen Verbrämung auf einer Seite liegen.

Es handelt sich also zunächst auch hier um eine Herrschaftsform, die sich gründet „lediglich auf die kraft irgendwie gesicherten Besitzes ... geltend zu machenden Einflüsse auf das lediglich dem eigenen Interesse folgende, formal „freie" Handeln der Beherrschten" [1]), zugleich aber auch um ein Machtverhältnis, das sich „im Verlauf einer Entwicklung sehr leicht in formell geregelte Autoritätsverhältnisse verwandelt" [2]). So werden durch gelegentliche freie oder aber zwangsläufig oder doch „unter dem Druck der Verhältnisse" notwendig werdende Vereinbarungen „gleitende Übergänge" in verschieden straffen Formen bis zur autoritären Regelung der geschäftlichen und finanziellen Beziehungen entstehen, werden alle Stadien und Möglichkeiten vom wenigstens

[1]) Max Weber, Wirtschaft und Gesellschaft, S. 604.
[2]) ib. S. 606.

formal „gleichberechtigten“ Verhältnis der gegenseitigen Rechtsbeziehung „unter formal ‚freiwilliger‘ Annahme der ‚angebotenen‘ Bedingungen“ im „Übergang bis zum durchweg unfreiwilligen und für den Unterworfenen normalerweise unlöslichen reinen Autoritätsverhältnis“ [1]) durchlaufen. So wird dann endlich heteronome Stellung geschaffen: (seltener) durch Übertragung der Gesamtwillensbildung an eine übergeordnete, gemeinsame Instanz (Dachgesellschaft, Gemeinschaftsrat) oder an eine nur durch gegenseitig-gleiche, gemeinsame Willensrichtung funktionierenden Apparat (Aufsichtsratsaustausch) oder aber — und so ist es bei den Banken die Regel — an eine einzige, entsprechend ihrem Kapitaleinfluß eine gewisse Kontrolle ausübende oder völlig beherrschende Gesamtleitung, an die Konzernzentrale, an die Muttergesellschaft.

Diese Konzentration ist hier selbstverständlich eine horizontale, wenn man auch, falls diese Scheidung hier überhaupt Sinn und Berechtigung hat, angesichts der weitgehend besonders gearteten Aufgaben der „Größtbanken“, namentlich im Emissionsgeschäft und in der Industriepolitik, im Gegensatz zu dem Wirkungskreise der kleineren, lokalen Banken (Mittelstand und Kleingewerbe), eine funktionale Analogie zu der bei der Industrie sogenannten vertikalen Konzentration aufstellen könnte.

Die Konzentration erfolgt dabei a) (lediglich als Kapitalkonzentration) durch Kapitalserhöhung, b) durch Expansion, welch letztere wiederum möglich ist entweder durch bloße Neuerrichtung (Eröffnung von Niederlassungen ohne Umwandlung bestehender Unternehmungen) oder aber durch Arbeits- bzw. Interessengemeinschaft, Beteiligung und endlich Verschmelzung.

Unser Thema findet durch die Beschränkung auf die unter b) genannten Möglichkeiten der (eigentlichen) Konzentration — und zwar im wesentlichen unter Außerachtlassung der rein filialmäßigen Ausdehnung — also auf die Konzentration der Unternehmungen seine sachlich notwendige Umgrenzung. —

[1]) ib. S. 605.

II. Entwicklung und Tendenzen der Konzentration.

1. Aufstieg und Tempo der äußeren Entwicklung.

Die Bankenkonzentration, deren äußere Entwicklungsgeschichte, deren Gang und Tempo wir im folgenden — in großen Zügen — betrachten wollen, knüpfte, nach naturgemäßer kurzer Unterbrechung vom Sommer 1914 bis Ende 1916, im Jahre 1917 erneut an eine äußerst umfangreiche und bewegte Konzentrationstätigkeit an, die sie als Erbe aus der Vorkriegszeit übernahm: Bereits vor dem Kriege hatte die Zusammenschlußbewegung, nachdem sie nach der Konsolidierung der Kreditgroßbanken in der Reichshauptstadt und deren erstem großen Aufstieg kräftig eingesetzt hatte [1]), in lebhaftem Tempo und mit wiederholtem, ruckhaftem Einsetzen — man denke an die Jahre 1897/98 [2]) und (nach der Krise von 1900/01) 1902 [3]) und 1903, vor allem aber 1904/05 — immer weitere Kreise gezogen und in schon bedeutender Erfassung aller Gebiete die stärksten Grundlagen für Gruppenmachtbildungen und Interessensphären gelegt. So konnte die große, umfassende Bilanz, wie sie Rießer Ende 1911 zuletzt zog, schon eine zahlenmäßig starke Zuordnung der Bankwelt an einige führende, über starke Konzerne und bedeutende Interessensphären verfügende Großbankgruppen [4]) als das Ergebnis der ersten 25 Jahre feststellen.

Der ausgehende Krieg und die ihm folgenden Jahre brachten die Riesenfusionen und darüber hinaus eine Knüpfung immer zahlreicherer Fäden und ein Eindringen der Großbanken in das provinzielle Bankgewerbe von bisher unerhörtem Ausmaß und beschleunigten das schon vorher relativ heftige Tempo. Unter

[1]) In den 1850er und 60er Jahren gering durch Kommanditierungen, seit 1871 langsam anschwellend durch Fusionen.

[2]) Übrigens wurde auch das Börsengesetz als Anlaß zur Bankenkonzentration empfunden (vgl. bes. Helfferich, Georg von Siemens II, 152, 156).

[3]) Kapitalkonzentration bei den Berliner Großbanken 1891—96 um 43,7%; 1897—02 um 153,2% (Rießer, S. 509).

[4]) 8 Groß- mit zusammen 143 Konzernbanken (per Ende *1908*). A. Lansburgh gibt *1910* in der „Bank" an, daß in den letzten 6 Jahren etwa 200 Bankiers ihre Selbständigkeit zugunsten von Aktienbanken aufgegeben hätten.

dem Einfluß der abnormen Verhältnisse ergaben sich — in ganz anderem als dem vom Konzentrationsdrange der Vorkriegszeit etwa bedingten Maße — verstärktes Bedürfnis und zugleich verstärkte Möglichkeit. Wenn von der Industrie — in dieser Form freilich oberflächlich genug — gesagt werden konnte (Ufermann-Hüglin, Die AEG): „die Konzentration tritt eigentlich erst seit dem Kriege in sichtbarste Erscheinung", so trifft das auf die Banken zunächst nur mit noch größerer Einschränkung zu. Denn während die Industriekonzerne sich in ihrer beispiellosen, vertikal gerichteten Ausdehnung ganzer, neuer Produktionsgebiete bemächtigten und während in und nach dem Kriege erst, von alten Großkonzernen wie dem AEG-, dem Siemens- oder dem Thyssen-Komplex abgesehen, die Industriegruppen recht eigentlich zu ihrer dominierenden Höhe erwuchsen (Stinnes, Anilin), handelt es sich bei der Entwicklung und Gestaltung der Bankenkonzentration nur um eine im Vergleich zur Vorkriegsperiode ungewöhnlich verstärkte und beschleunigte, sich teilweise auf besonders große und bisher als ganz unantastbar geltende Objekte richtende, an Tempo und Umfang wachsende Zusammenschlußbewegung, die im Jahre 1917 ihren ersten großen Anlauf nahm, um in den Jahren 1920/22 ihren Höhepunkt zu erreichen. Als in Verfolg des „Hindenburg-Programmes" (Hilfsdienstgesetz vom 2. 12. 1916) durch die bis zum äußersten erweiterte privatwirtschaftliche Mobilmachung ein sehr heftiger Konjunkturaufschwung einsetzte, nahm — mit einer seltsamen Plötzlichkeit, man kann sagen auf der ganzen Linie — im Februar 1917 nach dem durch die unsichere Lage der Jahre 14—16 gebotenen Stillstand die expansive Konzentrationsbewegung im Bankgewerbe erneut (übrigens auch in England besonders seit 1917!) stärksten Fortgang. Sie wurde ermöglicht und bedingt zugleich durch ständiges Wachsen der Bankeinlagen und dadurch größte Geldflüssigkeit, durch eine vorangegangene „Stärkung der inneren Rücklagen der Banken pro 1916, die niemals in der Geschichte des deutschen Bankwesens in solchem Umfange durchzuführen gewesen ist wie gerade in der Kriegszeit" (Wirtschaftsdienst 1916, S. 239). So kauften die Großbanken in weitestgehendem Umfange die Schwächeren, die Banken geringerer Größe, auf, die an sich nicht in aktueller Bedrängnis zu sein brauchten, bei denen aber immerhin eine gewisse Schwäche oder mindestens Aufnahmewilligkeit (wie auf Seiten der Konzentratoren Wohlstand, Liquidität) Voraussetzung sein mußte. Der Konzentrationsprozeß, stark schon vor dem Kriege, beschleunigt unter der Wirkung der gesteigerten Konjunktur, nahm seinen Fortgang, nirgends Halt machend, alles durchdringend und aufteilend. Seit 1920 formierten und weiteten sich in der Schwerindustrie, 1917, 1920 und besonders 1922 im Bankgewerbe die großen Expansionszentren, wie sie heute noch, verbreitert in der folgenden Zeit, vor uns stehen.

Auch die Sequestrierung bzw. Lahmlegung der in Südamerika, Afrika und Ostasien belegenen deutschen Überseebanken und die plötzliche Abschneidung der wirtschaftlichen Expansionsmöglichkeiten im Auslande — man denke an die großen Auslandsgeschäfte, namentlich der Deutschen Bank — drängte viel verhaltene Kraft des jahrelang eingesperrten Kapitals ins Inland, wo man mit bisher unbekannter Initiative z. B. das Filialnetz aufs ausgiebigste ausbaute und allseitig verstärkte. In planmäßiger Intensität gliederten sich die Größtbanken nach und nach eine Fülle bedeutender, aber auch kleinerer Provinzinstitute an, zunächst wirksam darin indirekt unterstützt von den Großbanken ihres Konzerns, die mit gleichem und oft noch größerem Eifer als ihre Freundes- oder Muttergesellschaften in ihrem Umkreise Übernahme auf Übernahme durchführten, für sich und dadurch in der endlichen Wirkung oftmals für Berlin, Beteiligung auf Beteiligung erwarben.

Die großen Konzentratoren, die Berliner Zentren der Bankkonzerne, wuchsen, nachdem sie bereits vor dem Kriege in allen deutschen Industrien ihren Einfluß ausgeübt hatten, erst in und nach dem Kriege — besonders auch durch Errichtung zahlreicher neuer Filialen, ein in dieser Fülle und Planmäßigkeit für sie alle ohne Ausnahme ganz neues Prinzip — gänzlich über einen gewissen, ihnen (allen außer der Deutschen Bank, der Disconto-Gesellschaft und der Dresdner Bank) noch anhaftenden lokal beschränkten Wirkungskreis hinaus und wurden so — auch der Industrie gegenüber — mehr und mehr unabhängig von einer bestimmten regionalen und fachlichen Interessenlage: die „D-Banken", die noch 1914/15 [1]) über ein numerisch ganz bescheidenes Filialnetz von je ein, zwei bis höchstens vier Dutzend Niederlassungen verfügten, nahmen eine gewaltige Dezentralisation durch Filialerrichtung vor und zählen heute (nach dem durch die Krise von 1924/25 bedingten partiellen Abbau) jede etwa 85—170 Niederlassungen.

Deutsche Bank: 1900: 6, 1911: 10, 1913: 15, 1924: 142, Ende 1926: 173 Filialen;

Disconto-Gesellschaft: 1900: 2, 1913: 13, 1924: 98, zusammen mit dem A. Schaaffhausenschen Bankverein und der Norddeutschen Bank 133 Niederlassungen; Ende 1926: 99 + 30 = 129 (trotz inzwischen erfolgter Aufnahme der Bank für Thüringen mit 19 Filialen);

die Berliner 6 (1913: 8) Großbanken: 1913: 169, 1923: 1100, Anfang 1924: 835, Ende 1924: 779, Ende 1926: ca. 712 Niederlassungen. —

Viele unter den größten Banken wuchsen so erst allmählich in diese neue Rolle hinein: die Commerz- und Privatbank (die ihr Filial-

[1]) Ende *1900*: Darmstädter Bank 2, Commerz- und Discontobank 2, Dresdner Bank 13, Nationalbank für Deutschland 0, A. Schaaffhausenscher Bankverein 1 Filiale.

netz im Kriege und später ganz besonders rasch ausdehnte und von 1913 bis Anfang 1924 auf mehr als das 30fache brachte), vorübergehend die Mitteldeutsche Creditbank (die 1917 bis 1926 sogar bis nach Königsberg ging, seit 1924/25 aber wieder völlig — wie früher — ihren Schwerpunkt in Mitteldeutschland hat) und sogar die Darmstädter Bank, die erst jetzt, 1921, durch den Zusammenschluß mit der (gleichfalls erst seit 1920 in Nordwestdeutschland ausgebreiteten) Nationalbank für Deutschland ihren bisher vorzugsweise süd- und südwestdeutsch orientierten Charakter abstreifte. Darmstädter und Nationalbank und Commerz- und Privatbank, die beide also allein, wie gesagt, als letzte unter den Großbanken aus ihrer historisch gegebenen regionalen Gebundenheit heraustraten, zeigten denn auch eine überdurchschnittliche Entwicklung, mußten daher aber auch 1924/25 am durchgreifendsten abbauen.

Auch heute ist natürlich keineswegs bei allen Großbanken regional gleichmäßige Vertretung und Ausbreitung erzielt. Aus historischen Gründen ist die Deutsche Bank heute relativ besonders gering in Süddeutschland, Sachsen und Schlesien, die Disconto-Gesellschaft am schwächsten gleichfalls im Süden und in Schlesien, die Dresdner Bank am schwächsten in Süd- und Südwestdeutschland und namentlich in Schlesien verbreitet. Die Danatbank ist ziemlich gleichmäßig in ganz Deutschland vertreten, besonders stark im Norden, wie die Commerzbank in Mitteldeutschland (weniger im Osten und Süden).

Dabei erfolgte gleichzeitig, wie erwähnt, in paralleler Entwicklung die Unterbauung dieser extensiv angelegten Systeme durch den die Größtbanken umgebenden Kreis von regional begrenzten Munizipialbanken (Essener Creditanstalt, A. Schaaffhausenscher Bankverein, Süddeutsche Disconto-Gesellschaft, Bank für Thüringen, Rheinische Creditbank; vgl. Abschnitt „Aufbau und Gestalt"), die ihrerseits ihren Bezirk durch Erwerb weiterer Beteiligungen, durch Errichtung von neuen Filialen und durch Übernahmen aller Art aufs intensivste durchdrangen, vielfach auch auf Nachbargebiete übergriffen (so die ADCA auf Schlesien).

Ebenso wie die Großbanken nahmen mittlere und kleinere Banken vielfach lokal nahestehende Firmen auf oder erwarben Beteiligungen. Gleichzeitig schlossen sich auch größere Banken und namentlich Privatbankhäuser zu Interessengemeinschaften auf der Basis der Gleichordnung zusammen. (Eine Bewegung, die an sich, eben wegen der Koordination und wegen der bisweilen mangelnden Kapitalverflechtung, schon ein oft nicht zu starkes Band knüpfte, darum im Gesamtergebnis nicht bedeutend war und so auch in zahlreichen Fällen während der Ernüchterung in der späteren Gesundungskrise zur Wiederauflösung führte).

Verdeutlichen wir uns zunächst die gewaltige Entwicklung qualitativer wie quantitativer Verstärkung, die die Großbankkonzerne durch ihren „Marsch auf die Provinzbanken" erfuhren, an einem Einzelbeispiel, der Zahl der durch Übernahme völlig und definitiv angegliederten privaten Bankfirmen in der ersten Periode der Nachkriegskonzentration, also allein in den Jahren 1914 bis Mitte *1921*:

durch die Deutsche Bank	2
Disconto-Gesellschaft	7
Darmstädter Bank	24 [1])
Dresdner Bank	4
Commerz- u. Discontobank	12
Mitteldeutsche Creditbank	8
Berliner Handelsgesellschaft und bes. Nationalbank für Deutschland	26

Von diesen 8 Größten wurden also allein in dieser ersten Epoche *83*, von 20 anderen Banken *102* Privatbankhäuser übernommen. Hinzu kommt die viel größere Zahl der Aktienbanken!

Dabei löste häufig das Vorgehen einer D-Bank ein solches einer anderen aus: so traten sich fast überall die Deutsche Bank und die Disconto-Gesellschaft, die, in ihrer außerordentlich starken Rivalität, einander auch hierin die größten Wettbewerberinnen waren, konkurrierend gegenüber und riefen gleichzeitig oder etwas später auffallendste Gegenbewegungen hervor (wobei die Disconto-Gesellschaft häufig eine sehr glückliche Hand bewies: der mächtige Schlag, den die Disconto-Gesellschaft 1914 durch die Übernahme des A. Schaaffhausenschen Bankvereins, Köln, führte, sicherte ihr, da er gleichwertig, in solcher Stärke, gar nicht mehr erwidert werden konnte, das Übergewicht im westlichen Industriebezirk, wohingegen in Schlesien die Deutsche Bank die erste am Platze war und die Disconto-Gesellschaft (wegen ihres erst 1922 ablaufenden Vertrages mit E. Heimann, Breslau) viel später folgte). —

Belege für die Wirkung dieses (von Pinner, Emil Rathenau, S. 278, sog.) „Gesetzes des Dualismus und der Rivalität":

Deutsche Bank:

Interessennahmen	1903 Essener Creditanstalt
	1904 Rheinische Creditbank
Fusionen	31. 3. 1914 Berg.-Märk. Bank
	Febr. 1917 Nordd. Kreditanst., Königsberg
	1917 Schles. Bankverein
	1920 Hannov. Bank
	1920 Württemb. Vereinsbank (Interessenverstärkung)

[1]) Allein 1920 im ganzen 29 neue Filialen.

Disconto-Gesellschaft:

Interessen-nahmen	1904 Barmer Bankverein 1905 Südd. Disconto-Gesellschaft
Fusionen	29. 5. 1914 A. Schaffh. Bankverein [1] März 1917 Königsb. Vereinsbank 1921 Schles. Handelsbank 1919 Herm. Bartels, Hannover Nov. 1919 Stahl & Federer A.-G., Stuttgart

2. Vergleichende Statistiken und Daten.

A. Vorinflationäre Entwicklung.

I. a) Zahl der deutschen Kreditaktienbanken mit mindestens 1 Million Mark Aktienkapital:

Ende 1883:	} 71	Ende 1896:	98	Ende 1909:	168 [3]
1884:		1897:	102	1910:	165 [4]
1885:		1898:	108	1911:	158
1886:		1899:	116 (!)	1912:	156
1887:		1900:	118	1913:	160
1888:		1901:	125	1914:	150 (!)
1889:	93 (!)	1902:	122 [2]	1915:	148
1890:	92	1903:	124	1916:	141
1891:	95	1904:	129	1917:	127 (!)
1892:	94	1905:	137	1918:	120
1893:	93	1906:	143	1919:	115
1894:	96	1907:	158	1924:	97
1895:	94	1908:	169	1925:	99

Anfang 1927 waren von jenen 1918 gezählten *120* Kreditbanken noch *65* vorhanden. — Hinzugekommen sind sehr zahlreiche Neugründungen. Ca. 20, deren Aktienkapital jetzt unter 1 Million Reichsmark bleibt, fallen fort. Von diesen 65 wird eine große Zahl außerdem von den Berliner Großbanken beherrscht (über 20). —

---

[1]) Hier ausdrücklich von der Disconto-Gesellschaft als Motiv bezeichnet! Dagegen hatte die Deutsche Bank kurz zuvor die Fusion mit der Berg.-Märk. Bank mit der Filialerrichtung der Disconto-Gesellschaft in Essen (und der Darmstädter Bank in Düsseldorf) motiviert!

[2]) Auswirkung der Krise von 1901.

[3]) Von 386 Aktien- und K. a. A.-Banken insgesamt. Von den Banken, die vor dem Kriege existierten, waren am 1. 1. 1924 noch *150* vorhanden, von den seit 1. 1. 1915 gegründeten noch *265*, die also 64% der Gesamtzahl, aber weniger als 23% des gesamten Eigenkapitals ausmachten.

[4]) Peripetie infolge 1910 stark einsetzender Konzentration (nach der Krise 1907/08).

Zahl der Notenbanken:		der Hypothekenbanken:	
1883:	18	1883:	24
1900:	8	1900:	39
1902/04:	6	1903/15:	40
seit 1905:	5	1916:	39
		seit 1920:	37

Zur Erklärung der vorseitigen Tabelle:

Vor dem Kriege überstieg der Zugang neuer Institute aus Anlaß ansteigender Konjunkturkurven den Abgang infolge von Konzentrationsvorgängen. Dann aber wurde es umgekehrt.

(Die Konjunkturen:
Höhepunkte: 1889; 1897—*1899/1900*; 1905—1907; (1909 [sehr günstiges Bankenjahr] —1911).
Tiefstand: (1886), (1891—)*1892/93* (—94); (1900/) *1901*; *1907*/08; 1913 (finanzielle Anspannung). —

Die gezeigte Verminderung der Zahl der Aktienbanken von mindestens 1 Million A.-K. ist in erster Linie Folge des Konzentrationsprozesses und erst in zweiter Linie Folge der durch die Inflation bewirkten Substanzminderung.

Ib) Die gleichzeitig fortschreitende Kapitalkonzentration innerhalb der Kreditaktienbanken:

(nach: Die wirtschaftlichen Kräfte Deutschlands, Dresdner Bank 1913; ergänzt nach dem „Deutschen Ökonomist".)

	1883	1911	Steigerung	1918	Ende 1924
Zahl d. Banken	71	158	1 : 2,2	120	97
Aktienkapital	705,6	2928,9	1 : 4,1	2751,7	980,1
Reserven	90,8	801,7	1 : 8,8	892,6	257,5

Ic) Die Kapitalkonzentration innerhalb der deutschen Aktienbanken (Kreditbanken, Notenbanken, Hypothekenbanken) (nach den Angaben des „Deutschen Ökonomist").

				davon Kreditbanken		
Jahr	Zahl d. Banken	Akt.-Kap. + Reserven	Auf 1 Bank im Durchschnitt	Zahl	A.-K. + Res.	pro Bank im Durchschnitt
1885	113	1454,0 Mill.	1883 : *12,5* 1885 : 12,8	71	817,19	*11,5*
1890	136	1925,1 „	14,2	92	1242,21	*13,5*
1895	135	2178,4 „	16,1	94	1345,45	*14,3*
1900	165	3394,1 „	20,5	118	2350,48	*19,9*
1905	182	4002,4 „	22	137	2703,14	19,7
1910	210	5042,5 „	24	165	3503,21	*21,2*

Jahr	Zahl d. Banken	Akt.-Kap. + Reserven	Auf 1 Bank im Durchschnitt	davon Kreditbanken Zahl	A.-K. + Res.	pro Bank im Durchschnitt
1911	203	5306,6 Mill.	*26,1*	158	3730,55	*23,6*
1914				150	3722,78	*24,8*
1918				120	3644,38	*30,4*
1919				115	3735,0	*32,5*
1924				97	1237,59	*12,8*

II a) Anteil der 7 (9) Berliner Großbanken (ohne ihre Konzernbanken) an dem von allen reinen Kredit-Aktienbanken (mit mindestens 1 Million Mark Aktienkapital) verwalteten Eigen- und Fremdkapital[1]).

1890: 51,0	1914: 52,6	% des insgesamt verwalteten Eigen- und Fremdkapitals (am Jahresende)
1900: 54,9	1915: 55,6	
1907: ca. 44	1916: 58,1	
1908: 50,0	1917: 63,4	
1909: 49,9	1918: 64,7	
1910: 51,7	1919: 70,5	
1911: 51,4	1920: 73,2	
1912: 51,2	1924: auf etwas über 2/3 zurückgegangen[2])	
1913: 51,7		

davon allein an den Depositen:

1895: 39	1911: 50,9	1917: 65,9
1906: 48	1912: 48,4	1918: 62,5
1907: 47	1913: 51,3	1919: 70
1908: 45	1914: 52,5	1920: 74,7%
1909: 44,9	1915: 57,6	
1910: 48,3	1916: 60	

II b) Mit den angegliederten bzw. befreundeten Banken verfügten sie über ein Eigenkapital (A.-K. + Res.) von

Ende 1906: 80	Ende 1913: 83,7	des Eigenkapitals der Kredit-Aktienbanken (von über 1 Million M. A.-K.)[3])
1907: 82	1914: 84,4	
1908: 83	1915: 86,2	
1909: 83	1916: 84	
1910: 84	1917: 88,6	
1911: 83	1918: 87	
1912: 83,3	1919: 91,9	
	1924: etwa 79%	

[1]) Fremdes Kapital: Kreditoren, Akzepte und Schecks, sonstige Passiva und Reingewinne.

[2]) Reichskreditgesellschaft und Verkehrskreditbank wurden inzwischen gegründet!

[3]) Hier wie im folgenden ist volle Exaktheit wegen der unumgehbaren

B. Derzeitiger Stand.

6 Großbanken: die 4 D-Banken, Commerz- und Privatbank und Mitteldeutsche Creditbank (Disconto-Gesellschaft inkl. A. Schaaffhausenscher Bankverein und Norddeutsche Bank) hatten am 31. Oktober 1926 folgenden Anteil an den Gesamtziffern der *85* im Rahmen der Zweimonatsbilanzen erfaßten Kreditbanken[1]) (in Klammern die Prozentsätze bei den am 28. Februar 1913 ausgewiesenen 91 Banken, ohne Berücksichtigung der Fusionen; Disconto-Gesellschaft inkl. Norddeutsche Bank): Aktienkapital: **64,91%** (*44,2*); Aktienkapital + Reserven: **72,5%** (*47*); Kreditoren: **82,5%** (*60*); Debitoren: **78,8%** (*51*). Soweit ohne die beherrschten Konzernbanken! Bei den 55 unter diesen Banken, die ein A.-K. von mindestens 1 Million M. hatten, verfügten die 6 Großbanken über **65,9%** des A.-K., **69,7%** A.-K. + Reserven, **83,26%** der Kreditoren; unter Einbeziehung von 20 Konzernbanken in der Provinz erhöhen sich die Ziffern auf **80,4** bzw. **82,75** bzw. **93,8%**.

C. I. Das Beispiel eines Platzes:

Das allmähliche Vordringen der Großbanken unter jedesmaliger Übernahme einer bestehenden Bankfirma in Hannover:

Jahr	Filiale der	durch Übernahme von
1898	Dresdner Bank	Alexander Simon
1900/01	DarmstädterBank	H. Oppenheimer; Otto Davisson
1913	Mitteldeutschen Creditb.	Heinr. Narjes
1907	Commerz- u. Disconto-Bank	B. Magnus; 1914: Adolph M. Wertheimers Nachf.
1918		Mendel & Rosenthal
1917	Disconto-Gesellschaft ..	Filiale der Vereinsbank in Hamburg.
1919		Herm. Bartels (zweitgrößtes Privatbankhaus am Platze)
1920	Deutschen Bank	Hannoversche Bank (Vollfusion; seit 1897 durch Interessengemeinschaft verbunden.)
1920	Nationalbank für Deutschland..........	Bernh. Caspar.

(Darmstädter und Nationalbank wurden nach der Fusion ihrer Berliner Zentralen auch in Hannover vereinigt.) — Seit 1920

Doppelzählungen (Beteiligungskonto und Aktienkapitalien! Kreditoren usw.!) praktisch nicht erzielbar.

[1]) Also ohne Reichskreditgesellschaft, Verkehrskreditbank, Berliner Handelsgesellschaft, Bayerische Hypotheken- und Wechselbank, Bayerische Vereinsbank.

unverändert. — Außerdem war das größte Privatbankhaus (Ephraim Meyer & Sohn) 1894—1925 Kommandite der Norddeutschen Bank in Hamburg (Disconto-Gesellschaft).

Soweit Hannover als Beispiel unter vielen möglichen. In einem Wirtschaftszentrum wie Würzburg faßten die großen Banken überhaupt erst in und nach dem Kriege Fuß.

II. Das Beispiel zweier D-Banken:

a) Vollfusionen der Darmstädter Bank bis zum Zusammenschluß mit der Nationalbank für Deutschland:

In den 12 Jahren von 1900 bis 1911: *19* Aktienbanken und Bankgeschäfte. Dagegen 19*14* bis 19*21* allein 24 Bankgeschäfte!

b) Errichtung neuer Filialen, Geschäftsstellen und Depositenkassen durch die Dresdner Bank:

1892—1913: *43*. — Dagegen wurden allein 1917 bis 1921 *64* Filialen (!) begründet, wovon 1917 allein 33, 1920: 14 — fast alle durch Übernahme.

3. Gegenwirkungen im Konzentrationsprozeß (Hemmungsfaktoren).

Dem so stark erhöhten Tempo, mit dem der Konzentrationsprozeß 1917 und besonders seit 1920/21 seinen Fortgang nahm, wirkten, wenn auch nicht immer direkt als retardierende Momente, so doch das Gesamtbild und den strukturellen Aufbau des deutschen Banksystems nach anderen Richtungen verändernd, einige starke Tendenzen hemmend entgegen. Es handelt sich um Gegentendenzen, die zum Teil eine starke Zersplitterung, zum andern Teil aber auch eine spezielle, abseitige Konzentration bedeuten.

A. Inflationistische Gründungshypertrophie.

Zunächst fällt die fieberhafte Gründung kleiner und kleinster neuer Bankgeschäfte stark ins Gewicht. Die Gründungshypertrophie der Inflationszeit [1]) findet ihre Erklärung in der allgemeinen optimistischen Konjunkturstimmung, in der Triebkraft des gewaltig erhöhten Dranges zur Börse (da jeder spekulieren mußte und dazu die Bank als Mittlerin, als die „Eingangspforte zur Börse“ benötigte). Die weitgehenden Kreditbeschaffungsmöglichkeiten, die bekannte Alleinherrschaft des Substanzgedankens, des bloßen Wertsicherungsstrebens, erweiterten den Geschäftskreis der Banken, namentlich im Devisen- und Effektenkommissionsgeschäft, die

[1]) Von den 1925 bestehenden Aktiengesellschaften überhaupt wurden 80% in der Zeit seit 1914 eingetragen, von diesen wieder 55% (44% der heutigen Gesamtzahl) allein im Jahre 1923! Zahllose sind außerdem in der Zwischenzeit wieder eingegangen.

Zahl der Kunden ins Ungeahnte. So wurden 1913 bei der Deutschen Bank 290 000, 1919 schon 600 000 (dagegen wieder Ende 1924: 281 000, Ende 1926: 339 000) Konten geführt. Als die Banken unter der Kreditnachfrage und den Effekten- und Devisenorders kleiner und kleinster Kunden zu ersticken drohten, schlossen sie seit 1922 ihre Schalter gegen neue private Kunden oder vertrieben diese durch die — berechtigte — Verweigerung langfristiger Kredite und durch verschärfte Konditionen oder verlustbringende (da späte) Wertstellungen. Die Folge — auch der Kreditverknappung auf dem Kapitalmarkt seit Ende 1921 — war eine unerhörte Dezentralisation im Bankgewerbe, die umso eher möglich wurde, als sich zahllose gelernte und ungelernte Bankangestellte und andere, von der lukrativen Konjunktur im Bankgewerbe verlockt, selbständig machten.

Neugründungen von Aktienkreditbanken im Jahre *1923*: 99, dazu kamen spezielle „Fachbanken": 35, Landwirtschaftsbanken: 35, andere Fachbanken: mehr als 60. Insgesamt wurden 1923 gezählt: *353* (nach Abzug der aufgelösten: 339) neue Banken in Form der A.-G. und K. a. A. (1921: 32 (21), 1922: 55 (36); 1913: 2 (—11 = —9); (nach dem Statistischen Jahrbuch für das Deutsche Reich. — Die Frankfurter Zeitung nannte noch höhere Jahresziffern). Hunderte von Privatbanken sind hinzuzurechnen. Lewinsohn [1]) stellte die Bedeutung der Konzentrationsergebnisse noch hinter diejenige der in solchen Neugründungen zum Ausdruck kommenden von ihm sogenannten „Banken-Inflation": „Aber organisatorisch wird doch der Zusammenschluß überkompensiert durch die Fülle der neuen Kleinbetriebe im Bankgewerbe". — Nun, zahllose dieser Neugründungen verschwanden unter dem Frühlingswind der Deflation, und qualitativ haben wir diese Banken seitdem auch geringer einschätzen gelernt. — Die Zahl der Banken soll *1923* das 6- bis 8-fache derer von *1913* betragen haben. (Frkftr. Ztg.)

Gründung von Aktienbanken *1924*: 118 mit 24,37 Mill. A.-K. (1. Quartal: 85, 2. Quartal: 16; 3. Quartal: 12, 4. Quartal: 5), *1925*: 18 mit 13,01 Mill. A.-K., *1926*: 16 mit 9,5 Mill. A.-K.

Noch immer leidet darum das deutsche Bankgewerbe an einer organisatorischen Überbesetzung, die nur aus den Jahren 1920 bis 1924 [2]) stammt: trotz des Verschwindens von Hunderten von Banken und Bankhäusern erfuhr die Zahl der Unternehmungen im ganzen keine Verminderung. Von den 91 in den Zwei-

[1]) Richard Lewinsohn (Morus), Die Umschichtung der europäischen Vermögen, Berlin 1925, S. 130 ff.

[2]) Höhepunkte der Gründungstätigkeit: August-Oktober und Dezember 1923, Januar 1924.

monatsbilanzen 1913 erfaßten Kreditbanken schieden 57 (meist durch Fusion) aus, aber 51 traten hinzu.

Auch in den Vereinigten Staaten hat sich der Kreis der Banken, sogar seit 1920 (!) erst, um das 3-fache vermehrt (Wirtschaftsdienst v. 15. 8. 24).

Wesentlich ist hierin aber, daß in dem Gründungsfieber der Nachkriegszeit keine eigentlich großen Gründungen vorgenommen wurden, die von dauerndem Bestand waren, daß, wenigstens hinsichtlich der Privat- und Aktienbanken, nur die Zahl der deutschen Banken vermehrt, nicht aber die Relation von Großbanken- und gesamtem Kreditbankenkapital wesentlich verschoben wurde. Zufolge der mehr untergeordneten, von allem Großunternehmertum abseitigen Rolle, die diese neuen Gründungen im finanziellen Leben der Nation spielten — wenn sie auch in ihrer sich aus vielen kleinen Beträgen zusammensetzenden Gesamtsumme freilich den Banken empfindlich viel fremdes Kapital entzogen — konnte ihr vielfacher Zusammenbruch seither auch nicht annähernd so ins Gewicht fallen wie etwa in dem in einigen seiner besten Bankinstitute getroffenen Österreich!

Von größeren Neugründungen hat allein die aus dem Zentralabrechnungsorgan der Kriegsgesellschaften, der Bankabteilung des Reichsschatzamts hervorgegangene Reichs-Kredit-Gesellschaft A.-G., deren Aktienkapital im Besitze der VIAG (Vereinigte Industrie-Unternehmungen A.-G.), der Holding-Gesellschaft des Reiches für die Reichsbetriebe [1]), ist, eine wichtige Stellung inne. Von ihr wird weiter unten zu sprechen sein.

Eine besondere Gegenwirkung bedeutet das Hervortreten zweier — bisher gar nicht oder selten gekannter — Banktypen, das zunächst zu einer weitgehenden partiellen Ausschaltung der regulären universalen Kreditbank führte. Zunächst:

B. Die Eigenbanken der Industrie- und Handelskonzerne,

eine Neuorganisation, die als Gegenwirkung von Handel und Industrie ausging und durch die diese sich weitgehend von der Bevormundung durch die Großbanken freizumachen und ihre eigene Verbindung mit dem Kreditmarkt zu erlangen suchten. Große Konzerne der Industrie und auch große Handelshäuser suchten, gestützt auf ihre teilweise gewaltige Kapitalbildung im Laufe der Nachkriegszeit, in ihrem steten Vordringen auf neue Gebiete des nationalen Wirtschaftskörpers ihren Einfluß auf die Großbanken zu verstärken oder aber, da ihnen das, abgesehen vor allem vom Barmer Bankverein, nicht ausreichend gelang, sich ein System eigener Hausbanken als Krönung ihres Konzernaufbaues zu schaffen.

---

[1]) Vgl. Felix Guggenheim, Der deutsche reichseigene Industriekonzern, S. 78 ff.

Solche „Eigenbanken", wie sie sich die Mehrzahl der Großkonzerne, hinausgehend über die Bestimmung als Finanzierungs- und Beteiligungsgesellschaften, in der Inflationszeit schuf (vgl. S. 168ff.), sollten verschiedenen Zwecken dienen: sie haben teilweise lediglich die Funktion, die in der Innenorganisation der Konzerne notwendig werdende finanzielle Verwaltung des eigenen Arbeitsbereiches und der Bewegungsgelder und die laufenden bankgeschäftlichen Transaktionen, die im Rahmen der allgemeinen Geschäfte der Gesamtunternehmung notwendig werden, selbständig durchzuführen (Vermögensverwaltungs- und -investitionsgesellschaft oder Clearing- und eigentlicher „Bankabteilungs-"Typ [1])) und dabei — wie die später zu betrachtenden Fachbanken — der Reichsbank und den Kreditbanken eine „Bank"-Unterschrift auf Wechseln zu präsentieren. Oder sie sollten sogar — so schwebte es der Phantasie gewisser inflationistischer Konzernherrscher als Ideal vor — als „Kapitalbassins" dem Konzern direkt neue Gelder durch mit öffentlicher Reklame propagierte Depositenbildung zuführen und dem Konzernganzen finanzielle Autarkie und Unabhängigkeit gewährleisten (Stinnes-Barmer Bankverein usw. usw.).

Zweifellos die größte und bedeutendste der Hausbanken ist heute die Deutsche Länderbank A.-G. des Farbentrusts, deren Kreditorenziffer Ende 1926 (gegenüber Ende 1925 verdreifacht!) derjenigen des Barmer Bankvereins und der Bayrischen Hypotheken- und Wechselbank gleichkam!

In den meisten Fällen aber handelte und handelt es sich bei diesen „Haus"-, speziell „Konzernbanken" um Institute, die lediglich als ausführende Organe ihrer Eigentümer, denen sie Kredite vermitteln oder für die sie Gelder anlegen, durch Kreditgewährung Beteiligungen vorbereiten und endlich Finanzierungen durchführen sollen, als solche einen nur beschränkten Wert haben, da sie nur für ihre Muttergesellschaften, und auch für diese nur begrenzte Bedeutung haben und die Großbanken, auf deren Kooperation sie angewiesen sind, nicht überflüssig machen [2]).

---

[1]) Wertheim-Bank A.-G., Berlin, Bankabteilung des bekannten Warenhauses.

[2]) Abgesehen von den z. T. nur bankähnlichen Effektenhaltungs-, Übernahme- und Finanzierungsgesellschaften deutscher Banken (Berg.-Märk. Industriegesellschaft der Deutschen Bank, Eisenbahnbank und Eisenbahnrentenbank der Dresdner Bank usw.), Elektrizitäts- u. Metallkonzerne gab es diesen Typus vor 1918 noch so gut wie gar nicht. Wohl der einzige Fall einer derartigen, übrigens im Gegensatz zu allen späteren lokal weit, auch in der Schweiz, ausgebreiteten Organisation ist die Röchlingsche Bank. Das Vordringen der aus dem übergroßen Kreditverlangen der Industrie, das die Banken von sich aus nicht voll erfüllen konnten, oder aber aus der Fülle des anlagesuchenden Industriekapitals entstandenen Menge von Konzernbanken veranlaßte die Großbanken mehrfach zum Fallenlassen provinzieller Bankbeteiligungen und zum Verzicht auf weitere Ausdehnung zugunsten dieser neuen Beteiligungsverhältnisse. (Deutsche Vereinsbank, s. später.)

Es ist das eine Erscheinungsform der Tatsache, daß das eigentliche Schwergewicht Jahre hindurch bei der Führerschicht in der Industrie lag, deren Unternehmungen gewissermaßen selbst Geld-Kapitalisten geworden waren (wie heute wenigstens noch im Rheinlande der Fall), wegen der raschen Umsätze ihren Bedarf unter weitgehender Ausschaltung der Kreditbanken decken konnten und das Geschäft der Finanzierungen und der Übernahmen anderer Firmen überwiegend in eigene Hand nahmen, durchaus also Dokumentierung einer Verschiebung des Machtverhältnisses zuungunsten der Bankmächte. Durch diesen „Übergang der Macht der Finanz- an die Industriearistokratie" (wie Eulenburg es nennt) traten sich Bankiers und Industrielle oftmals an wichtigen Stellen antagonistisch entgegen:

Z. B. Hugo Stinnes G. m. b. H. → Berliner Handelsgesellschaft = AEG.
Hugo Stinnes G. m. b. H. → Barmer Bankverein: Disconto-Gesellschaft.
I. Michael & Co. → Deutsche Vereinsbank: Deutsche Bank.

Die deutsche Wirtschaft stand mit diesen ihren Formen, die heute, von Ausnahmen abgesehen, keine nennenswerte Eigenbedeutung mehr haben, in der Nachkriegszeit nicht allein da: Daß die großen Industriegesellschaften, die vor dem Kriege mit den Banken kontinuierlich zusammenarbeiteten, sich dann aber in vielen Fällen, wie gezeigt, unter gleichzeitiger Emanzipation von weitgehender taktischer Beherrschung durch die Großbanken, eigene Institute für ihre Finanzoperationen schufen, ist ein Vorgang, wie er z. T. auch bei anderen großkapitalistischen Wirtschaften in Erscheinung getreten ist. Einige Beispiele für viele: Schneider-Creusot, Paris, beherrscht die Union Européenne Industrielle et Financière, Paris, und mit Brüsseler Großbanken zusammen die Banque de l'Union Parisienne; durch jene beteiligte er sich u. a. (1923) an der Niederösterreichischen Escompte-Gesellschaft, durch beide zugleich an der Ungarischen Allgemeinen Creditbank. Der Schwedische Zündholztrust, der in Deutschland u. a. Interesse an der Deutschen Unionbank hat, verstärkte 1927 seine Beteiligung an seiner Großbankverbindung, der Skandinaviska Kredit A. B., Stockholm; weiteres Interesse des Zündholztrusts an der Stockholms Intecknings Garanti A. B., an französischen, polnischen und holländischen Banken (vgl. Wirtschaftskurve 1927, S. 80) und seit neuestem an der Londoner Niederlassung seiner alten Bankverbindung Lee Higginson & Co. (Boston-New York). Der Prager Familienzweig der Petscheks (Julius Petschek) hat sein Bankgeschäft Petschek & Co. in Prag, das heute das größte Bankhaus der Tschecho-Slowakei ist. — Wieder anders ist das

Verhältnis von Rockefellers Standard Oil Cos. zu den Morgan nahestehenden großen Banken, namentlich der National City Bank. — Henry Ford hat die Guardian Trust Co. in Detroit, die zu Anfang 1925 unter der Firma Guardian Detroit Co. mit ¼ Mill. Dollars Kapital eine New Yorker Filiale eröffnete. —

C. Fachbanken.

Eine weitere und ähnlich geartete Gegenwirkung ist die seit der zweiten Hälfte des Jahres 1922 in starkem Maße erfolgende kollektive Begründung von Banken, die durch ausschließliche Pflege eines einzelnen, fachlich abgegrenzten Arbeitsgebietes lediglich den Interessen bestimmter einzelner Produktionszweige, Handelsbranchen, wirtschaftlicher Verbände oder beruflicher Organisationen dienen sollten, durch diese selbst. Sie sollten in zahlreichen Fällen aus dem Gefühle der Vernachlässigung durch die (in der Tat z. Zt. ihrer Hochkonjunktur eine etwas zu oberflächliche Behandlung namentlich nichtgroßindustrieller Kundschaft zeigenden) Großbanken, insbesondere aus der Verärgerung des Publikums über das Versagen der Zahlungstechnik und die oft einseitige oder vielfach erschwerte Kreditgewährung, einem geglaubten Mangel abhelfen. So trat in den letzten Jahren der Inflation und zum Teil auch später noch neben die sehr weitgehende Konzentration — als deren Wirkung und Folgeerscheinung! — teilweise eine Ableitung der vorhandenen Leihkapitalien zuungunsten der großen Kreditbassins der Bankkonzerne und zugunsten zahlreicher neugegründeter Spezialbanken, „wo ein wirkliches oder vermeintliches, dauerndes oder Eintagsbedürfnis sich geltend machte" (Landsburgh). Durch diese Zersplitterung des in der deutschen Wirtschaft noch vorhandenen Kapitals wurde die Kapitalkonzentration zunächst verlangsamt, jedoch, zumal sehr viele der Neugründungen der Deflationskrise erlagen, nicht auf die Dauer in ihrer großen Wirkung paralysiert [1]).

[1]) Außer den schon älteren Brau-, Bau- und Viehmarktbanken sowie den eigentlichen Holding-Gesellschaften (die sich, unbeschadet ihrer fachlichen Orientierung, dem Typ der „Hausbank" nähern) gibt es da „Forst- und Landwirtschaftsbanken" (mit und ohne „Forst-"), Bergbau- und Industriebanken, Textilbanken, eine „Deutsche Wasserkraftbank A. G.", München; in der Landwirtschaft: z. B. „Dünger"-, „Kartoffel"-, „Hopfen-", „Mühlen-", „Gartenbau-", Bauernbanken, ferner die „Deutsche Weinkommissionsbank" (Düsseldorf), „Deutsche Tabakbank", „Bank für keramische Industrie" (Porzellankonzern Arnhold), „Genossenschaftsbank für Gastwirte und Industrielle", „Osteuropäische Bank für Holzhandel und Industrie"; Lederbanken und Baumwollbanken; eine „Bank für Handel und Filmindustrie", München. „Deutsche Holzwirtschaftsbank", Berlin, eine gemeinschaftliche Bank der Holzindustriellenverbände (Finanzierung des Holzeinkaufes durch selbstschuldnerische Bürgschaftsübernahme; Preußen, Sachsen und die Seehandlung sind beteiligt), die „Süddeutsche Holzhandelsbank A. G." (München) mit Beteiligung der Reichs-

Neben vielen kleinen Gründungen stehen dagegen andere Institute, die nicht als Banken, sondern hauptsächlich nur mehr als „Finanzierungsgesellschaften" anzusehen sind und daher auch unter Mitwirkung von in ihrem Aufsichtsrat vertretenen Großbanken entstanden: 14 regionale „Getreidekreditbanken", die im April 1924 zusammen die „Zentrale der deutschen Getreidekreditbanken A.-G." errichteten. Mit Bankenhilfe entstanden vor allem, allerdings als Realkreditinstitute, die im August 1923 von der Darmstädter und Nationalbank mitbegründete „Zuckerkreditbank A.-G.", die etwa 30% der deutschen Zuckerernte von 1923/24 finanzierte, und die größere „Deutsche Zuckerbank A.-G.", Berlin, (beide erhielten 1925/26 das Depot- und Depositenrecht), von den übrigen D-Banken und der Commerz- und Privatbank im September 1923 gegründet (90% der Aktien in Händen von 163 deutschen Zuckerfabriken mit ihren Rübenlieferanten, die 1922 71% der deutschen Zuckerproduktion repräsentierten; 10% in Händen der vier genannten Banken, der Braunschweigischen Bank und Kreditanstalt und der Hildesheimer Bank), die gleichzeitig durch eine „Anleihe auf Zuckerpreisbasis" die restlichen 70% der Ernte finanzierte, aber seitdem im Gegensatz zur ersteren wieder alle Bedeutung einbüßte.

Die Fachbanken haben sich, soweit in der Inflationszeit entstanden, ebensowenig wie die mit den sie tragenden Konzernen meist aufs schnellste verschwindenden „Hausbanken" bewährt und sich in der Deflationskrise als (überwiegend) unzulänglich erwiesen.

> „Ob diese ... Gruppe eine volkswirtschaftliche Berechtigung hat, mag dahingestellt sein, da solche Banken bei dem periodisch und für jede Branche fast immer allgemein auftretenden Geldüberfluß und Geldmangel wohl kaum als Geldausgleichstellen dienen können ... (Der Deutsche Ökonomist 1926, S. 55)."

Da ihnen bei ihrer fachlichen Orientierung die Möglichkeit einer universalen Risikoverteilung fehlte, litten sie naturgemäß unter schlechteren Konjunkturen, verwirklichten sie die großen in sie gesetzten Hoffnungen nur in seltenen Fällen, verloren sie ihre Existenz oder doch — bis auf einige stärkere — ihre Bedeutung und

---

kreditgesellschaft und der Bayr. Staatsbank, Gewerkschaftsbanken (wie in den Vereinigten Staaten!): so die 1923 bzw. 1924 von den freien Gewerkschaften errichtete „Bank der Arbeiter, Angestellten und Beamten A. G.", Berlin (A.-K. 4 Mill.), die eine recht große und sich rasch entfaltende Tätigkeit in der sozialen Anlegung ihrer Spar- und Gewerkschaftsgelder entwickelt und in Geschäftsverkehr mit der kleineren „Deutschen Volksbank A. G.", Essen, der christlichen Gewerkschaften (1921) steht; Beamtenbanken wie die „Reichsbundbank A. G." (die Bank des Reichsbundes der höheren Beamten), eine „Landwirtschaftliche Beamtenbank", Landbundbanken, die große den Hausbesitzerverbänden nahestehende „Berliner Bank für Handel und Grundbesitz A. G." usw.

können heute die Zusammenarbeit mit den Großbanken, ja oft deren Hilfe, nicht entbehren, geschweige denn noch mit ihnen konkurrieren wollen.

So schufen sowohl „Konzernbanken" als auch „Fachbanken", soweit sie nicht bloß Vermögensverwaltungsstellen waren oder sind, eine Zeitlang „bisher ungekannte Möglichkeiten der Kreditversorgung"[1]) und vermehrten dabei gleichzeitig die Vielgestaltigkeit in der Struktur der unmittelbaren Teilnehmerschaft am deutschen Geldmarkt im Vergleich zu der vor 1917 liegenden Periode.

D. Die Konzentration im öffentlichen Bankwesen.

Daneben stehen heute die zahlreich vermehrten, von den Kommunalverbänden (Provinzen, Kreisen und Gemeinden) ins Leben gerufenen Bankanstalten, die vielfach erst von bloßen Mandataren ihrer Körperschaften zur Schaffung eines großen privatwirtschaftlichen Kundenstammes übergingen, nunmehr aus den oben angegebenen Gründen als Banken großen Umfanges sehr beliebt wurden und in der Deutschen Girozentrale — Deutsche Kommunalbank, Berlin, ihre Zentrale haben (Präsident: Dr. Kleiner). Eine Organisation, die ein bedeutender Faktor im innerdeutschen ökonomischen Mechanismus geworden ist, eine Neubildung, wie sie in den ruhigeren Vorkriegszeiten „auf dem aufgeteilten Kapitalboden Deutschlands" nicht möglich gewesen wäre.

Die deutsche Girozentrale (1918) bildet, unter selbstschuldnerischer Haftung der 1916 bzw. 1924 im „Deutschen Sparkassen- und Giroverband" zusammengeschlossenen regionalen Sparkassen- und Giroverbände und unter Beteiligung von deren Bankanstalten, die Krönung des pyramidenartigen Aufbaues des deutschen kommunalen Sparkassen- und Bankwesens, dessen Fundament etwa 3000 Sparkassen, Girokassen und Kommunalbanken mit 5000 Zweigstellen und dessen Zwischenglieder die 16 provinziellen „Stamm"-Girozentralen bzw. Landesbanken sind.

Die einzelnen Girozentralen bzw. Landesbanken wiederum sind die Bankanstalten der zu regionalen „Sparkassen- und Giroverbänden" zusammengeschlossenen Kommunalverbände und bis auf einen winzigen Bruchteil der gesamten deutschen Sparkassen, durch deren solidarische Haftung sie ihrerseits gesichert sind. Dieser große Bau, das Werk weniger Jahre, ist noch heute in ständigem Wachstum begriffen: provinziale Landesbanken, Gemeinden und Sparkassen[2]) schließen sich neu an.

---

[1]) Neißer, Das deutsche Bankgewerbe und seine Bedeutung für den Wiederaufbau der Wirtschaft, 1924, S. 24.

[2]) Die Sparkassen dürfen seit April 1921 auch bankmäßige Geschäfte betreiben, wodurch sich ihnen ein neues großes Tätigkeitsgebiet über das Realkreditgeschäft hinaus eröffnete.

Gemeinsam von Provinzialverbänden und Giroverbänden, die je zur Hälfte Grundkapital und Haftung übernahmen, wurden neu errichtet: 1923 die Provinzialbank Grenzmark, 1926 die Provinzialbank Oberschlesien. 1925 traten die beiden Landesbanken im Westen (Rheinland und Westfalen) in den Sparkassen- und Giroverband ein, ebenso die in Verfolg der zwecks Beseitigung der Doppelorganisation, wie es heißt, in fast allen Fällen vom Sparkassen- und Giroverband inaugurierten Verschmelzung von provinzialen Landesbanken und Girozentralen entstandenen gemeinsamen Provinzialbanken, bisher: 1924 in Pommern, 1926/27 in Nassau-Frankfurt (Nassauische Landesbank) und 1927 in Brandenburg und der Provinz Sachsen. Darüber hinaus begannen 1926/27 prinzipielle Einigungsverhandlungen zwischen der Deutschen Girozentrale und der Spitzenbank aller (inzwischen auch ihrerseits vermehrten) Landesbanken usw., der Deutschen Landesbankenzentrale A.-G. (Verband Deutscher öffentlichrechtlicher Kreditanstalten), sowie der Seehandlung (Preußische Staatsbank), von denen zurzeit die letzteren bereits zu einer Arbeitsgemeinschaft und zu qualifizierter Beteiligung des preußischen Staates an der Deutschen Girozentrale geführt haben. —

Die Sparkassen- und Giroorganisation:

Deutscher Sparkassen- und Giroverband, Berlin;	dessen Bankanstalt:	**Deutsche Girozentrale — Deutsche Kommunalbank, Berlin**
angeschlossene Mitglieder u. Haftungsträger: 15 Sparkassen- und Giroverbände;	deren Bankanstalten:	14 Girozentralen und 4 angeschlossene Landesbanken (mit ca. 100 Zweiganstalten)
angeschlossene Mitglieder u. Haftungsträger: Kommunen und Kommunalverbände (Stadt- u. größere Landgemeinden u. wiederum alle Gemeinden umfassende Kreise bzw. Bezirks- oder Provinzialverbände), z. T. auch die Sparkassen direkt.	———	3000 Sparkassen, Girokassen und (zurzeit 46) Kommunalbanken (Stadt-, Kreis- bzw. Kommunalbanken) und deren 5000 Zweigstellen.

Die Girozentralen, bis zum Eintritt der Inflationsperiode bloße interlokale Geldausgleichs- und Giroorganisationen der hinter ihnen stehenden Kommunen und Sparkassen, gingen in der Nachkriegszeit (1921) infolge des riesigen Zuflusses der die öffentlichen Gelder übersteigenden privaten Einlagen in weitem Maße zum Privatkreditgeschäft, ja (bis vor kurzem) zur Krediteröffnung an die Industrie, im Frühjahr 1926 sogar zu industriellen Sanierungen unter gemeindlicher Bürgschaft „zur indirekten Unterstützung kommunaler Interessen" über. Dabei war ihnen von vornherein allerdings, entsprechend ihrem öffentlich-rechtlichen Charakter und ihrer Zweckbestimmung, gemeinnützigen Interessen zu dienen, die Vermeidung ausgesprochen spekulativer Verwendung der Spar- und kommunalen Gelder, Verkehr mit nur ersten und sichersten Kontrahenten, möglichste Fernhaltung von riskanten Engagements und Beobachtung in erster Linie des Sicherheitsmomentes (auf die Ministerium und Berliner Zentrale streng halten) geboten — oder sollte es doch sein. Ihr lebhaftes, allerdings in letzter Zeit eingeschränktes privates Kontokorrentgeschäft läßt sie bekanntlich als sehr ungern gesehene Konkurrenten der privatkapitalistischen Banken erscheinen.

Dieser Teil des öffentlichen Bankwesens, wie er sich heute in einer sorgfältigen Organisation — der Struktur des englischen Privatbankwesens vergleichbar — auf einem nach Tausenden von Orten zählenden Netz aufbaut, bedeutet durch die Kontrolle der Girozentralen über sehr große Mittel und durch die Vereinigung der Disposition über das gesamte überschüssige Kapital endlich in der Deutschen Girozentrale eine Kapitalkonzentration weiten Ausmaßes, die allein dem letzten Jahrzehnt entstammt. So ist diese Organisation von recht großem, von manchen Autoren aber durchaus überschätztem (von Kompensationswirkung kann nicht die Rede sein), trotz des organisatorischen Umfanges doch nur einen kleineren Teil des gesamten deutschen Bankenorganismus repräsentierendem Einfluß. Denn weitaus das Hauptgebiet ist und wird wieder seit dem Frühjahr 1926 mit steigend stärkerer Betonung die Kreditgewährung an Kommunalverbände und Kommunen (wie sie seit Ende der Inflation vor allem in mehreren Anleihen und Gewährung von — auch langfristigen — Krediten durchgeführt wurde). Die Einflußnahme der Sparkassen- und Girozentralen mittels überwiegend kleiner und kleinster, auch langfristiger, Darlehen an den gewerblichen Mittelstand, ihr Kontokorrentverkehr mit Handwerkern, Landwirten und kleineren Kaufleuten — neben dem Realkredit — und vor allem das große Kommunalkreditgeschäft entziehen den Privatbanken zwar einen erheblichen Teil von Kunden [1]) und Gewinnmöglichkeiten, haben in das Depositen-

---

[1]) Im Spätsommer 1925 übernahm die Girozentrale Hannover an Stelle der Deutschen Bank die qualifizierte Minorität der bedeutenden Osnabrücker Bank.

Zum äußeren Kräfteverhältns von privatem und öffentlichem Bank-

und Konsortialgeschäft auch der schon an sich geschwächten mittleren Privatbankiers empfindlich eingegriffen, aber noch keinen einzigen wirklich großen Kreditsucher, keine der Industriegruppen von Rang den D-Banken und den übrigen großen Aktienbanken und Privathäusern entzogen. Öffentliche Verwaltung, Handwerk und Mittel- und Kleingewerbetreibende sind es, die mit den Girozentralen arbeiten; die Großen in der Wirtschaft, Großindustrie und Großhandel, halten zu den international weit verflochtenen, reichen Großbanken, die sich in das Emittieren von Staats- und kommunalen Anleihen freilich mit den Girozentralen teilen mußten.

Die Reichs-Kredit-Gesellschaft (s. oben) endlich rückte (ihrer Funktion, wenn auch nicht ihrer Ausdehnung nach) durch ihre Privatgeschäfte besonders seit der Krise von 1924 mitten unter die Berliner Größtbanken. Dort rangiert sie gleich hinter der Commerz- und Privatbank, deren Reingewinn per 1925 sie sogar übertraf, und weit vor der Berliner Handelsgesellschaft und der Mitteldeutschen Creditbank, deren vereinigter Reingewinn (nach den Bilanzen für Ende 1925 sogar Kreditoren- und Debitorenziffer) 1926 den ihren nicht erreichte. Den öffentlichen Charakter besitzt sie heute nur noch durch ihren Generalaktionär, fast nicht mehr durch die Art ihrer Geschäfte und die Struktur ihrer Gläubiger. Von der Bank der reichseigenen Unternehmungen entwickelte sie sich immer mehr zur privatwirtschaftlichen Aktienbank, deren fremde Gelder heute zu weit weniger als 15% aus Reichsgeldern bestehen. Sie ist heute nur noch nebenbei Konzernbank des Reiches und Verwalterin von Regierungsgeldern, darüber hinaus vielmehr — als Außenseiterin der Großbank-Konditionskartelle — ähnlich wie die Handelsgesellschaft, Bank der Provinzbanken und -Bankiers, die mit ihr wegen ihrer Filiallosigkeit zunehmend in Verbindung treten und mit denen sie Kredite an industrielle Unternehmungen von ganz überwiegend nur bedeutenderer Größenordnung (auch darin der Handelsgesellschaft ähnlich) gibt. Mit ihrem großen Geldgeschäft, daneben ihrer nicht mehr ganz unbedeutenden Einfuhrfinanzierung und nicht zuletzt im großen Emissionsgeschäft fungiert sie als ebenbürtige Wettbewerberin der ersten deutschen Banken. Mit ihrer 58%igen Umsatzsteigerung (gerade das Doppelte des Durchschnitts der Berliner Großbanken!) übertraf sie 1926 alle großen Banken weitaus. Die anfänglich allgemeine, starke Rivalität der Großbanken milderte sich seit gemeinsamer Arbeit in großen Emissionskonsortien mindestens in der Form [1]).

wesen: am 30. 6. 1925 bereits gaben 15 Staats- und Landesbanken und 15 Girozentralen zusammen Kredite in einer Höhe, die 62,5% = fünf Achteln der gleichzeitig von den vier D-Banken, der Commerz- und Privatbank und der Mitteldeutschen Creditbank gegebenen Kredite entsprach.

[1]) Die scharfe Gegnerschaft der Danat-Bank tritt noch in deren Geschäftsbericht für 1926 in deutlicher Polemik zutage.

Die Bank der Deutschen Reichsbahngesellschaft, die Deutsche Verkehrs-Kredit-Bank, bildet hingegen noch nicht einmal für die Berliner Großbanken eine Konkurrenz, denn sie lieh bisher die sehr bedeutenden Gelder der Reichsbahn, deren Geldgeschäfte sie durchführt und deren gesamte Überschüsse sie — wie früher zum Teil die Seehandlung für die preußischen Eisenbahnen — bisher anlegte, zum guten Teil direkt an erste Privatbankiers und -banken in Berlin und im ganzen Reiche aus; als eine Konkurrenz wurde sie vielmehr bis zum jüngsten Übereinkommen von der Reichsbank empfunden. —

Auch dem privaten Hypothekenbankgewerbe entstand übrigens eine nicht unbeträchtliche öffentlichrechtliche Konkurrenz durch die neu gegründete Rentenbank-Kreditanstalt („Landwirtschaftliche Zentralbank"), deren dauernde Betätigung und direkte Geschäftsausdehnung erst neuerdings von den Hypothekenbanken bekämpft wird, nachdem sie ursprünglich und noch 1926 für die Realkreditbanken überaus wichtige Funktionen — Golddiskontbankaktion! — erfüllt hatte. Ferner durch die halböffentlichen Institute: die allerdings noch nicht sehr bedeutenden „Industrieschaften" für die kleinere Industrie (vor allem „Sächsische Landes-Pfandbriefanstalt" und „Pfälzische Wirtschaftsbank A.-G." unter staatlicher Leitung bzw. Unterstützung); die Girozentralen (direkt besitzt übrigens der Württembergische Sparkassen- und Giroverband 86% des Kapitals des Hypothekeninstituts Württembergischer Kreditverein A.-G., Stuttgart); die Deutsche Bau- und Bodenbank A.-G., Berlin (als Deutsche Wohnstättenbank A.-G. im Juni 1923 gegründet), von deren Kapital $^5/_8$ dem Reich, der Rest einigen Ländern, Reichsbahn, Reichspost, Reichsbank, Reichskreditgesellschaft, verschiedenen Bodengesellschaften und (seit Oktober 1926) der Dicsonto-Gesellschaft gehört und die, überwiegend aus Reichsfonds gespeist, zum Teil über ihr Tochterinstitut, die Deutsche Wohnstätten-Hypothekenbank A.-G., Kleinwohnungsbaukredite, besonders für Beamtensiedlungen, gewährt. Nach starker Geschäftsausweitung Ende 1926 einsetzende heftige Opposition führte im März 1927 zu einem Abkommen mit der „Gemeinschaftsgruppe Deutscher Hypothekenbanken", zugunsten derer sie ihre Betätigung stark begrenzte. —

E. Selbsthilfe und Zusammenschluß provinzieller Banken und Bankiers.

Eine weitere und letzte dieser neben der Konzentration in den Großbanken her-, zum Teil auch ihr stark zuwiderlaufenden, vor allem in den Inflationszuständen begründeten Tendenzen ist die

Selbsthilfe verschiedener Provinzbanken, wie sie diese mit oder ohne Erfolg versucht haben. Außer der Kombination Mendelssohn & Co. — Bayrische Vereinsbank ist hier vor allem symptomatisch das Bündnis der drei ersten Provinzinstitute, ADCA — Barmer Bankverein — Bayrische Hypotheken- und Wechselbank (vgl. S. 85 f.), von Ende 1921, mit dem Ziele, unabhängig von der ihnen allen gemeinsam nahestehenden Disconto-Gesellschaft, zur Abwendung der gänzlichen Kapitalentblößung der Provinz und gegen eine wohl befürchtete völlige Aufsaugung durch Berlin sich gegenseitig zu unterstützen und zu kooperieren — wobei eine Fusion wegen des individuellen Willens zur Selbständigkeit und der gemeinsamen engeren oder loseren Abhängigkeit von Berlin nicht in Frage kam — diese Vereinigung trug bereits eine sehr deutliche Spitze gegen die Berliner Großbank. Von ihr ist später ausführlicher zu reden. Die Entwicklung ging dahin, daß diese Arbeitsgemeinschaft manche größeren Geschäfte ganz allein oder gar zusammen mit Hardy & Co., Berlin, oder der Reichskreditgesellschaft machte und die Disconto-Gesellschaft hier und da „schnitt".

Im Dezember 1923 formierte sich in loser Verknüpfung ein Zusammenschluß deutscher Provinzbankiers zu Schutz und Wahrung der eigenen Interessen, zwecks Abschlusses von Konsortialgeschäften, zwecks Stärkung der Stellung (aber „unbeschadet der Beziehungen") gegenüber Berlin und unter Gründung einer Bank der Provinzbankiers (nach dem Vorbilde der „Société Centrale des Banques de Province" in Paris) namens „Norddeutscher Bankverein A.-G." in Berlin [1]). Der Zusammenbruch dieser kartell- und syndikatartigen Organisation, die ihren Mitgliedern schließlich nichts als Liquidationsschäden einbrachte — „die auf das Institut überführten Berliner Geschäfte sind wieder den früheren Großbankverbindungen zugeleitet worden" (Mitte 1924) — zeigte nur, daß so etwas eben nicht geht. —

F. Von der „Überfremdung" durch ausländisches Bankkapital

endlich ist zu sagen, daß das Hereindringen solcher Interessen in der Inflationszeit doch recht selten zu beobachten gewesen ist, im ganzen — abgesehen von geringer Betätigung im Rheinland — verschwindenden Umfang hatte und in keiner Weise auch nur entfernt mit der Einflußnahme amerikanischen, französischen, belgischen, englischen und italienischen Kapitals bei den Banken in den österreichisch-ungarischen Nachfolgestaaten zu vergleichen ist. An zwei Privatfirmen größeren Umfanges beteiligte sich vorübergehend — jedoch nur als Gesellschafter unter mehreren

[1]) 9 Provinzbankgeschäfte: 2 hannoversche und je ein Frankfurter, Leipziger, Magdeburger, Dresdner, Hamburger, Münchener und Dortmunder unter Führung einer hannoverschen Firma.

anderen — holländisches Kapital. Das englische und vor allem das amerikanische Finanzkapital hat sich erst nach Befestigung der deutschen Wirtschaftsverhältnisse — die Vereinigten Staaten waren 1914 vom Kapitalimport zum aktiven internationalen Effektenkapitalismus übergegangen — und zwar erst seit dem Herbst 1924 an deutschen Banken beteiligt. Diese Beteiligungen, wie sie an sämtlichen[1]) größeren deutschen Banken ohne Ausnahme, und zwar meist als Vertiefung, nicht als Neuanknüpfung von Beziehungen, zwischen November 1924 und Februar 1926, dann erneut von August bis Dezember 1926 in geringerem Umfange (Disconto-Gesellschaft, Barmer Bankverein, ADCA) erworben wurden, sind nicht als machtmäßige Überfremdungen zu werten, da sie nur Anteile von vier bis im Höchstfall $26^2/_3$% (Deutsche Bank; 20—23% beim Barmer Bankverein) umfaßten, zum allerdings kleinen Teil einem weiteren Publikum zugeführt sind, überwiegend rein spekulativer Gelegenheitsbetätigung entstammten (sehr flüssiger Kapitalmarkt, Erwartung vorteilhafter Rendite) und überdies seit 1926 großenteils (Deutsche Bank im August 1926!) wieder zurückgekauft sind.

Von all diesen Tendenzen wiegt die selbständige Konzentration und die Konkurrenz großer öffentlicher Bankinstitute gegenüber der starken expansiven Konzentration innerhalb der privaten Großbanken am schwersten. Doppelwirkung der Konjunktur der Jahre 1917/18 bis 1922! Alle genannten Gegentendenzen, auch die letzte (von der „Überfremdung" kann gänzlich abgesehen werden), taten jedoch im ganzen dem großen privaten Konzentrationsprozeß keinen Abbruch, beeinträchtigten ihn vielmehr nur insofern in seinen Chancen und in seinem Endergebnis, als sie trotz großen absoluten Machtgewinnes einen diesem voll entsprechenden relativen Einflußzuwachs der Großbanken verhinderten, die Zentralisierung des Kapitals relativ nicht so beherrschend in Erscheinung treten ließen und zu sehr bedeutenden inneren Strukturwandlungen der deutschen Bankorganisation führten. —

4. Die Inflation in ihrer Gesamtwirkung.

Der private Konzentrationsprozeß fand eine Fülle unerhört günstiger Bedingungen vor. Die Konjunkturgestaltung seit 1917, die großenteils und recht eigentlich auf die deutsche Volkswirt-

[1]) Barmer Bankverein, Bayerische Hypotheken- und Wechselbank, ADCA, Mitteldeutsche Creditbank, Commerz- und Privatbank, Deutsche Bank, Hardy & Co., Disconto-Gesellschaft, Dresdner Bank, Vereinsbank Hamburg, Darmstädter und Nationalbank; die Berliner Handels-Gesellschaft verteilte die vormals Stinnessche Drittelminorität im Juli 1925 auf eine Reihe befreundeter Hände im In- und Auslande. — An der Preußischen Hypotheken-Aktienbank beteiligte sich ein schwedisch-amerikanischer Konzern (s. S. 99).

schaft beschränkt war und — in ihr überwiegend eigengesetzlich verlaufend — durch die spezielle Güterverknappung und die monetären und finanzpolitischen Vorgänge bedingt und durch sie immer wieder gesteigert wurde, gab zunächst größte Gewinnchancen und darum Expansionsmöglichkeiten. Der Umsatz stieg ins Ungemessene. Die ungeheuer gesteigerte Kredit- und Finanzierungsnachfrage und -möglichkeit [1]) veranlaßte und befähigte die Banken, zur Erweiterung der von ihnen benötigten Geldkapitalquellen Angliederungen in höchstgesteigertem Umfange vorzunehmen.

Aber „die Inflation war keine einheitliche Periode; sie war vielmehr wiederholt durch Ansätze zu Krisen unterbrochen, und in diesen Zeiten wurde die Schwäche, insbesondere die der kleinen Bankunternehmungen, offenbar" (Neißer, a. a. O. S. 39); eine Uneinheitlichkeit, die das Problem, ob die Konzentration eine Begleiterscheinung von Krisen bzw. Depressionen oder eine solche des Aufschwunges und der Hochkonjunktur ist, kompliziert. Uns will aber scheinen, daß im Bankgewerbe überwiegend immer das letztere der Fall ist; ist doch auch vor dem Kriege die stärkste Aufsaugungstätigkeit zur Zeit andauernder oder nach Überwindung von Krisen wieder einsetzender günstiger Konjunkturen, die geringste zur Zeit von Wirtschaftskrisen selbst zu beobachten gewesen!

Die Initiative, so können wir aus den historischen Einzeltatsachen der konkreten Angliederungsvorgänge folgern, ging in der Tat während der Inflation, wenigstens in der Regel, durchaus von den Großbanken als den Konzentratoren aus. Wo hingegen die kleineren Banken sich aus später zu untersuchenden Motiven willig aufnehmen ließen, den Konzentratoren Anwendung von Zwang erspart blieb, da war es das wahnsinnige Tempo der sich überhastenden und in ihrer Geschwindigkeit und Verwirrung ständig steigernden Inflation, die vielen kleinen Unternehmern den Atem nahm, bisweilen das Selbstvertrauen und den Willen zur Übernahme eines solchen Risikos schwinden ließ, waren es gewiß auch kurzfristige Allgemeindepressionen, die die selbständige Fortführung des Geschäftes unrentabel oder völlig unmöglich erscheinen ließen. Das scheint mir die große Linie zu sein, die im einzelnen bei der Schwierigkeit systematischer Einordnung alles Lebendigen individuelle Modifikationen natürlich nicht ausschließt und zeigt, warum gerade die Inflationszeit für Konzentrationsvorgänge so geeignet gewesen ist: in glücklicher Weise mischten sich die Bedingungen expansiver Betätigung; aus dem Inein-

---

[1]) Walther Rathenau spricht 1917 (in: Neue Wirtschaft, Gesammelte Schriften V, 193) von „einer Periode beispielloser Hochkonjunktur. Noch niemals war die Anspannung der vorhandenen Arbeitskräfte, die Menge der erzeugten Produkte und ihre Bezahlung ..., die Größe der Investitionen bei mäßigem Zinsfuß und Geldüberfluß eine so gewaltige..."

andergreifen von unerhörtem Aufschwung und temporären Krisen, die sich regional vielfach verschieden auswirkten und Banken verschiedener Struktur und Größe ganz verschieden betrafen, z. T. nur partielle Bedeutung hatten — aus dieser Uneinheitlichkeit heraus wurde es erst recht möglich, daß sich Expansionsdrang und Aufnahmewilligkeit öfter als bisher entgegenkamen. — (Für die Banken war *1920* mehr noch als *1919* ein Jahr guter Konjunktur, vor allem aber *1921*.)

5. Der Ausgang der Konzentrationsperiode.

Im Jahre 1922 wuchsen die Kapitalanforderungen, die nunmehr infolge der scheinbar so günstigen Konjunktur, zum Teil aber schon im Gefühl der schwindenden Substanz von der Wirtschaft an die Banken gestellt wurden, die „obwohl im Zentrum des Getriebes der Papiergeldmassen stehend, durch den Geldschleier gehindert wurden, die wirkliche Kapitalverarmung Deutschlands zu erkennen“ [1]), immer mehr. Im Rahmen dieser äußeren Hochkonjunktur hatte besonders der November 1920 zahlreiche sehr wichtige Angliederungen und Zusammenschlüsse gebracht.

Siemens-Konzern mit Rheinelbe-Union, Hoesch mit Köln-Neuessen, Haniel mit M. A. N.; Deutsche Bank mit Braunschweigischer Privatbank, Hannoverscher Bank, Privatbank zu Gotha, (Württembergischer Vereinsbank); Nationalbank mit Holstenbank und Caspar-Hannover usw.

Im Dezember 1921 entstand eine partielle Bankenkrisis (Devisenspekulationen und Kursstürze) und Stützungsbedürfnis an mehreren Stellen (vgl. „Bank“ 1922, S. 55), gleichzeitig erstanden mehrere koordinative Kombinationen: Mendelssohn — Sulzbach, ADCA — Barmer Bankverein — Bayerische Hypotheken- und Wechselbank; Hardy & Co. und Jacob S. H. Stern; Vertiefung S. Bleichröder — H. Aufhäuser; Bayerische Vereinsbank nimmt engere Fühlung mit Berlin, bald darauf ihr Vertrag mit Mendelssohn. Seit Ende 1921 etwa zeigt sich eine Kreditverknappung auf dem Kapitalmarkt; im Sommer 1922 macht sich plötzlich eine Geldverknappung bemerkbar, die für die Banken eine fühlbare Geschäftserschwerung zur Folge hat. Die große Konzentration im Bankgewerbe, die zum Teil noch im April 1922 rüstigen Fortgang genommen hatte, setzte im Mai plötzlich aus und versiegte ab Juli-August 1922 — wenigstens im Kreise der Großbanken [2]) — fast völlig.

Dem bis dahin auf Geschäft und Expansion der Banken so äußerst anregend wirkenden Verlauf der Inflation folgte 1922/23

---

[1]) Naphtali, Im Zeichen des Währungselends, S. 34.

[2]) die nur noch — besonders im November 1922 — sich bereits kontrollierte Banken endgültig angliederten.

ein Nachlassen dieser Entwicklung, das auf der einen Seite durch die zu große Disproportionalität zwischen Kreditnachfrage und Befriedigungsmöglichkeit durch die Banken, andererseits durch die hier früher, dort später beginnende Erkenntnis des Gläubigers von Wesen und wahrer Wirkung der Inflation bedingt war und die Banken immer mehr ihren Kunden entfremden, auch großenteils, wie gezeigt, zur Begründung von Haus- und Spezialbanken führen mußte. Die für die Banken infolge des „Überganges weiter Schichten von der Produktion zur Spekulation“ [1]), infolge der reichlich fließenden Gewinnquellen

(Devisenhandel, Effektengeschäft, Zinsspanne, Kreditbedarf riesigen Umfanges „weit hinaus über die Befriedigungsmöglichkeiten“ [2]), absolute Ziffer der Emissionen und Gründungen — fortgesetzte Umwandlungen in Aktiengesellschaften zwecks leichterer Kapitalverschaffung)

scheinbar so glückliche Entwicklung wurde immer mehr zu einer die Substanz der Banken schwer gefährdenden und zeigte denn ja auch nach Abschluß der Inflation — wenigstens nominal! — eine wohl besonders auf die Politik der Jahre 1919—1921 zurückzuführende relativ sehr geringe Erhaltung des Grundvermögens.

Betrachten wir aber die nominal ausgewiesene Kapitalsubstanz, wie sie sich bei den D-Banken nach Ende der Inflation, die ja für die Banken in ihrer Gesamtheit durchaus ein Doppelgesicht trug, noch vorfand und sich etwa auf 27 bis 29% der Vorkriegsziffern belief [3]), so können wir auf der anderen Seite zusammenfassend dahin urteilen, daß nach allen Kriegs- und Nachkriegsverlusten [4]), die privatwirtschaftlich bei den Banken viel tiefergehende Einbußen hinterlassen haben als in sämtlichen anderen Zweigen der Wirtschaft und vor allem in der schweren Industrie, es doch mit in erster Linie der so überaus regen Konzentrationstätigkeit der Jahre 1917 und folgende zu verdanken ist, wenn auch jetzt noch und jetzt wieder [5]) die Großbanken verhältnismäßig machtvoll und kapitalkräftig dastehen.

---

[1]) Naphtali, a. a. O., S. 50.

[2]) Naphtali, S. 51.

[3]) Banken aller Art im Durchschnitt ca. *8,2%* des Aktienkapitals sämtlicher deutschen Aktiengesellschaften gegenüber *28,35%* im Jahre 1913 (Berechnung des Statistischen Reichsamtes auf Grund der Reichsmarkeröffnungsbilanzen).

[4]) Abschneidung sämtlicher Beteiligungsverhältnisse zum Ausland; die Entschädigungen für die zwangsliquidierten Auslandsfilialen und Kolonialbanken wurden auch den Banken meist mit entwertetem Gelde erstattet; „Ruhrkampfentschädigungen“ gab es für die Banken nicht; Verluste aus in der Inflationszeit gewährten Krediten.

[5]) Ende *1926* war der Geschäftsumfang von *1913* bei den meisten Banken erstmalig wieder erreicht (bei der Deutschen Bank und Mitteldeutschen Cre-

Die Gestaltung der Inflationsentwicklung und auch die „Aufwertung“ der Kurse der bisher leicht zu erlangenden Aktien von Banken, deren Angliederung geplant war, zum Teil auch die bei der ungeheuren Überlastung der Banken natürliche Abneigung gegen Neuausdehnungen, verlangsamten spätestens bereits um die Jahreswende 1922/23 den Konzentrationsprozeß im gesamten Bankgewerbe.

Da setzte seit 1924 die große Illiquiditätskrise der Wirtschaft ein, hervorgerufen oder richtiger: 5 Jahre nach Kriegsende entschleiert und aktualisiert vor allem durch die — mit der Geldwertfixierung notwendig verbundene — quantitative Begrenzung und Umlaufsverlangsamung der Zahlungsmittel und die ihr nach einer Zeit der hemmungslosen Kaufkraftschöpfung folgende plötzliche Kreditnot. Nach der durch die Rentenmarkkredite der Monate Januar bis März 1924 genährten Selbsttäuschung der Wirtschaft begann durch den Restriktionsbeschluß der Reichsbank Anfang April die eigentliche Stabilisierungskrisis, die erst im Herbst durch die mit den einströmenden Auslandskrediten gebotenen neuen Kreditmöglichkeiten einige vorübergehende Erleichterung erfuhr, bis etwa im Frühsommer 25, mit am frühesten sichtbar im Stinnesschen Zusammenbruch, die Krise erst recht in vollen Gang kam (Aktienindex ca. 40% unter dem von Ende 24). Die Banken konnten den Kreditanforderungen der Industrie, die sich nun auf ausländisches Kapital angewiesen sah, oft genug nicht mehr entsprechen, da ihre Depositenbestände sich zunächst ebenso vermindert hatten wie die Betriebsmittel aller industriellen Unternehmungen, die sich lange Jahre mit fast geschenkten Krediten emporgearbeitet hatten und sich nun der Kreditrestriktion gegenübersahen: so wies die Goldmarkeröffnungsbilanz der Dresdner Bank pro 1. 1. 24 — seitdem hat sich der Status gewaltig gebessert — weniger als die Hälfte der Kreditoren vom Jahre 1913 auf. Das Geschäft und der Betrieb der Banken, kurz vorher noch treibhaushaft ausgedehnt und mit einem Dreifachen und mehr der Vorkriegsangestelltenzahl arbeitend, wurde rasch einschneidend verkleinert. Der optimale Organisationsrahmen war überschritten, das Filialproblem wurde akut. Die 4 D-Banken zogen vom Beginn der Stabilisierung allein bis etwa zum März 1926 216 Filialen und Depositenkassen ein, die sie der vorangegangenen Ausbreitungstätigkeit verdankten [1]), davon die Darmstädter und Nationalbank allein 60 Niederlassungen

---

ditbank freilich noch nicht ganz der gleiche Umsatz; die Kreditorenziffer war meist schon erheblich überschritten, von der Dresdner Bank sogar schon Ende 1925; der ausgewiesene Rohgewinn war bei der Disconto-Gesellschaft z. B. erheblich höher, bei der Berliner Handelsgesellschaft noch um 25% niedriger als 1913; vor allem aber war die Reingewinnziffer noch nicht wiedergewonnen: am günstigsten 94% bei der Danat-Bank).

[1]) Dresdner Bank: 1921 113, Ende 1923 „über 100“, jetzt 86 Filialen; Commerz- u. Privatbank: 1922 308, Anfang 1924 246, 1925: 200 Filialen!

(ohne die Depositenkassen), die sieben führenden Großbanken entließen (im Durchschnitt) volle 2/3 ihrer Gesamtbeamtenschaft[1]). Vielfach wurden Kommanditen und Neugründungen mit den größeren Filialen vereinigt. Der Epoche der Expansion und Investition folgte zunächst ein großer Rückbildungsprozeß, eine Phase betrieblicher Kontraktion. Nach der Zeit der oft nur vom Gesichtspunkt der Wertsicherung und der Konkurrenz bestimmten Beteiligungserwerbungen, wie sie für den großen Geschäftsrahmen der Inflationszeit, nicht immer organisch, vorgenommen waren, traten wieder die Momente rationeller Organisation, unbedingter Rentabilität, Proportionalität von Mittel und Zweck, mit zwingender Kraft wie einst in den Vordergrund. Neuere und auch einige ältere Beteiligungsverhältnisse wurden wegen der (ein- oder beiderseitigen) Existenzunsicherheit gelöst, neue nicht mehr eingegangen[2]). Gehegte Zusammenschlußpläne wurden, „weil es sich nicht mehr lohnt", aufgegeben[3]). Kurz: Der Konzentrationsprozeß brach — spätestens in den ersten Monaten des Jahres 1924 — völlig und sofort ab. Seitdem hat man bis Mitte 1926 auch nicht von einem einzigen Fall von Zusammenschlüssen gehört, der aus dem reinen Ausdehnungsbedürfnis einer größeren Bank hervorgegangen wäre.

Aufnahmen von Banken in die Konzerne, denen sie schon seit längerer Zeit, zuletzt in immer engerer Weise, verbunden waren, wurden anläßlich der Goldbilanzierungen und später allerdings notwendig, definitive Eingliederungen von Banken, bei denen die Substanzverluste, der Mangel an auch nur irgendwie ausreichendem Betriebskapital und das Mißverhältnis von Mitteln und Geschäftsumfang nun erst recht sichtbar werden mußten. So fanden Anfang 1925 — während einer vorübergehenden Konjunkturbesserung — die Essener Creditanstalt und die Siegener Bank, einige Zeit vorher schon die Württembergische Vereinsbank, lediglich aus Schwäche infolge der Inflation, und wegen der Unmöglichkeit selbständiger Kapitalserhöhungen mittels Fusion völlige Aufnahme im Konzern ihrer Muttergesellschaft, der Deutschen Bank[4]), die anläßlich der bei der Goldumstellung notwendigen

[1]) Der Prozentsatz allein der bis zum Frühjahr 1926 entlassenen Beamtenschaft schwankt zwischen *82,6* (Barmer Bankverein) und 60 (Deutsche Bank, Dresdner Bank) bzw. *56* (Berliner Handelsgesellschaft).

[2]) z. B. Rheinische Creditbank und ihre langjährige Kommandite M. Hohenemser, Frankfurt a. M. (Loslösung September 1924). Andere Ablösungen besonders im Kreise der Deutschen sowie der Danatbank.

[3]) z. B.: Die im Dezember 1923 geplante Zusammenfassung der Gewerbebanken von Mannheim, Heidelberg und Weinheim in einer Aktiengesellschaft wurde später „wegen der veränderten Konjunktur", wie es hieß, nicht durchgeführt.

[4]) Diese Institute gehörten sämtlich dem „engeren Konzern" der Deutschen Bank an, ihre Angliederung war nur das Tüpfelchen aufs i.

Kapitalserhöhung der Rheinischen Creditbank auch ihren Aktienanteil an diesem Institut auf weit über 50% erhöhte, so nahm auch die Disconto-Gesellschaft Anfang 1926 die Bank für Thüringen endgültig auf, und so erhöhten und verstärkten D-Banken vielfach aus solchen Gründen ihre Beteiligungen an Provinzbanken.

Dazu kommt, daß weder die Großbanken in der Deflationskrise in aller Regel von ihren Unterbanken den Vorteil der Erschließung weiterer Kreditquellen hatten, noch daß diese in allen Fällen, besonders wenn sie ferner standen, den gewünschten Kredit im erwarteten Umfange von ihren Obergesellschaften erhielten. Die Kommanditen wandten sich vielfach vergebens an ihre Berliner Freunde, sie sahen sich enttäuscht, das Kommanditverhältnis schien seinen Zweck in nur noch geringem Maße zu erfüllen; neue Freundschaftsverhältnisse wurden (oft neben den alten Kommanditverträgen) zu freigebigeren Großbanken, zum Teil zu öffentlichen oder halböffentlichen Instituten angebahnt (vgl. Osnabrücker Bank!). Als sich in dieser Kreditkrise die Konkurse, beschleunigt durch die Zwangsverkäufe insolvent gewordener Schuldner an der Effektenbörse, häuften und ein großer Kurssturz folgte, da hätte es den Banken ein Leichtes sein müssen, hier einzugreifen. Sie zeigten sich aber dazu nirgends willens und imstande. Alte Privatbankhäuser suchten vergeblich Kapitalhilfe und Anlehnung, einigen von ihnen half die Reichsbank schließlich. Die Konkursstatistik wies allein im Juli 1924 Dutzende von Banken, darunter doch auch von wertvolleren, kundschaftsreichen Häusern, auf: nichts geschah! Die Finanzmächte hatten bei der starken Verringerung ihrer Liquidität nicht mehr relativ genug Kapital, als daß sich der im Augenblick der Übernahme Geschwächter notwendige Kapitalaufwand oder die langfristige Kapitalfestlegung in Beteiligungsverhältnissen auch in Anbetracht des später aus solcher Kapitalkonzentration erwachsenden Vorteils zur Zeit hätte erübrigen lassen [1]).

Eine Zeitlang war es so, daß die Großbanken in weitem Umfange versagten und, da ihre besten industriellen Debitoren so insolvent waren, daß die Existenz vieler großer Betriebe nur noch von dem Willen der Bankleiter abhing, sich Banken gegenüber durch Kreditgewährung und Sanierungen nicht, wie früher, neue Abhängigkeitsverhältnisse schaffen wollten und konnten, sondern diese Politik vorübergehend anderen Mächten überlassen mußten. Soweit in dieser Periode überhaupt größere Neubeteiligungen erworben wurden, gingen sie aus von Männern wie Jakob Michael, dem „Deflationsgewinnler" (Deutsche Vereinsbank, Versuch bei der Mitteldeutschen Creditbank usw., vgl. S. 78f. und 105).

---

[1]) „Aktienbanken verhandeln... wegen Anlehnung oder Stützung mit dem Dutzend führender Institute, die aber selbst vielfach nur mit Hilfe Dritter ihren Verpflichtungen nachkommen können." (Lansburgh, Bank, Juni 1924.)

Im übrigen aber ist zu sagen: Auch wenn die Banken neue Bankbeteiligungsinteressen hätten eingehen können, so lag ja überhaupt bei der ganzen Konjunkturentwicklung [1]) auch gar kein Erfordernis für Expansionen vor. Die Bildung langfristiger Stillhaltekonsortien, die Immobilisierung in zahlreichen Hilfskrediten, die lange starke Börsendepression, die vielen stillschweigenden Moratorien und Interventionskäufe bedeuteten so starke Anforderungen an die Banken, die sich bewußt bei der Krediterteilung zurückhielten, daß die Anknüpfung neuer Bande im Inlande und die Ausweitung des Betriebsapparates im allgemeinen gar nicht in Frage kam. Gleichzeitig ging die Überzahl der durch Spekulation und Inflation hochgekommenen Privatbankgeschäfte — in zahllosen Fällen hatten sich bisherige Prokuristen selbständig gemacht — und der kleineren und mittleren Aktienbanken sehr rasch, in einem fast die Dezimierung der Banken in der Krise von 1873 (in der über 50% der Banken untergingen) erreichenden Maße, zurück, bedeutete ja überhaupt die Deflationskrise eine sehr scharfe und wirkungsvolle Selektion auf persönliche Tüchtigkeit und sachliche Solidität der Unternehmungen. Die Krise und die ihr folgende Depression, die auf der einen Seite nach dem „Platzen der Inflationsblase" bis in das Jahr 1926 hinein zahlreiche Zusammenbrüche brachte, auf der anderen Seite aber einen partiellen Abbau des durch die Selbstübersteigerung der Konzentration überspannten Organisationsrahmens, hat organisatorisch, auch nach dem Ausscheiden von dem Bankwesen fremden Elementen (I. Michael) dennoch — entgegen der Notwendigkeit einer planvoll rationalen Ausnutzung des noch vorhandenen Nationalkapitals — noch viel überflüssiges Mittlertum [2]) übrig gelassen. —

Erst das teilweise Nachlassen des großen Kapitalmangels, das durch die seit Herbst 1924 einströmenden riesigen Auslandskredite mit eingeleitet wurde, und die erst stoßweise, dann langsamer werdende Neubildung von Bankdepositen u. a. wiesen auf eine Neubildung des inneren Kapitalfonds hin und leiteten eine zunächst relativ kurzwellige Hebung der noch besonders empfindlichen Konjunkturkurve ein, deren künftiges stärkeres Aufsteigen an sich auch wieder Gelegenheit und Anlaß zum Wiedereinsetzen des Konzentrationsprozesses unter den Banken geben könnte.

Im Jahre 1926 war freilich die Zeit der Bankenkonzentration noch nicht wieder gekommen, da die lange Krise der Jahre 1924

---

[1]) Jährliche Neubildung anlagesuchenden Kapitals in den Jahren 1924 und 25 schätzungsweise 3 bzw. 4 gegen 1913: 8½ Milliarden M. (Prion im Bank-Archiv 1926, S. 186).

[2]) Die Frankf. Ztg. schätzte die Zahl aller Banken noch annähernd auf das Doppelte der Vorkriegsziffer (F. Z. 1. 1. 26.)

und vor allem 25 noch nicht überwunden, noch nicht die echte, aus sich immer weiter zeugende, aufsteigende gesamtwirtschaftliche Konjunktur angebrochen war, die meisten Banken — bei gleichzeitig immer noch großer Unausgeglichenheit und betrieblicher Überkapazität ihres eigenen Organismus — das expansive Neugeschäft weithin noch als zu riskant meiden mußten und noch nicht voll zu alter Aktivität und Aufnahmefähigkeit gediehen waren. Während gerade jetzt in den Vereinigten Staaten eine „Fusionshausse" — auch unter den Banken! — im Rahmen der allgemeinen Hochkonjunktur zu beobachten war, stand die deutsche Gesamtwirtschaft bis Mai 1926 in einer langwierigen, tiefen und ertraglosen Depression, die länger und tiefer nachwirkte als die Krise von 1901 (da eine viel größere Kapitalvernichtung voranging). Sie wirkte auch ganz anders wie die Kriegs- und Inflationszeit, die sich im ganzen erst gegen ihr Ende hin und besonders nach ihrem Abschluß als eine auch privatwirtschaftlich verderbliche erwiesen hat.

Da wandelte sich die Konjunktur im Frühsommer 1926: Bei der erstarkten Plazierungskraft des deutschen Kapitalmarktes konnten die durch Rückzahlungen großer industrieller Debitoren entlasteten Banken nicht nur „erstmalig wieder den Anforderungen der Wirtschaft gerecht werden" [1]). Sondern: darüber hinaus erwuchs ihnen aus überall gewaltig steigenden Umsätzen ein selten gutes, von einer Großbank gar ausdrücklich als ihr bestes bezeichnetes Haussejahr mit sehr beträchtlichen Effekten- und Konsortialgewinnen, die durch namhafte Stärkung der stillen Reserven eine bedeutende innere Kräftigung ermöglichten. Und als nun deutsche Banken zum erstenmal wieder als Geber auf dem internationalen Kapitalmarkt auftreten und sich dadurch auch aktiv (1924 passiv!) in die internationalen Märkte eingliedern konnten, da erfolgten auch wieder die ersten Beteiligungen an ausländischen Banken (Dresdner Bank). Und auch im Innern (vom August 1926 bis Januar 1927 waren zwischen erster Erholung und langsam anhebendem Aufschwung bei den größten Berliner und Provinzbanken Kapitalserhöhungen um durchschnittlich 46% erfolgt) ließen sich im Frühjahr 1927 erstmalig Neuangliederungen, wenn auch in bescheidenem Umfange, beobachten: bei der Deutschen Bank und bei der Commerz- und Privatbank, die organisatorisch schon deutlich aus dem allgemein stationären Stadium heraustrat.

6. Konzentration und Konjunktur.

Diese an sich bekannten Tatsachen aufzuzählen, war unvermeidlich. Es kam darauf an, die Bedingungen und Tendenzen in ihrem Zusammenhang und in ihrer gleichzeitigen Einwirkung auf

[1]) Geschäftsbericht der Danatbank für 1926.

das Auf und Ab und das Tempo des Vorganges der Konzentration in ihrer Totalität aufzuzeigen.

Über das empirische Zusammenfallen des anschwellenden Konzentrationsprozesses (der Banken) mit den wechselnden Phasen der gesamtwirtschaftlichen Konjunktur dürfte zusammengefaßt das Folgende gelten (aus Gründen, die am Ende dieser Arbeit zu erörtern sind, scheiden die Jahre 1925 und folgende hier aus): In der Krise selbst besteht weder Anlaß noch Notwendigkeit zu weittragenden Kombinationen und Neuausdehnungen auf seiten der auch ihrerseits in ihrer Leistungskraft geschwächten Großbanken. Sofern die Krise sich nicht nur partiell auswirkte, sondern auch die Großen stärker in Mitleidenschaft zog, erfolgen jetzt nur rationalisierende Vollangliederungen befreundeter Banken, die als zuschußbedürftig ihre Obergesellschaften zu sehr belasten würden und mit deren Fall deren eigene Interessen und meist auch eigene Mittel auf dem Spiele ständen, Vollangliederungen vor allem dort, wo ein nur geringer Kapitalaufwand erfordert wird (sei es wegen der Kleinheit der Bank oder wegen der Höhe des bisherigen Beteiligungsbesitzes). Wegen der mangelnden Klärung der Bilanzverhältnisse und des inneren Wertes der Unternehmungen wartet man im übrigen den Verlauf der Krise ab, um während der Depression mit Unterstützung des erst jetzt wieder aufnahmefähigen Kapitalmarktes, nun vollends seiner finanziellen Unsicherheit entwachsen, die inzwischen gänzlich fusionsreif Gewordenen erwerben zu können. Noch mehr als die Depression aber ist es die Erholung und vor allem der Aufschwung, die beide fortschreitend Vergrößerung von Kapital und Betriebsapparat auf dem Wege der rein expansiven Konzentration involvieren. Gegen Ende des Aufschwunges stoppt der Prozeß in der Regel ab. Speziell für die Inflationszeit gilt: Hochkonjunktur, auch wenn sie objektiv eine Scheinkonjunktur ist (wie sich später erweisen kann und hier sich erwies), steigert die latente Konzentrationstendenz (wie übrigens ja auch umgekehrt) — während ein Konjunkturrückschlag (Lage der Deflationszeit) regelmäßig Ausdehnungen verbietet. Im ganzen: Die Bankenkonzentration ist vor allem und in der Hauptsache eine Funktion der Blüte und sei es auch nur einer Scheinblüte. — Es wird eine Zeitlang dauern, bis wieder die klare Linie des Konzentrationsprozesses, von neuem ausgehend von den in normaler, aufsteigender Wirtschaft neu gekräftigten alten großen Machtträgern, sichtbar werden wird. —

III. Die Verflechtung von Bank- und Industriekapital.

Das „Weltwirtschaftsgewebe" (W. Rathenau) einer Deutschen Bank mit inländischen, ausländischen (namentlich überseeischen) Niederlassungen, Beteiligungen und Interessen aller Art, vom Kriege stark erschüttert und seither recht gut wieder konsolidiert, und das eines industriellen Großkonzerns, mit guter Kompensation der etwaigen Substanzverluste in der Nachkriegszeit, berühren und durchdringen einander an vielen und entscheidenden Stellen. In diesem Berührungs- und Verflechtungsverhältnis war jedoch auf Jahre eine grundlegende Wandlung, weniger eigentlich prinzipieller Natur als vielmehr im Sinne einer quantitativen Machtverschiebung, eingetreten. Die industrieseitige Konzentration, früher von den — dabei gänzlich unabhängig bleibenden — Banken als den stark treibenden Mächten weitgehend gefördert (vgl. Jeidels, Das Verhältnis der deutschen Großbanken zur Industrie), nahm seit 1919 bisher ungekannte Dimensionen an. Die Initiative zu dieser Konzentration aber ging [1]) bei dem Kraftzuwachs jeglicher industrieller Produktion, in den überwiegenden, quantitativ wie qualitativ bedeutenderen Fällen von den Bankleitern noch weit mehr als bisher an die industriellen Führer über. Die Banken, deren eigener Zusammenschluß entweder erst durch die industrielle Konzentration (und historisch seit ihr) ihren Impuls erhielt [2]) oder aber dieser, sie oftmals anregend und ermöglichend, vorausging, verloren an zahlreichen Punkten ihre überragende Stellung. Schon im Kriege hatten industrielle Werke sich weitergehend vom bestimmenden Einfluß der Banken, von der „Bevormundung" [3]) freigemacht, da ihnen die Kriegsgewinne zu einer

---

[1]) namentlich bei den durch den Versailler Frieden in Lothringen, Luxemburg und an der Saar amputierten und nun in Deutschland neu aufbauenden Werken (vor allem: Deutsch-Luxemburg, Gelsenkirchen, Stumm u. a.).

[2]) „Bis zu einem gewissen Punkte ist diese (die bankkapitalistische Konzentration) nur eine Begleiterscheinung der industriellen Konzentration; die industrielle Entwicklung und die Entfaltung der Großbanken sind zwei parallele Entwicklungsreihen...: die Industrieunternehmungen wachsen, die Banken wachsen mit und nehmen eine entsprechend veränderte Form an.." (Jeidels, a. a. O., S. 252.).

[3]) die bis in die 1890er Jahre sich am stärksten geltend gemacht, während

sehr großen Geldflüssigkeit[1]) verhalfen. Dazu kam nun die Inflationszeit mit der leichten Möglichkeit, empfangene Kredite zurückzuzahlen.

Außerdem wurden die Banken ja an manchen Stellen auch durch die Konzerneigenbanken (siehe oben) eliminiert. Die Industriekonzerne kauften sich, wie gezeigt — ähnlich war es in Österreich (Bosel, Castiglioni) — vielfach noch irgendeine Bank dazu, wie sie sich schon alles andere für den vertikalen Produktionsprozeß Notwendige gekauft hatten, Industriebanken, vielfach vorerst als bloße Beteiligungen, vielfach aber auch Instrumente zur (kurz- oder in Form des Beteiligungserwerbes langfristigen) Anlegung hereinfließender Gelder, zum Zwecke der Finanzverwaltung und Devisenbeschaffung für den Konzern, als Holdinggesellschaften der Konzerninteressen, als Geldbassins, darüber hinaus als Finanzierungsinstitute des Konzerns. Auf diesem Wege fanden vorübergehend ganz große Kreditgeschäfte ohne Zutun der Großbanken ihre Erledigung (Westfalenbank im Lothringenkonzern). — So wurde das Kreditbedürfnis hier dergestalt befriedigt, daß den Großbanken, entgegen der früheren Übung, oft genug die Gelegenheit zu gleichzeitiger eigener industriepolitischer Machterweiterung bei solchem Anlaß entzogen wurde.

Aber auch bei den ganz großen Transaktionen, bei denen die Industriellen nicht auf die Verbindung mit den Großbanken verzichten konnten und wollten, bei der Schaffung und dem Ausbau der größten Interessengemeinschaften wurden die Banken mehr und mehr in bloße Hilfsstellung[2]) gedrängt: hatten sie doch schon seit langem das Schicksal der Unternehmungen, den ständigen mitbestimmenden Einfluß, die Entscheidung über Leben und Tod wie in Krisenzeiten, durchaus nicht mehr so in der Hand, wie früher etwa in jenen Zeiten der ersten industriellen Entfaltung Deutschlands, als die Deutsche Bank und die Disconto-Gesellschaft noch Eisenbahnen bauten und als Selbstunternehmer etwa die rumänische Petroleumindustrie schufen.

Die Banken wurden vielmehr bloße Mittler und Finanzierer, weniger die Berater, geschweige denn Kontrollierer der großen

---

seit etwa 1902 die Industrie mehr selbst den Kapitalmarkt beansprucht und die Banken oftmals (verallgemeinern läßt sich das natürlich nicht) mehr zu bloßen Emissionshäusern heruntergedrückt hatte.

[1]) „Das Barreservensystem ist im Kriege typisch für die Gesamtindustrie geworden, bei den Kriegsmaterialunternehmungen infolge übernormaler Gewinnansammlungen, bei vielen Friedensunternehmungen infolge einer immer weiter fortschreitenden Liquidierung ihrer Betriebsmittel..." (Pinner, a. a. O. S. 381).

[2]) Rheinelbe-Union und Siemens-Rheinelbe-Schuckert-Union 1920!

Wirtschaft. Die Industriellen stellten sich in freierer Weise als früher (als noch die Großbanken alle Einzelheiten des Finanzierungsvorganges und besonders die Zusammensetzung der Konsortien bestimmten) die Bankkonsortien selbst zusammen. Eine weitgehende, durch die Kriegs- und Inflationsgewinne ermöglichte, direkten Einfluß zu einem nicht geringen Teil ausschaltende Emanzipation von den Großbanken, die dem unglaublich gesteigerten Geldbedarf für die oft sehr wenig organischen Angliederungen bei weitem nicht immer genügen konnten, erfolgte. Bei Durchführung der Kapitalserhöhungen und der Kreditbeschaffung waren die Banken nicht mehr die alleinigen, ausschlaggebenden Kreditgeber. Die Entstehung großer Industrie- und Handelskonzerne, wichtigste Angliederungsvorgänge waren regelmäßiger noch als früher ohne die Großbanken denkbar. Hugo Stinnes baute seine verschiedenen Konzerne freilich nicht ohne Banken (vor allen anderen hervorragende finanzielle Unterstützung durch die Darmstädter Bank!), dennoch ohne deren richtunggebende Initiative auf. Die Banken wurden immer passiver gegenüber der industriellen Entwicklung; von einem planvollen und direkten bankseitigen Einwirken auf sie konnte nicht mehr die Rede sein. Die Initiative kam von der Industrie, die Banken übernahmen nur die finanziellen Transaktionen, bestenfalls auch die grundsätzliche finanzielle Beratung und ermöglichten lediglich „die Entfaltung industrieller Entwicklungstendenzen, die sie selbst nicht geschaffen“ (Jeidels, a. a. O., S. 250).

Auf der einen Seite freilich blieben ihnen ihre alten, eng angewachsenen industriellen Unternehmungen erhalten. Große Werke und auch hier und da ganze Gruppen, die gänzlich unter ihrem Einflusse stehen und „ihre“ Unternehmungen sind, blieben völlig in der Hand ihrer Großbanken. So fungiert wenigstens die Berliner Handelsgesellschaft weitgehend als Platzhalterin für die AEG, errichtete die Danatbank in sehr enger Zusammenarbeit mit der Unternehmungsleitung den Inflationskonzern Linke-Hofmann-Lauchhammer, besaßen und besitzen darüber hinaus Banken sogar ihnen eigene und als ihre Konzerne anzusehende Unternehmungskomplexe: so die Disconto-Gesellschaft (die dauernde Beteiligungen vor allem an Montan-, Kali- und Petroleumgruppen und -werken besitzt; vgl. S. 165 ff.), so u. a. die (ehemalige) Bank für Thüringen vorm. B. M. Strupp mit „ihrem“ Porzellankonzern. Und so besaß die Deutsche Bank die Deutsche Petroleum-A.-G., die, schon vorher Konzerngesellschaft, wegen ihres reichen, auf Grund ihrer internationalen Besitzungen in der Inflationszeit stark angewachsenen Devisenschatzes zu einer „Umgründung“ durch Verschmelzung lockte und im Mai 1922 von der Deutschen Bank durch Fusion aufgenommen wurde, gleichzeitig aber wieder, eingebracht in eine neue Gesellschaft unter gleicher Firma, in Gemeinschaft mit den Rütgerswerken als Tochtergesellschaft für die Petroleuminteressen der Deutschen Bank erstand.

Auf der anderen Seite aber wurde die ständige, wirklich ausschlaggebende Beratung durch die für die Industriegruppen (deren Eigenkapitalziffern die der Banken seit dem letzten Jahrzehnt, im Gegensatz zu 1913, numerisch besonders weit überschritten hatten) viel zu schwach gewordenen Großbanken vorübergehend durch eine weitgehende Um- und Neueinstellung der Industrieseite abgelöst. Ein Beispiel unter sehr vielen: die Gründung und Entwicklungsgeschichte der Gelsenkirchener Bergwerks-A.-G. (1873 unter Führung der Disconto-Gesellschaft geschaffen) und Emil Kirdorfs[1]) freundschaftlich-enge Beziehung zur Disconto-Gesellschaft, ohne die das westfälische Industrieunternehmen nicht zu denken gewesen wäre! Die Initiative bei der Bildung aber der (auch die Gelsenkirchener umschließenden) Siemens-Rheinelbe-Schuckert-Union ging diesmal zweifellos nicht von den insgesamt beteiligten Banken (den D-Banken excl. Dresdner) aus. — Die Situation, wie sie Jeidels 1905 in seinem in vielem auch heute noch nicht veralteten Buche zeichnete, hatte sich von Grund auf geändert.

Beherrschung und Leitung der Kapitalmassen der ganz Großen lag, unbeschadet fortdauernder Hilfstransaktionen bei den so zahlreich erfolgenden Expansionsgeschäften, nicht mehr in der Hand der Großbanken; und auch die kleineren Konzerne gingen ja vielfach zur Selbstfinanzierung über; hier freilich, wie die Zeitgeschichte lehrt, meist zu ihrem eigenen Schaden.

Natürlich blieb die noch starke Stellung und unentbehrliche funktionelle Bedeutung der Banken trotz der durchgreifenden Verschiebung des wirtschaftlichen Schwergewichtes auch weiterhin nicht zu verkennen. Von ungeschwächter Wirksamkeit war vor allem auch weiterhin die Rolle von Industriekapitänen und in der Industriepolitik richtungweisenden und Kombinationen angebenden wirklichen Führern wie Louis Hagen (Köln). Und: mit abnehmender Größe der industriellen Unternehmungen wuchs — wie heute — das Maß der Abhängigkeit von den großen Banken. Noch immer wirkten industriekapitalistische und bankkapitalistische Konzentration gegenseitig beschleunigend aufeinander ein, erfolgten auch vielerorts noch industrielle Konzentrationen neu durch die Vermittlung und die Mittel der großen Banken; und so beeinflußten die Banken, soweit ihnen Mittel verfügbar waren, als Geldgeber, als Aktionäre und — wenigstens noch einigen, meist durch Aktienbesitz dauernd kontrollierten, „befreundeten" industriellen Werken gegenüber, — als Mitleiter, sonst aber oft genug

---

[1]) Vgl.: Emil Kirdorf, Ein Lebensbild, S. 10, 18, 21 über die Rolle der leitenden Großbank.

freilich nur als Emissionshäuser und als Helfer bei Machtkämpfen wirksam, auch in der Inflationsperiode Umfang und Richtung (weniger: das Tempo) der industriellen Konzentration.

Dem Vorgange der Besitzergreifung rheinisch-westfälischer Großbanken oder ihrer Heranziehung als befreundeter Häuser durch die Berliner Finanzmächte (D-Banken 1897—1914 ff.) und ihrer Einflußnahme auf die von jenen beherrschten Industrien war eine Periode gefolgt, in der die Industrie, die einst jene Bewegung teilweise mitbegehrt hatte, sich von den Banken weitgehend loslöste, sich selbst solche unterordnete und endlich durch Schaffung eigener Finanzorganisationen in einigen Fällen tief in die Sphäre der Banken einzudringen suchte. Ganze Industriegruppen gewannen so eine Zeitlang eine der der englischen und amerikanischen Industrie ähnliche losere Stellung zu den Banken [1]).

Da brachte die im Jahre 1924 ausbrechende Bereinigungskrise eine Rückverlagerung des Schwergewichtes zu den Banken, deren Einfluß in dem gleichen Maße, wie er vorher gewichen war, nun umso rascher zurückgewonnen wurde. Die alte Vormachtstellung der Banken kehrte — von wenigen Ausnahmen abgesehen — wieder, und zwar obgleich die Banken in der Inflation bilanzmäßig soviel stärker (im Durchschnitt) gelitten hatten als die mit fester Sachsubstanz bewehrten Industrien. Die Rolle der Banken bei Stützungen, ihr Charakter als „Sanierungsbüros", ihre oftmals ausschlaggebende Mitarbeit, ja Leitung bei der organisatorischen Rückbildung und finanziellen Neuzusammenfassung der Industrie (Stahlverein im Westen), die von ihnen, da sie ihnen größere Sicherheiten gibt, zum Teil mit großer Betonung propagiert wurde, und die Vermittlungstätigkeit für Auslandskredite [2]) stärkten die Stellung der Banken bekanntlich ganz außerordentlich. — Im Jahre 1925 haben die großen Industrieunternehmungen die Banken mit außerordentlich hohen Summen beansprucht und in ihrer Liquidität nicht wenig beeinträchtigt. Die Industrie wurde, um ihre Fortexistenz sicherzustellen, mehr denn je abhängig von der Kreditpolitik (und von der Fähigkeit der Banken zur Kreditumformung), abhängig wie immer in Zeiten der Krise, die die Banken als Herren sieht, wenn auch diese Herren ihrerseits in ihr nur verhältnismäßig gewinnreicher arbeiten als die übrige Wirtschaft.

---

[1]) In den Vereinigten Staaten: „Die Banken fühlen sich nur als Kommissionäre, Besitz von Effekten zur Positionswahrung ist nicht die Regel... regulär" — von Ausnahmen abgesehen — „werden die Effekten dem Publikum zugeführt...", so daß der Bankeinfluß auf die Industrie nicht groß, aktive Expansionspolitik kaum Sache von Bank-, als vielmehr im allgemeinen von Industriekonzernen ist und dauernde Interessennahme durch Finanzkonzerne fehlt. (So: Somary in: Europas Volkswirtschaft in Wort und Bild, Frankf. Sozietätsdruckerei 1925, S. XXXIII ff.)

[2]) wo sie geübt werden konnte; im übrigen tat die vielfache direkte Kreditaufnahme durch die Werke dem Übergewicht der Banken wieder Abbruch. —

Schon bei der Kapitalumstellung auf Goldmark in der Industrie machte sich vielfach wieder gesteigerte Mitwirkung der Banken geltend (Einwirkung oder gar Forderungen hinsichtlich ausreichender Umstellung zwecks Vermeidung späterer Sanierungen). — Der Zerfall des Stinnes-Konzerns bedeutete, neben der Erledigung der Stinnesschen Beteiligungen an großen Banken[1]), den Wegfall des imposantesten Exponenten des industriellen Übergewichts in der Inflationszeit, bedeutete aber zunächst nur (allerdings durch die Reichsbank erleichterte) Immobilisierung eines großen Schuldners (und damit des, allerdings 15-köpfigen, Stillhaltekonsortiums der Banken) bis zu der amerikanischen Schuldenkonsolidierung (Ende 1926). Darüber hinaus bedeutete er für die Banken nur einen ideellen (und in ihrer Disposition über die einzelnen Konzernobjekte zum Ausdruck kommenden), nicht einen wirklichen Machtzuwachs, da die Objekte dann gerade den größten Industriegesellschaften zuwuchsen. Dann aber wurde sehr viel Energie und Initiative auf Seiten der Banken frei. (Ganz deutlich bei der Danatbank, die bei fast allen Stinnes-Gesellschaften und im Liquidationskonsortium die Führung hatte.)

Von nun an (1924, 1925, 1926!) trat die Bedeutung der Banken für die (nun aus andersartigen Motiven heraus notwendige) Fortentwicklung der industriellen Konzentration in rasch steigendem Umfange hervor. Auf Grund bankseitiger Initiative wurden im Verlaufe der Reorganisationen und Sanierungen große und größte fachlich-horizontale Kombinationen durchgeführt, rationelle Betriebszusammenschlüsse mindestens indirekt durch Banken in Gang gebracht. Deutsche Bank und Disconto-Gesellschaft führten zahlreiche solcher horizontalen Konzentrationen durch, fanden sich sogar, trotz jahrelanger scharfer Rivalität gerade auf diesem Gebiete, mit ihren Petroleumkonzernen (DPAG und DEA) 1925 zum Petroleumtrust. —

Bei der Gründung der Stahlvereins begegneten sich bankseitige und industrieseitige Initiative, wobei jene recht deutlich überwogen zu haben scheint: hier wirkten Jakob Goldschmidt und Louis Hagen als Wegbereiter wirtschaftlichen Fortschritts, und besonders jener hatte auf die Gründung bedeutenden Einfluß. Aber der Nichteintritt von Krupp, Klöckner und Haniel zeigt wiederum die Grenzen des Einflusses der Banken[2]).

Von den 1926 errichteten Oberschlesischen Hütten-

[1]) Die direkte Einflußnahme der Industrie auf das Bankwesen war nur Episode. Die erworbenen Beteiligungen oder begründeten Institute sind seit der Deflation überwiegend erloschen.

[2]) Die Banken haben hier und da den Rationalisierungs- und Vereinigungsprozeß maßgebend beeinflußt, während in der Art und Weise der Durchführung die industrielle Idee überwog. Oft genug freilich war auch gerade die industrielle Anregung entscheidend, da ja die Initiativfreudigkeit der Bankleiter recht verschieden war.

und Mitteldeutschen Stahlwerken wurden wenigstens die letzteren auf stärkste Initiative der Danatbank (Goldschmidt) — und zwar offenbar gegen die Deutsche Bank — zusammengefügt.

Über die Landesgrenzen hinaus war es außer Francqui (Société Générale de Belgique) vor allem Louis Hagen, der seit Jahren die Idee eines europäischen Stahltrusts betrieb (vgl. Friedrich Ebert, Schriften, Aufzeichnungen, Reden (1926) II, 346 f.).

Die Fusion der drittgrößten deutschen Schiffahrtslinie, der Austral-Kosmos (-Hugo Stinnes)-Linien mit der HAPAG entstand aus einem richtigen Börsencoup J. Goldschmidts ohne Wissen und Willen beider beteiligten Gesellschaften:

> Die Danatbank, die ihre norddeutsche Position erweitern wollte, kaufte — für sich und ein befreundetes Konsortium — die Mehrheit der Austral-Kosmos-Linien auf (nachdem sie bereits früher die Stinnes-Linien dieser Gesellschaft zugeführt hatte) und sicherte sich gleichzeitig HAPAG-Aktien, machte dann der Hapag ein befristetes Angebot der mit anderen gepoolten Austral-Kosmos-Majorität und nötigte sie durch die Drohung, anderenfalls an den Lloyd zu verkaufen (also bei der Rivalität durch absolute Gewalt!), zur Übernahme. Im November 1926 „fand sich", wie es hieß, „kein anderer Ausweg als die Fusion" trotz des starken, bis in die allerletzte Zeit andauernden persönlichen Gegensatzes (Prozeß!) der beiderseitigen Generaldirektoren. Goldschmidt und seine Gruppe traten in den Aufsichtsrat der HAPAG ein. Freilich ein äußerster Grenzfall rein finanzseitiger Initiative!

Vornehmlich unter Führung und aus der starken Initiative des Bankhauses Gebr. Arnhold[1]) geschah die große Berliner Hotelfusion (März 27) unter Beteiligung Eugen Landaus und anderer.

Bei dieser Art horizontaler Konzentrationen behufs Rationalisierung dienen die an sich sehr begründeten Zwecke der betrieblichen Reorganisation und auch die Chancen der rationelleren Ausutzung des investierten Kapitals natürlich den Banken häufig nur zum Vorwande für Erhöhung der Sicherheit und Machterweiterung gegenüber den anderen Banken (s. oben), worauf auch Jeidels (a. a. O.) schon hingewiesen hat. Dabei helfen die Banken in ihrer universaleren Orientiertheit, Hausmacht- und persönliche Schranken leichter zu überwinden!

Mehr als je geriet die Entscheidung über die wirtschaftliche Entwicklung und über Ausdehnung oder Nichtausdehnung der Geschäfte des kleineren, mittleren, ja auch des größeren Gewerbes in die Hände der Banken, die anläßlich Kapitalserhöhungen zwecks Schuldenkonsolidierung ihre Kredite in Aktienbeteiligungen um-

---

[1]) Arnhold-Konzern: umfassend im deutschen Brauereigewerbe; Porzellankonzern, Hotelkonzern usw.

wandeln mußten und so verstärkten Einfluß gewannen oder Kreditgewährungen explicite oder implicite an die Auflage des Zusammenschlusses mit anderen Gesellschaften knüpften. Derartigem, aus industrieller Notlage entsprungenen ungewöhnlichen Bankeinfluß auf einzelne eng verbundene Großunternehmungen (Deutsche Bank: Ufa, Daimler-Benz; früher Darmstädter Bank: Deutsch-Luxemburg) steht die bekannte Zurücksetzung der mittleren und kleineren Betriebe und auch dadurch eine mindestens indirekte Begünstigung der konzentrativen Bildung von Großunternehmungen gegenüber.

Während die Danatbank die „Notwendigkeit, neue wirtschaftliche Gebilde konstruktiv zu schaffen" und „neue Entwicklungswege zu erschließen", fühlt, „eine neue Wirtschaftsentwicklung" propagiert und bei Zusammenschlüssen mit sehr starker Initiative schöpferisch führt und während u. a. die kleinere J. F. Schröder-Bank in Bremen sowohl in der Schiffahrt (maßgebende Beteiligung beim Norddeutschen Lloyd [1])) wie in der Werftindustrie [2]) große Aktivität entwickelte, folgten andere Banken, wie die damals weniger initiativreiche Deutsche Bank, mehr den sich jeweils ergebenden industriellen Notwendigkeiten.

Aber auch gerade die Großen in der Industrie ziehen zu Transaktionen von Tragweite oft erst nachträglich ihre Bank oder Banken hinzu. Man darf nicht übersehen, daß ja wohl auch gerade große Industrieunternehmungen oft Inhaber von Bankaktien-Paketen (wie umgekehrt!) sind. Zu denken ist ferner an die gerade mit Bankhilfe erfolgte Befestigung der Macht der unerschüttert gebliebenen alten Unternehmungen (Elektrizitätsindustrie) und vor allem der Schwerindustrie, die in letzter Zeit die Berliner Börse geradezu beherrschte (Börsenlage und rheinische Kaufs- und Verkaufsorders!). Und oft ist die Kreditgewährung an Großunternehmungen für die Banken mit Einflußlosigkeit verbunden. Auch jetzt noch also differiert — teils seit je, zum geringeren Teil auch in Auswirkung der Nachkriegsverhältnisse — die Stellung der Banken zur Industrie. Während der rheinisch-westfälische Stahlverein unter maßgebender Mitwirkung der Bankleiter (die mit 7 Persönlichkeiten in dem 27 Mitglieder umfassenden Aufsichtsrat vertreten sind) in der Krise von 1925/26 ins Leben trat, hat die andere große Zusammenfassung der gleichen Zeit, die I.-G. Farbenindustrie A.-G., es mit ihrer eigenen großen Finanzkraft fertig

[1]) Die von Schröder bewirkte letzte Kapitalserhöhung beim Lloyd zunächst auf die gleiche Höhe wie die des Hapag-Kapitals, das Eindringen Schröders in die der Hapag befreundete Hamburg-Südamerika-Linie als Großaktionär und der Einbruch der schon seit langem beim Lloyd beteiligten Danatbank auch in die Hapag-Verwaltung ermöglichen hier weitere Kombinationen.

[2]) Wo Schröder jüngst zusammen mit seiner Kommanditistin, der Berliner Handelsgesellschaft, aus eigener, nicht aus industrieller Initiative den Bremen-Hamburger, freilich nicht universellen, Trust zustande brachte.

gebracht, daß kein einziger Großbankdirektor ihrem Gesamtaufsichtsrat angehört, sondern nur, in untergeordneter Zahl, Privatbankiers und ein paar inaktive Bankdirektoren [1]).

In der I.-G. verkörpert sich am bedeutendsten jener andere Typ eines Industrieunternehmens, das auch heute noch den Großbanken keinen Einfluß zugestanden und seine große monopoloide Gruppe ganz offenbar aus eigener Initiative zusammengefügt hat. Hier führten die Banken nicht jene große Fusion und auch nicht die späteren bedeutenden Angliederungen durch. Hier wäre es ausgeschlossen, daß — wie im Stahlverein — die Bankvertreter gegen die Direktion eine Dividendenausschüttung durchsetzten. Hier sind die Banken lediglich ausführende Mitarbeiter und versehen Hilfsstellung bei den Transaktionen, ohne jedoch wirtschaftspolitische Initiative entwickeln zu können. Der Anilintrust bedient sich aller Banken, die es als eine Ehre ansehen, hier mitzuarbeiten. Soweit die Großbanken in Frage kommen, führt natürlich die Deutsche Bank, die in der Generalversammlung vom Juni 1926 allein *15%* der Stammaktien vertreten hat! (Banken und Bankiers überhaupt 49,9% des Stammkapitals!)

Dennoch ist es hier noch längst nicht so wie bei Ford, der bei seiner großen Expansion seit 1921 — unter völligem Verzicht auf die Mitarbeit der Großbanken und Bankiers — unabhängig vom Kapitalmarkt seine Unternehmungen zu finanzieren sucht. — Anders wieder die Stellung des alten Thyssen (dessen Konzern nun im Stahlverein aufging) zu seinen Kreditgebern; von ihm sagte man (Pinner in: Deutsche Wirtschaftsführer), je größer seine — in der Tat stets nicht geringen — Bankschulden gewesen seien, desto überlegener sei der Schuldner dem Gläubiger, der für sein Geld zu fürchten hatte, gewesen, und so habe er eine Bank gegen die andere ausgespielt.

Und heute sind die Banken in ihrer Gesamtheit, geschweige denn als einzelne, keineswegs imstande, den neuen, übermächtig gewordenen „Industrieherzogtümern", die sich mit steigender Zusammenballung weitgehend unmittelbarem Einfluß entzogen, eigene Gebilde auch nur ähnlicher Größenordnung von sich aus entgegenzustellen. Das geht am klarsten aus dem folgenden Vergleiche hervor:

Eigenkapital (Aktienkapital + Reserven) der 7 führenden Berliner Großbanken am 30. April 1927: ca. 809,7 Millionen M. gegen 1711,63 ultimo 1914 (einschl. der

[1]) Die I.-G., die starke Bankguthaben (Ende 1926: über 200 Millionen M.) unterhält, ist dagegen — traditionell — im Aufsichtsrat der Dresdner und der Danatbank vertreten.

inzwischen übernommenen Gesellschaften: etwa 2250 Mill. M.). Eigenkapital der 6 nunmehr vereinigten Großwerke des „Farbentrusts", der vor dem Kriege nur aus 2 getrennten Gruppen und daneben aus vereinzelten Werken bestand, zur selben Zeit 1273,15 gegen 306,7 Mill. M. ultimo 1914. — Die drei führenden Werke der I.-G. Farbenindustrie-A.-G., die, durch die riesigen Kriegsaufgaben emporgewachsen, den Kern des gewaltigen Komplexes (wie er 1916 bzw. 1925 zusammengefügt wurde) bilden, hatten vor der Vollfusion je 176 Mill. Aktienkapital gegen je 36 Mill. M. Ende 1913, also jede mehr als irgend eine Bank. Vor dem Kriege waren es D-Banken, die die höchsten Kapitalziffern aufwiesen! Dazu kommt: Die Großbanken sind einzelne, der Farbenkonzern hingegen heute eine geschlossene Unternehmung, Träger außergewöhnlicher Kapitalanhäufung.

Der weitaus und zwar nicht nur graduell stärkere Einfluß der Großbanken bei den Vereinigten Stahlwerken (Eigenkapital Ende 1926: 880 Mill. M.) aber zeigte, daß der rein quantitative Vergleich allein keineswegs ausreicht.

Symptomatisch für die Gestaltung der Machtlage und für die Intensivierung des Verhältnisses der Banken zur Großindustrie ist die Entwicklung bei Krupp, dessen Aktien auch heute noch fest in Familienhand sind. Krupp kam niemals in Abhängigkeit von Finanzinstituten. Schon seit der Umgründung (1903) spätestens aber ist Krupp mit der Dresdner Bank, die er stets bevorzugte, am intimsten befreundet, und so entsandte er schon vor Jahren einmal einen ehemaligen Oberleiter in den Aufsichtsrat der Dresdner Bank.

Aber erst 1925 trat ein Mitglied des Kruppdirektoriums in den Aufsichtsrat der nahestehenden Bank ein, und erst 1926 trat erstmalig sogar ein Direktor dieser in den Aufsichtsrat der Fried. Krupp A.-G. über, dem einst nur der alte Privatbankier Delbrück (i. Fa. Delbrück Leo & Co.) angehört hatte. Ja, im Januar 1927 traten außerdem, anläßlich einer großen Anleiheaufnahme (auf Initiative der Danatbank), Jakob Goldschmidt von der Danatbank und ein Teilhaber von Simon Hirschland (Essen) in den Aufsichtsrat von Krupp ein!

Die AEG hingegen, die immer bewußt eine große Liquidität bewahrte, war lange Zeit eine der beherrschenden Mächte auf dem Geldmarkt. Emil Rathenau, der Meister der Emissionstechnik, war „stets Gläubiger, nie Schuldner der Banken" (Pinner, Emil Rathenau, S. 209), von ihnen allzeit, wenn nur irgend möglich, unabhängig bei seinen Finanztransaktionen (Pinner, Wirtschaftsführer[5], S. 12), so daß es, zumal er über das ihm sehr eng verbundene Großbankkonsortium hinaus über eine Organisation eigener fachlicher Finanzierungsbanken verfügte (genialer und dauernder hierin als ein Michael), nach Dernburgs Ausspruch kein Geschäft gab, das die AEG nicht gerade so gut allein hätte durchführen können, wenn sie das gewollt hätte. Die Banken führten nur die Finanzpolitik der AEG durch, nicht ihre eigene und führten ihr, der Unabhängigen, von ihnen Umworbenen, oft ihre, der AEG, eigenen großen Bankguthaben in ihren Konsortien zum Teil wieder zu. Emil Rathenau vermochte sich umso eher von den Banken unabhängig zu halten, als er ja immer nur Bankguthaben, nie Bankschulden unterhielt (Pinner, a. a. O. S. 26) — außer bei der ihm außerordentlich eng verbundenen Berliner Handelsgesellschaft (der Passivsaldo der AEG gegenüber den Banken von 1925 war 1926 wieder in einen aktiven verwandelt). —

Das Machtverhältnis Banken—Industrie, Finanzkapital—Produktivkapital, läßt sich also nicht auf eine einheitliche Formel bringen, umsomehr als es seit 1914 Wandlungen genug erfahren hat. 1920—1923 war das Übergewicht der Industrie deutlich, 1924 bis 1925/(26) das der Banken. Es handelt sich bei diesem „Macht“-verhältnis zum Teil um eine sehr konjunkturempfindliche Erscheinung. Mit wachsender Gesundung und mit Abnahme des Prosperitätsunterschiedes zwischen der Industrie auf der einen und den Banken auf der anderen Seite (der ja infolge mannigfacher Faktoren trotz aller volkswirtschaftlichen Interdependenz einzutreten vermag) kehrt das Machtverhältnis in eine, wenn auch auf einer anderen Ebene sich konstituierende Gleichgewichtslage zurück.

Generalisieren läßt sich hier nichts, wenn auch die Gesamttendenz (per Saldo) zum mindesten keinerlei Prestige-Einbuße des Bankkapitals erkennen läßt.

Nach Erledigung der ephemeren Emanzipation der Industrie vom Bankeinfluß lassen sich etwa drei Formen der gegenseitigen Stellung von Bank- und Industriekapital beobachten (in allen drei Fällen stärkerer bankseitiger Besitz an Industrieaktien möglich):

1. Rolle der Banken im wesentlichen beschränkt auf bloße Hilfsstellung: Typ des Farbentrusts (Maß der Autarkie dieser I.-G.!).
2. Freundnachbarliche Beziehung [1]): industriepolitische Initiative beiderseitig, in Zeiten der Depression vielfach weitgehend auf die Bankseite hinübergleitend.

---

[1]) Einfluß von Verwaltungsbanken auf Grund Eigenbesitzes, Kundschafts- und Freundesstimmen, oft gegen konkurrierende Banken und Bankkonsortien. Die Banken als Hauptbeschicker von Generalversammlungen. Wie bereits 1912 die Dresdner Bank über 200 Mandate in industriellen Aktiengesellschaften verfügte, so besaß 1925 die Danatbank im ganzen Aufsichtsratssitze bei etwa 1200 Gesellschaften. —

3. Verhältnis der Familiarität: starke gegenseitige Verbundenheit, unbedingte Favorisierung einer, der Spitzenbank des Hauses (die die Mitarbeit anderer Banken nicht ausschließt): Typ AEG — Berliner Handelsgesellschaft.

Der zweite Typ überwiegt bei uns bekanntlich bei weitem, wohingegen in England[1]) der erste. —

Dagegen läßt sich heute eine andere Erscheinung feststellen: Ursprünglich war jede industrielle Unternehmung aus der Initiative oder doch unter Mithilfe (meist) einer einzigen Bank entstanden (Gelsenkirchen: Disconto-Gesellschaft; Deutsch-Luxemburg: Darmstädter Bank; AEG: Nationalbank — Landau; im Verlauf: Norddeutscher Lloyd: Deutsche Bank; HAPAG: Norddeutsche Bank — Disconto-Gesellschaft). Im Laufe der letzten Zeit sind nun mit dem Entstehen der großen industriellen Komplexe die Spitzenbanken der Einzelkonzerne mit denen anderer Konzerne durch die Bildung von Gruppen immer höherer Größenordnung zu gemeinschaftlicher industrieller Verwaltungstätigkeit — zwangsläufig — zusammengerückt. Die Partner der entstandenen Gruppen wurden, von divergierenden Interessen ausgehend, zu oft weitgehender Ausgleichung und Homogenisierung ihrer Interessen geführt. Die Folge dieser gegenseitigen Annäherung ist, daß die entstandenen Gruppen nicht mehr bestimmten einzelnen Banken zuzurechnen sind, daß — praktisch gesagt — die Emissionskonsortien von (mindestens) zwei Großbanken geführt und die Aufsichtsratsbesetzungen ohne Favorisierung einer als Hauptverbindung fungierenden Bank vorgenommen werden. Dieses große Zusammenrücken in den Konsortien infolge der großindustriellen Konzentration, das, wie schon Jeidels berichten konnte, „die Großbanken im Verlauf dieses Prozesses mit der Industrie und untereinander in so enge Beziehung gebracht" (a. a. O. S. 269) und die „Grenzen der Konkurrenz unter den Großbanken" (a. a. O. S. 195) aufgedeckt hat, ist eine der wichtigsten äußeren Erscheinungsformen, die — stark potenziert — gegen den status quo ante bellum abstechen. Die Entwicklung der natürlich immer nur relativen „fortschreitenden Ausscheidung der Konkurrenz unter den Großbanken", wie sie Jeidels langsam vor sich gehen sah, gleichzeitig die Entindividualisierung der Banken in fachlich-gewerblicher Beziehung, die zunehmende örtliche wie fachliche

[1]) Geringes Vermögen der Banken, die Industrie zu beeinflussen. Grundsätzliche Vermeidung allzu enger, langfristiger Beziehungen zwecks Erhaltung der Liquidität. Keine bankseitige Initiative, sondern Hilfsstellung; kein Schaffen und Großziehen industrieller Unternehmungen wie in Deutschland. Dennoch in praxi heute langsames Wachsen der Kreditbeziehungen der Industrie zu den Depositenbanken. Bankdirektoren treten vielfach als directors in industrielle und Handelsunternehmungen ein, was vielfach noch als „parteiische Zuneigung" empfunden wird (so von Snowden, vgl. Frankf. Ztg. 12. 10. 26).

Universalität des Objektkreises ist stark beschleunigt und viel ausgeprägter in die Erscheinung getreten. Jeidels sprach noch vom Fehlen einer universellen, die Volkswirtschaft als Ganzes erfassenden Industriepolitik der Banken, von der wir heute trotz allem doch weit weniger entfernt sind als damals; die gesamtwirtschaftliche (nicht etwa eine gemeinwirtschaftliche) Funktion der Banken ist objektiv wie subjektiv, im Bewußtsein ihrer Leiter, stark erhöht.

IV. Die Motive zur Konzentration.

Die Kräfte, die zur Konzentration größter Kapitalsummen und zur Entstehung von Organisationsgebilden weitesten Ausmaßes treiben, haben sich in Kriegs- und Nachkriegszeit nachhaltig verstärkt oder auch gewandelt. Zu den Entstehungsgründen des sozusagen natürlichen, schon seit Jahrzehnten zu beobachtenden Prozesses treten diejenigen, die aus der unerhörten, lebhaftesten Anspannung zwingend hervorgehen, aus der Anspannung nicht sowohl irgendeines Konjunkturzyklus, als vielmehr einer beständig erschütterten Periode.

Nicht immer, ja recht selten werden im Einzelfall die für die Beteiligten subjektiv entscheidenden, wahrhaft kausalen Triebkräfte genannt. Wir müssen aber (was wissenschaftlich selbstverständlich ist) zu unterscheiden suchen zwischen den nur nach außen als Argumente vorgeschobenen und den oft abweichenden, aus den historischen Tatsachenzusammenhängen zu erschließenden eigentlich wesentlichen Motivationen.

Wir müssen ferner, gerade Ereignissen der Jahre 1917—23 gegenüber, scheiden zwischen ganz spezifisch (etwa durch die Inflation!) zeitbestimmten, also aktuellen, und eher immanenten oder doch wenigstens der Entwicklung eines weiteren historischen Zeitraumes zugehörigen, also prinzipiellen Grundtriebkräften. Wir stehen in fast allen konkreten Fällen vor einem Zusammenfließen ganz außerordentlich mannigfaltiger motivierender Momente. — Dabei kommen sich aktiver Wille (der Konzentratoren) und passive Bereitschaft (der Anzugliedernden) in häufigen Fällen entgegen und ergänzen einander.

(Für die Hypothekenbanken, deren Zusammenschlußmotive — auf S. 114ff. — gesondert untersucht werden sollen, gilt, daß die von ihnen gewählten Gemeinschaftszusammenschlüsse engen Zusammenhaltes durchaus Produkte der Not waren, während die Vereinigungen der reinen sog. Kreditbanken überwiegend Erscheinungen einer, wenn auch nur geglaubten Hochkonjunktur gewesen sind.)

1. Machtpolitik.

A. a) aa) Expansionstrieb; Steigerung des Aktivgeschäfts.

Oberste und stärkste Triebfeder der Konzentration ist der — wie gezeigt — jeweils konjunkturbedingte Wille großer Banken zur Erweiterung ihrer Machtsphäre, zur Steigerung ihrer Aktionskraft, zur Verlängerung ihres Wirkungsradius. Die Bank muß ständig darauf bedacht sein, neue Beziehungen anzuknüpfen, neue Betätigungsgebiete in Produktion und Handel an allen wichtigen Punkten der Volkswirtschaft zu erschließen; ständige örtlich-fachliche Ergänzung ihrer verschiedenen Geschäftsgebiete erscheint als wesentliches Erfordernis, die Ausdehnung des Geschäftskreises auf Unternehmungen jeglicher Größe wie auf Spargelder beibringende und als Abnehmer die Plazierungskraft der Bank erweiternde Kapitalisten, die Erhöhung der Stoßkraft nach außen durch Gewinnung neuer Stützpunkte — womöglich Angliederung eines ganzen, regionalen Bankkonzerns mit gut ausgebautem Filialnetz an die über-regionale Großbank [1]) — bei fortschreitendem Geschäftsumfang als unerläßlich. Expansion auf andere Plätze, auf wertvolle neue Kundenkreise, auf einflußreiche Persönlichkeiten und ganze Industriegruppen [2]) soll ausreichende Vertretung und zugleich Steigerung von Umsatz und Einfluß nach

---

[1]) Als Beispiele:

Deutsche Bank: z. B.: (Westdeutschland:) Essener Creditanstalt (Essen). (Südwestdeutschland:) Rhein. Cred.-Bank (Mannheim). Württ. Vereinsbank (Stuttgart). (Südostdeutschland:) Schles. Bankverein (Breslau). (Nordwestdeutschland:) Hannov. Bank (Hannover).

Disconto-Gesellschaft: z. B.: *A*llg. *D*eutsche *C*red.-*A*nst. (Leipzig). Norddeutsche Bank in Hamburg. A. Schaaffh. Bankverein (Köln). Südd. Disc.-Ges. (Mannheim) und damit Mittel-, Nord-, West- bzw. Südwestdeutschland.

[2]) Beteiligungserwerb bei der (später fusionierten) Hannoverschen Bank durch die Deutsche Bank zwecks Einflußnahme in der südhannoverschen Kaliindustrie.

Und so kam im Kampf um die Industriekundschaft die Deutsche Bank im Jahre 1902 durch die Sanierung der Duisburg-Ruhrorter Bank in Beziehung zum Haniel-Konzern, die Dresdner Bank gleichzeitig durch die Sanierung der Rheinischen Bank zum Thyssen- und Stinnes-Konzern, der Schaaffhausensche Bankverein später durch die Mittelrheinische Bank zum Spaeter- und zum Klöckner-Konzern. Sodann bedeutete die Angliederung des Schaaffhausenschen Bankvereins an die Disconto-Gesellschaft (1914) für diese einen gewaltigen Machtzuwachs in Rheinland-Westfalen: sie gewann als neue Großkunden u. a. Hoesch, Guilleaume, Klöckner, Spaeter, Carl Poensgen, die Deutsch-Atlantische Telegrafen-Gesellschaft und verstärkten Einfluß beim Phoenix und in der lothringisch-luxemburgischen Eisenindustrie. Im Ruhrkohlenbergbau hatten sich ja ursprünglich von Größeren nur Sal. Oppenheim jr. & Cie. (noch 1914 Vorsitz beim Phoenix!), Deichmann & Co., C. G. Trinkaus und auch der Schaaffhausensche Bankverein betätigt. — Im Verlaufe der Inflation freilich trat das Bestreben, neue Kreditbewerber zu finden, naturgemäß hinter den anderen Motiven (Depositenattraktion!) bedeutend zurück.

allen Seiten hin sichern. Die Tendenz zur möglichst monopolistischen Herrschaftsstellung — über Industrien und auch über Banken — und zur Erlangung oder Erhöhung großindustrieller Konsortialquoten treibt so zu gegebener Zeit zu kontinuierlicher Konzentrationstätigkeit.

So wird die Bank stets ihr Bestreben darauf richten, durch die ständige Erweiterung ihres Geschäftskreises (geographische Erweiterung einerseits und Vertiefung im gegebenen Raum andererseits) vermittels Angliederung oder Verbündung mit großen und kleinen Kreditzentralen neue, wertvolle Verbindungen mit der Wirtschaft, vor allem mit Industrie und Großhandel, anzuknüpfen. Sämtliche D-Banken gingen darum in den Jahren 1913—1924 ganz besonders nach dem westdeutschen Industriegebiet (8 Berliner Großbanken hatten 1913 von 169 Niederlassungsorten *5* in Westdeutschland, Anfang 1924 bereits von 835 nicht weniger als *204*!).

Daß aber diesem Zwecke konzentrative Übernahmen oder Assoziierungen wichtiger älterer und angesehener Banken viel besser dienen als Neuerrichtung von Filialen, ist klar.

Häufig kommt hinzu, daß sich die Interessen der sich einander so nähernden Banken vor der Vereinigung bereits teilweise deckten, namentlich so, daß gemeinsames Arbeiten im Aufsichtsrate irgendeines Unternehmens einer schon vorhandenen Neigung zur Anknüpfung enger gegenseitiger Beziehung die Richtung weist: der Konzentrationsprozeß wird verstärkt und beschleunigt, wenn kleinere Banken entweder die gleichen bzw. sich überschneidende oder aber sich erwünscht ergänzende [1]) Interessen haben wie die Großbanken (Verwaltungssitze bei den gleichen oder verbündeten oder die schon bestehenden Industrieinteressen der Großbanken zweckmäßig ergänzenden Industriegesellschaften), während eine solche Koinzidenz unter etwa gleichstarken Banken recht selten und nur unter schon an sich anlehnungsbedürftigen Häusern zum Zusammenschluß führen wird.

Dazu gehört weiter das Streben, die Konkurrenz der vielen kleinen und größeren Bankinstitute [2]) auszuschalten, ein Wunsch, der notwendig zur Aufsaugung lästiger Wettbewerber oder zum Abschluß von (wirklichen oder die Unterordnung beschönigenden) Interessengemeinschaften führte (so: Hannoversche Bank seinerzeit gegenüber der Hildesheimer Bank) und sich angesichts des schwer

---

[1]) Interessengemeinschaft Dresdner Bank—A. Schaaffhausenscher Bankverein 1903—08: „Minderung des einseitigen Branchenrisikos" (Schumacher S. 20).

[2]) die ja durch die — nicht einmal alle umfassenden — Bankenkartelle (Bedingungsgemeinschaften) nur für die Bildung einiger Arten von Zinsen, für Provisionen usw. beseitigt ist, aber unter vielem anderen in der Unterbietung im lukrativen Emissionsgeschäft in Erscheinung tritt.

übersehbaren Emporwucherns immer neuer Banken und Bankhäuser wieder und wieder fühlbar machen mußte. Diese Tendenz mußte gerade durch die Entwicklung in der Inflationszeit immer wieder neuen Antrieb erhalten.

bb) Streben nach höchstmöglicher Kapitalaufsaugung (Steigerung des Passivgeschäftes).

Als zweites, eng verwandtes und gerade in den Jahren 1917 ff. entscheidendes Hauptmotiv zu den großen Angliederungsvorgängen wirkt das Bestreben der Banken, ein möglichst großes Kapital aufzusaugen, die Verfügungsgewalt über die größtmögliche Menge an Eigenkapitalien und fremden Mitteln an sich zu ziehen, die eigentliche „Konzentration des (Finanz-) Kapitals“ zu verwirklichen, um dadurch die Ausleihungs- und Finanzierungspolitik eines maximalen Teiles aller Kreditinstitute unter eigene zentrale Leitung zu bringen.

Die großen und ganz großen Banken betrieben, durch ihr aus dem gewaltig gewachsenen Aktivgeschäft entstandenes Geldbedürfnis veranlaßt, vor allem um durch Eindringen in das lokale Bankgeschäft Depositengelder und die Geschäftsverbindung mit Einlegern hereinzubekommen, eine kontinuierliche Aufsaugungspolitik. Was früher kluge Einsicht gebot, geschah seit Ende des Krieges aus fast zwangsläufiger Notwendigkeit. Das Streben nach einer möglichst sicheren Kapitalversorgung, die Notwendigkeit der Befriedigung der (seit 1917 und besonders durch die Inflation und die Aufblähung allen gewerblichen Lebens) stets erneuten und verstärkten Kreditnachfrage trieb die Banken dazu, sich ein zu ständiger Ergänzung fähiges und in der Tat in der günstigen Geldkonjunktur 1917—22 gut bewährtes Geldreservoir zu schaffen. (Was wiederum durch einen weithin dezentralisierten, aber straff organisierten Komplex von Filialen und Depositenkassen und evtl. auch noch durch Kommandit- oder Aktienbeteiligung verbundenen angesehenen Häusern weit besser und schneller sich ermöglichen ließ als durch Filialerrichtung[1]) ohne gleichzeitige Übernahme am Ort befindlicher Institute, besser auch als durch das Mittel der Kapitalserhöhung, das namentlich in der Inflationszeit vorsichtig angewendet werden mußte und angesichts des Tempos der Entwertung seit 1922 doch nie den angestrebten Kapitalbetrag realisieren ließ.)

Zum Teil handelte es sich hier auch nur um eine opportunistische Ausweitung, um die Tendenz, mit vereinten Mitteln die Konjunktur in möglichst weit gespanntem Rahmen abzuschöpfen

---

[1]) „die eine lange Anlaufszeit bis zur Produktionsreife gefordert ... und zum Kampf mit hochentwickelter Konkurrenz gezwungen hätte“ (Pinner, Emil Rathenau, S. 297), ein Nachteil, der freilich in der Industrie größer als bei gut bekannten Banken ist.

und auszunutzen und auf verbreiterter Kapitalbasis von den im Verlauf der Konjunktur wachsenden gewerblichen und kommerziellen Ansprüchen an die Banken zu profitieren. So steigerte sich mit wachsenden Umsätzen die Angliederungsbewegung, half ihrerseits diese Umsätze mit steigern und trieb so von sich aus die hohen Konjunkturen (bis zur Anspannung) automatisch weiter. Gleichzeitig wurde trotz geographisch weitestgespannter betrieblicher Dezentralisation mehr und mehr eine Zentralisation der Geschäftspolitik (Berliner Direktiven!) — beides sind ja voneinander gänzlich unabhängige Prinzipien — betrieben. Das Ergebnis ist eine infolge der großen Scheinkonjunktur übersteigerte Konzentration von Unternehmungen und gleichzeitig eine außerordentlich gesteigerte und (im Gegensatz zu jener) heute noch keineswegs abgeschwächte Zentralisation des Kreditgeschäfts bei den Berliner Großbankzentralen.

Die horizontale Zusammenschlußbewegung der Banken und Bankiers nimmt dadurch, daß die kleineren, nur mehr mittleren Kreisen Kredit gewährenden Banken in den (zur Pflege des großen Emissionsgeschäftes befähigten) großen Firmen ihre Spitze finden, an die sie jeweils nach Möglichkeit ihre entbehrlichen Mittel als Einleger abführen, ihrer Funktion nach — eigentlich immer noch als letzte, stärkste Konsequenz der Idee des durch Wallich und Siemens von England nach Deutschland überpflanzten engmaschigen Filialsystems [1]) — fast den Charakter einer vertikalen Konzentration an. So wird vollste Heranziehung wie freilich auch oft riskant einseitige Ausnutzung des zusammengeballten Kapitals, das auch wiederum von der Leitung des Bankenkonzerns an kapitalbedürftige Glieder des Gesamtorganismus überwiesen werden kann, gewährleistet [2]). Und so werden, lediglich teilweise verlangsamt, aber keineswegs kompensiert durch das vorübergehende Vordringen von der Industrieseite ausgehender Finanzmänner und mehr noch von der öffentlichen Wirtschaft her eingreifender Institute und das Anschwellen des kleineren Bankgewerbes in der Inflationsperiode, die Großbanken Kreditzentralen, d. h. Saugapparate, Reservoirs und Verteilungsstellen für die gesamten liquiden Mittel der Provinz und für einen relativ größeren Teil der nationalen Geldreserven, als man noch vor wenigen Jahrzehnten für möglich er-

[1]) Außer auf den Wallichschen Grundgedanken der Depositenkassen sei auch, als gleichzeitige bahnbrechende Parallelerscheinung, unter dem selbstverständlichen Vorbehalt aller Vergleiche, auf das von Pinner (Emil Rathenau, S. 209—213) dargestellte finanzielle Kommunikations- und Selbstversorgungssystem, wie es Emil Rathenau vorbildlich für die AEG. schuf, verwiesen.

[2]) „Wenn irgendwo ein plötzlicher Geldbedarf im Bankkonzern entsteht, so ist es den Konzernbanken ein leichtes, durch Ausnutzung ihres Akzeptkredites, durch Rediskontierung ... den gewünschten Betrag aufzubringen ... eine Risikoversicherung auf Gegenseitigkeit...“ (Lansburgh in „Die Bank“, 1910, S. 507.)

achtet hätte — und darum: Zentren des Konzentrationsprozesses unter den Banken. —

cc) Prestigepolitik gegenüber der Bankkonkurrenz.

Wir fügen als drittes ein Motiv an, dem Ursprung nach zwar sekundär, — Anlaß, nicht Ursache — an Bedeutung und Wirksamkeit aber durchaus erstrangig: der die Konzentration und ihr Tempo heftig steigernde Antrieb der scharfen Konkurrenz, die zur raschesten Erweiterung des Interessenkreises und Verstärkung der Marktposition (auf von anderen Banken noch nicht genutzten Gebieten) zwingt.

So begann — stärker als je zuvor — im Februar 1917 nach dem Vorgang der Deutschen Bank ein Wettrennen im Kampf um das Prestige, das dem hastigen Drängen der Weltmächte um den Besitz von Kolonien und Einflußsphären wohl vergleichbar ist. Es ist dies das Gesetz des Zwanges zu sukzessiver Konzentration, wie man es nennen könnte: es braucht nur einer in dieser Richtung einen Schritt zu tun oder gar vorerst zu planen, sofort glaubt es der andere ihm gleichtun zu müssen, um nicht ins Hintertreffen zu geraten und um seine Konkurrenzfähigkeit zu erhalten (vgl. besonders S. 15f.); in Anbetracht der Ausdehnungstätigkeit der Konkurrenz muß auch der eigene Einflußkreis zu eng erscheinen.

Vor allem unter den D-Banken kam hinzu, daß man große Fusionsgelegenheiten gerne ergriff, um durch eine Kapitalserhöhung die eigene Kapitalziffer hinaufschrauben zu können (Ziffernjagd!). Dieser Gesichtspunkt der Konkurrenz [1]) war — insbesondere in der Inflationszeit — für die Konzernbildung der Banken angesichts der starken Rivalität ein wiederkehrender Anstoß von fast automatischer Wirksamkeit und bei weitem bedeutsamer als für die industrielle Konzentration.

Übrigens geschah auch die lebhafte Angliederungstätigkeit im englischen Bankgewerbe gerade unter dem Zwange einer starken Rivalität unter den Big Five (vgl. Sykes, The amalgamation movement in English banking, S. 92 und passim), entwickelte sich ein „unrentabler, wüster Wettkampf unter den Banken um die Zahl ihrer Zweigniederlassungen" (Deutscher Volkswirt I, 704 ff.), wie man ihn freilich in Deutschland denn doch nicht kannte. —

b) Der industrielle Konzentrationsprozeß als Antrieb.

Je enger der Zusammenschluß in den Industrien wurde, umso schärfer mußte die Konzentration der Banken vorwärts schreiten,

[1]) Der Ehrgeiz, die Konkurrenz zu überflügeln, war u. a. bei der I.-G. Dresdner Bank — A. Schaaffhausenscher Bankverein (1903) starke Triebfeder ähnlich dürfte es im Falle Darmstädter und Nationalbank (1921) gewesen sein.

um so mehr wurde, angesichts der ungeahnten, von ihnen zu finanzierenden Sachkapitalkonzentration auf der Industrieseite, Erweiterung und Verstärkung der Kapital- und Kreditbasis der Banken gebieterische Notwendigkeit und als Motiv in der Nachkriegszeit gegenüber früher um so drängender. Naturgemäß mußten die Banken auf das dringlichste Einfluß und Gleichgewichtsstellung gegenüber der äußerlich in stürmischer Entwicklung prosperierenden und sich konzentrierenden Industrie, mit der sie doch durch Interessen hinüber und herüber eng verflochten waren, zu behaupten und zu stärken suchen: Mit dem Wachsen der Industriekonzerne, deren Macht zeitweilig wöchentlich schwoll, mußten auch die Konzernorganisationen der Banken — ein notwendiger Parallelismus der Bewegungen! — planmäßig vergrößert werden. Denn mit der Macht der Industriegruppierungen wuchsen auch deren Kapitalanforderungen in steigend stärkerem Maße.

So mußten die Banken durch Angliederung von Provinzbanken die Kapitalquellen und Depositenzentralen im ganzen Reiche in ihre Verfügungsgewalt bringen, um, im Wettbewerb mit der höchst-konzentrierten Industrie, ihre Kapitalmacht auf leistungsstarker Höhe zu erhalten: „Konzentrierter Bedarf", das wurde hier besonders wahr, „läßt sich nicht durch zerstreute Produktion befriedigen"[1]). Und so sahen sich die Banken — schon und besonders seit Mitte der 1890er Jahre, potenziert seit 1917 — genötigt, sich durch Erhöhung ihrer Eigenkapitalien, besonders aber durch höchstgesteigerte dezentralisierende Konzentrationstätigkeit dem auf der Gegenseite vereinigten Kapital und den von ihm ausgehenden Anforderungen gewachsen zu zeigen. „Die industrielle Monopolbildung selbst fördert diese Entwicklung, wie umgekehrt der Bankeinfluß wieder die monopolistischen Tendenzen unterstützt"[2]) und die Banken fast stets zu Industriefusionen geneigt sind, soweit es ohne Beeinträchtigung ihrer Machtposition gegenüber den anderen Banken geschehen kann.

Im Zeitalter umfassendster industrieller Konzernbildung, im Zeitalter der über eine in der Alten Welt bisher unerhörte Fülle von Kapital, Unternehmungen und Beteiligungen verfügenden Konzerne wie der AEG, Siemens und — eine Zeitlang — der Stinnesschen Betriebsakkumulationen, wie heute des Stahlvereins und des Farbentrusts, in einer Zeit der Auslandsgeschäfte, die sich nicht mehr von lokalen oder regionalen Privatbankhäusern finanzieren und auch nicht von zwerghaften Aktienbanken bewältigen lassen — **im Zeitalter der Weltwirtschaft sind Großbankkonzerne un-**

---

[1]) Karl Bücher, Entstehung der Volkswirtschaft, S. 229, nach dem Zitat bei Rießer, a. a. O., S. 620 Anm. 2.
[2]) Hilferding in: Die Gesellschaft I, 1.

erläßliche Notwendigkeit. Anders ist es in der heutigen Situation des kapitalistischen Systems nicht denkbar, den Mechanismus im Gange zu erhalten.

B. Inflationsverhältnisse als mitwirkende und beschleunigende Faktoren.

a) Kapitalflüssigkeit.

Zu diesen sozusagen aus innerer Notwendigkeit erwachsenen allgemeinen Triebkräften traten dann verschiedene — fördernde und erleichternde — günstige Vorbedingungen für die Ausdehnungsbestrebungen, wie sie spezifisch aus der Nachkriegs- und Inflationsepoche hervorgingen und die Kurve wie nie zuvor kulminieren ließen.

Zunächst war die Bank da, wo sie Schuldnerin war, als solche oft genug Nutznießerin der Entwicklung: Kreditoren, insbesondere Deponenten (Vernichtung der Guthaben!), und der Reichsbank gegenüber, die ihrerseits bekanntlich außerordentlich billige Kredite gab und vor allem denkbar billig[1]) rediskontierte. Aus dieser Ende 1914 einsetzenden Kreditinflation und der Kriegskonjunktur, die, namentlich in den letzten Kriegsjahren, reiche Gewinne brachte, stammte eine außerordentliche Liquidität der Banken. Das Finanzierungsgeschäft der Inflationszeit mit den zahllosen Gründungen, Kapitalserhöhungen und Umwandlungstransaktionen, das Effekten- und Schatzwechselgeschäft, z. T. auch das Devisengeschäft, erbrachten Riesenumsätze, hohe Gewinne, kurz — die bis Ende 1921/Anfang 1922 — ständig steigende Geldflüssigkeit drängte[2]) und befähigte (auch soweit sie nur nominell war) zur Investition auf dem Wege einer ständigen Ausdehnung der Geschäftsorganisation. „Die außergewöhnliche Flüssigkeit des Geldmarktes, Produkt der Finanzierung des Krieges mit Anleihen und Schatzwechseln... gab den Banken reichlich Mittel an die Hand" (Wirtschaftsdienst 1924 S. 1603): fremde Gelder bei der Deutschen Bank 1914: 1916: 1918 = 1 : 1,7 : 3,3! Daher denn auch die umfassenden Fusionen ohne Kapitalserhöhung! — Steuerersparnis durch späte Zahlung (wohingegen die Lohnsteuer sofort bei der Gehaltszahlung erfaßt wurde) und noch ein Soziales: die Spanne zwischen den von den Bankangestellten erkämpften Erhöhungen der dennoch immer sehr geringen Gehälter und dem im Gegensatz dazu automatisch steigenden, jedenfalls immer relativ hohen Unternehmergewinn

---

[1]) **1922:** 5—10%; **1923:** 10—90%, bei gleichzeitiger Entwertung um ein Vielfaches.

[2]) Vgl. W. Prion, Die deutschen Kreditbanken im Kriege und nachher (Finanz- und volkswirtschaftliche Zeitfragen, 44. Heft, 1917, S. 102.)

der Bankleiter (die allerdings auch ihren Profit — vgl. Aktienindex! — nicht sofort immer in dem Tempo und der Höhe der Entwertung zu erhöhen vermochten) taten ihr Übriges, um die Banken zu einer gegenüber der Friedenszeit vervielfachten Konzentrationstätigkeit zu befähigen. —

b) Substanzerhaltungspolitik.

Eine weitere, aus der Inflationszeit geborene Tendenz trieb die Banken zu intensiver Konzentrationstätigkeit: Tempo und Umfang der Geldentwertung zwangen — vor allem seit 1922 — dazu, alle vereinnahmten Gewinne nicht nur schleunigst in neue Geschäfte zu leiten, sondern auch zu diesem Zweck eigens durch Erwerb von „Sachvermögen" darstellenden Beteiligungswerten den eigenen Geschäftsapparat zu erweitern und den Kreis der Beziehungen auszubauen.

Solche Vermögensanlagen waren die auf der einen Seite aufwachsenden prachtvollen Neubauten der Banken [1]), deren Geschäftsumfang (und Personalzahl) ja gleichfalls inflationistisch angewachsen war und auf Neuordnung und Ausbau der Betriebsapparatur drängte.

Ein zweiter, im Gegensatz zum technischen Ausbau auch beliebig fortsetzbarer Weg dieser „organisierten Substanzsicherungspolitik" (Tschierschky) war, wie in dem Erwerb von Effekten überhaupt, so auch weitgehend durch Aufnahmen und durch Erwerb von Beteiligungen an Kapital und Gewinn von Banken und Bankgeschäften gegeben. Das war eine Investition in Beteiligungen, namentlich Aktienbeständen — bei der gegebenen Bankenkonjunktur gleichzeitig eine recht produktive Anlage von Geldern auf lange Sicht! —, die weit hinausging über das Maß des früher von Banken zum Zwecke der Kapitalsanlage und bloßen Kapitalsverzinsung erworbenen Besitzes an Bankeffekten. Mit fortschreitender Währungskatastrophe und wachsender Erkenntnis ihrer Auswirkungen wuchs das freilich im ganzen gefährlich verspätet einsetzende Streben auch der Banken, die eigene „Substanz", wenn auch nicht mehr wie früher zu vermeh-

---

[1]) „Großbanken? Nein, Großbaugeschäfte!" soll Carl Fürstenberg geäußert haben. — So wiesen die 7 Berliner Großbanken noch in ihren Bilanzen per 31. Dezember 1926 ihren Immobiliarbesitz mit im Durchschnitt 25% der eigenen Mittel gegen 8,7% Ende 1913 aus, die Commerz- und Privatbank sogar mit 42,3% (gegen 10% 1913); dabei ist freilich auch das außerordentlich erweiterte Filialnetz und das verkleinerte nominale Eigenkapital in Betracht zu ziehen. — Diese unproduktive, illiquide Festlegung eines übermäßig großen Teiles des eigenen Betriebskapitals erwies sich freilich in der Deflationskrise und -depression bis zur Besserung des Immobilienmarktes als verfehlt und als schwere Belastung.

ren, so doch einigermaßen angemessen zu erhalten und damit zugleich auch wichtigste neue Geschäftsbeziehungen zu gewinnen und Geldquellen zu eröffnen. Daß das immerhin teilweise gelungen ist, zeigen wieder die seither erschienenen Großbank-Reichsmarkbilanzen, bei denen nicht nur die absolute Höhe der Beteiligungsziffern, auch nachdem in das Vermögen die Dutzenden von aufgenommenen Banken und Bankhäusern eingegangen sind, sondern auch deren relative Höhe (gemessen am Eigenkapital) vom relativen Erfolg dieser „Thesaurierungspolitik" zeugen [1]).

Die dritte Möglichkeit, nämlich Devisen (und fremde Noten) zu erwerben, war nicht unbegrenzt gegeben [2]), wenn auch für eine lange Zeit ungeheure Summen darin angelegt wurden [3]).

c) Zurückbleiben der Effektenkurse.

Endlich ist nicht unwichtig, daß die als Konzentratoren auftretenden Banken sich zeitweise die Anteile kleinerer und schwächerer Bankunternehmungen, bei denen die ungeheure Entwertung dem Kapitalkräftigen einen denkbar größten Anreiz zur Erwerbung bot, geradezu zu einem Spottpreise aneignen konnten.

In einer Zeit, da die Spannung zwischen „äußerer" und „innerer" Kaufkraft der „Mark" und entsprechend auch zwischen dem inneren Wert der Effekten und ihrem tatsächlichen Börsenkurse noch völlig unausgeglichen war, war es den Banken vielfach ein Leichtes, wenn nötig mit Hilfe der zu diesem Zwecke ja gern bewilligten Kapitalserhöhungen, auch bei einem „hohen" Aktienagio für einen relativ kleinen Betrag kleinere Banken aufzukaufen, sei es an der Börse, an der man auch die bei der plötzlichen Nachfrage ruckhaft steigenden Kurse in Kauf nahm, sei es auf Grund eines Angebotes etwa im Umtauschwege [4]) durch Erwerbung aus Händen der Verwaltungs- und weiteren Aktionärkreise oder aber anläßlich von ihnen durchgeführter Kapitalserhöhungen solcher Unternehmungen.

---

[1]) Der Substanzerhaltungszweck war es auch, der in (und auch noch nach) der Inflationsperiode Girozentralen und Hypothekenbanken zum privaten Kreditgeschäft bzw. zur Beleihung werbender Anlagen übergehen ließ.

[2]) Aus dem Bericht der ADCA zur Goldmarkbilanz (Dezember 1924): „Im Gegensatz zu den rheinischen Banken, die sich besser mit Devisen versehen konnten, mußte die Substanz hauptsächlich durch zahlreiche neue Beteiligungen erhalten werden". Und so berichtet sie in ihrem Geschäftsbericht für 1925 von der Abstoßung von Effektenbeständen, die sie in der Inflationszeit zwecks Substanzerhaltung gekauft hätte, um nunmehr den Erlös für den von der Kundschaft erforderten Geldbedarf zu verwenden. (Frankf. Ztg. 24. 3. 1926.)

[3]) Vgl. die eigenartige Großfusion Deutsche Bank — Deutsche Petroleum A.-G. im Mai 1922 zwecks Valutaakquisition.

[4]) Bei dem ja sowieso der Kursunterschied zwischen Groß- und Kleinbankaktien zustatten kommt.

Inflationstempo und (Bank-)Aktienkurse:

		Entwertung der Mark, gemessen am Dollar:	Allgemeiner Aktienindex in Berlin:	Diskrepanz:
		(1 = Vorkriegsstand)		
1919	Oktober bis Dez.	6,3 — 13	1—2	
1920	Januar bis August	9,5 — 25—12		
	September bis			
1921	Juni	13 — 19	2—3	
	Juli[1])	19	3—4	
	August	21		
	September	26—28	4—5	
	Oktober	32—36	ca. 6	
	November	63	ca. 9	
	Dezember	47	ca. 7	
1922	Januar	46	7—8	
	Februar	49	ca. 8	
	März	66 — 68	9 — 10	
	April	70	11	
	Mai	69	8 — 9	6 : 1
	Juni	74		9 : 1
	Juli	ca. 120	ca. 9	13 : 1
	August	ca. 240	12 — 13	19 : 1
	September	360 — 370		21 : 1
	Oktober	650	20	29 : 1
	November	ca. 1800	40 — 50	*40 : 1*
	Dezember	ca. 1900	80 — 90	22 : 1

Die Kurse der Bankaktien stiegen entsprechend.

Die Maxima der Angliederungen durch Fusionen oder Beteiligungen im Konzentrationsprozeß lagen etwa um den November 1920 herum und im November 1922. Tatsächlich war in diesen beiden Monaten das Mißverhältnis zwischen Bewertung der deutschen Mark und der deutschen Aktien, wie aus der Tabelle hervorgeht, im Vergleich zu den vorangehenden und folgenden Monaten das allergrößte[2]). Das fast völlige

---

[1]) Jeweils etwa Monatsmitte.

[2]) Daß auch sonst die Konzentrationsfälle sich im November und Dezember häuften, mag auf Zufall beruhen, sei aber vermerkt. Da sie sich auch im Juni zu häufen pflegten, liegt der Gedanke nahe, daß die Verbindungen mit Rücksicht auf den nahenden Semesterultimo vollzogen sein mögen; jedenfalls zeigte die Mark ihre stärkste und im Vergleich zu den vorangehenden und folgenden Monaten schärfst ansteigende Entwertung: 1920 im Oktober/November, 1921 im November, um dann 1922 bereits seit Juni unaufhaltsam zu entwerten. Der stets sehr bedächtig ansteigende Aktienindex hinkte immer am weitesten nach: 1. Weltmarktpreisniveau, 2. Dollar, 3. Großhandelsindex, 4. Lebenshaltungsindex, 5. Löhne, 6. Gehälter, 7. Geldumlaufsmenge, 8. Aktienindex! (nach dem im Statistischen Reichsamt bearbeiteten Diagramm).

Ersterben der Konzentration spätestens seit dem Juni 1923 mag also auch darin seinen Grund gehabt haben, daß damals das Bestreben einsetzte, analog der aufkommenden Rechnungsweise mit Schlüsselzahlen für die Warenpreise, auch die Aktienkurse auf gerechte und sinnvolle Höhe zu bringen. — Das tatsächliche Maximum der Konzentrationsbewegung pflegte also — annähernd — mit dem Maximum der relativen Aktienunterbewertung zusammenzufallen. (Darüber hinaus wurden natürlich viele Aktien auch deshalb billiger, weil sie infolge der Schwäche der (schon an sich) „fusionsreifen" Unternehmungen von diesen auf den Markt geworfen werden mußten).

2. Schwäche der kleineren Banken.

A. Die Situation des Provinzbankgewerbes.

Allen diesen die Notwendigkeit des Wachstums, der expansiven Neuorganisation, der Kapitalvermehrung begründenden Tatsachen kamen oftmals Schwäche und Anlehnungs-, wo nicht gar Sanierungsbedürfnis der zu dieser Zeit wirtschaftlich vielfach gefährdeten Banken mittleren und kleineren Umfanges entgegen.

Unter dem Druck der Kriegswirren und der Nachkriegsnöte freuten sich kleinere Banken oft genug dankbar einer Stütze. Die starken Anforderungen, die an das Bankgeschäft gestellt wurden, die von fast allen Kunden (wer wurde damals nicht Kunde einer Bank, um in Konnex mit der Börse zu treten?) stark angespannte Kreditnachfrage und die unvergleichlich umfangreichere Inanspruchnahme der Banken durch die sich in unerhörtem Umfange konzentrierende Wirtschaft ließen viele Privatbankhäuser und auch gerade kleinere Aktienbanken, an Betriebskapital Notleidende bei den Großbanken (vgl. deren Geschäftsberichte z. B. für 1923) Unterschlupf suchen. Das Mißverhältnis zwischen Kapitalkraft und gestiegenem Geschäftsumfang der kleineren Banken, die dadurch oftmals gefährdete Rentabilität, das gewaltige Anwachsen des Risikos in der Inflationszeit, die auch zu mancher Fehlspekulation führte, der verschärfte Wettbewerb, vor allem aber die Schwächung durch die Ereignisse der Entwertung[1]): die vielfach schwere Schädigung bei Aktivkrediten zu Anfang der in ihrem Wesen noch nicht erkannten Inflation, auch das Schwinden der fremden Gelder und Kapitalknappheit in der zweiten Phase der Inflation sowie der Mangel an Auslandsverbindungen usw. zwangen viele, auf die Übernahmeofferten größerer Institute einzugehen, die diese an Banken richteten, die ihnen irgendwie (aus sachlichen

---

[1]) Vgl. auch die definitiven Angliederungen bereits Kontrollierter im Kreise der Deutschen Bank und der Disconto-Gesellschaft 1924, 1925, 1926!

oder persönlichen Gründen) gerade „Fusionsreife" erreicht zu haben schienen. (Das geschah jedenfalls auch hier manchmal nicht ohne Inszenierung künstlicher Baissen in den Papieren solcher Angliederungsobjekte ad hoc!)

Vielfach kamen sich auch von beiden Seiten die Wünsche gleichartiger oder einander gut ergänzender Banken nach Herabsetzung der Arbeits- und Verwaltungskosten (die besonders für die Kleinen in der Entwertungszeit relativ sehr groß waren), das Streben nach Reduzierung der personalen und sachlichen Ausgaben auf ein Minimum, nach Vereinigung zweier am gleichen Platze bestehender Betriebe, nach Ergänzung und innerer Konsolidierung, nach rationellerer Ausnutzung des vorhandenen Kapitals und Abschluß gemeinsamer Geschäfte entgegen.

Das Gewicht und die Motivationskraft des eigentlichen Rationalisierungszweckes ist bekanntlich gerade auch im Bankgewerbe im Wechsel der Konjunkturen überaus wechselnd. Mindestens in der ersten Phase der Inflation war, vor allem auf der Seite der Großbanken, die beabsichtigte Steigerung der Aktionskraft durch Ausdehnung nach immer neuen Richtungen das entscheidende Motiv, wohingegen „Ersparnisgründe" doch mehr nur angenehme Zugaben, wenn nicht gar bloße Inventarstücke der Geschäftsberichtsphraseologie gewesen sein werden. Die Expansion der Jahre seit 1917 hatte ja gerade eine überaus große Verteuerung des Apparates zur Folge! Erst seit 1924 trat das Unkostenproblem, nun fühlbar geworden, in den Vordergrund, freilich ohne bisher eine umfassende Lösung auf kollektivem Wege, vielmehr um nur eine relativ sehr geringe individuelle Besserung erfahren zu haben [1]). (Die Unkostenquote schwankt bei den einzelnen Banken auch je nach dem Zeitpunkt der erfolgten Verschmelzungen und der Beendigung des Bauprogramms).

So trieb es die kleineren Banken, weil sie konkurrenzunfähig geworden waren, oder weil sie Protektion und größeres Ansehen gewinnen wollten, in ein Abhängigkeitsverhältnis zu den leistungsfähigeren großen Banken, denen ihrerseits ja zu jeder Zeit an organisatorischer Ausgleichung und Vereinfachung [2]), möglichst

---

[1]) Der Unkostenkoeffizient (die an sich für Vergleiche problematische Differenz zwischen ausgewiesenem Rohgewinn und ausgewiesenem Reingewinn) schwankte bei den 7 Berliner Großbanken 1913 zwischen 23,7% und 48,7%, 1926 dagegen zwischen 69,7% und 87,6% und betrug im Durchschnitt 1913: 39,8%, 1925: 85,2% und 1926: 79,9% (bei den Provinzbanken geringer, bei allen Aktienbanken 1913: 35,5%, 1924: 83,8%). Dabei ist aber zu beachten, daß neben der Verwaltung eines durch Konzentration gewachsenen Niederlassungsnetzes vor allem auch die Steigerung der Steuern und Gehälter und die nominale Geringfügigkeit des durchschnittlichen Einzelumsatzes als Verteuerungsfaktoren wirken.

[2]) Interessengemeinschaft, Beteiligung oder Fusion zur Ersparung einer am Orte eigens zu errichtenden Filiale.

weitgehender Verteilung des Geschäfts- und Kapitalrisikos und dadurch Sicherung gegen Schwankungen der Wirtschaftslage gelegen ist. Auf der breiten Basis der Großbankkonzerne werden Krisen, werden große Verluste, da relativ weniger ins Gewicht fallend und darum mehr peripher empfunden, natürlich bedeutend leichter ertragen: Debacle der „Pfalzbank" im Konzern Deutsche Bank — Rheinische Creditbank! Schon die mittleren Banken dagegen haben viel weniger Möglichkeit, durch Bildung stiller Reserven Verluste auszugleichen. — Hinzu kommt, daß die Provinzbanken in der Inflationszeit öfter ihr Kapital erhöhten und dazu die Großbanken als angesehene Emissionshäuser brauchten.

Fusionen boten aber auch immer einen großen Anreiz für die Großbanken: die Fusionsgewinne als Mittel zur Auffüllung der eigenen Reserven! Die Aufnahme der Norddeutschen Bank z. B. brachte (1895) der Disconto-Gesellschaft — die damals selbst nicht sehr günstig stand! — eine erwünschte Stärkung der offenen und der inneren Reserven.

Oder aber Provinzbanken und Bankiers schritten (seltener!) zum Zusammenschluß untereinander — bis eines Tages sich der Konzentrator von Berlin aus des Ganzen bemächtigte. —

Der Konzentrationsprozeß, der zwar in vielen, sehr vielen Fällen rücksichtslosem, machtmäßigem Expansionsstreben Entstehung und Fortgang verdankt, wird nicht immer durch innere Schwäche des Vertragskontrahenten, sondern auch oft durch dessen berechtigten Wunsch nach großen Geschäften und bisweilen selbst ausgesprochenes Streben nach sehr notwendigen und wertvollen Berliner Verbindungen und nach Teilnahme am zentralen Börsengeschäft[1]) gefördert, so daß auch durchaus ohne ausgesprochenen Zwang Konzerne wachsen können. Die steigende Bedeutung der Berliner Börse ist nicht nur Wirkung, sondern immer wieder zugleich auch Ursache des Konzentrationsprozesses unter den Banken gewesen.

Und so kam also den nach weitestgehender Ausdehnung strebenden Großbanken neben Schwäche oder Widerstandslosigkeit in hohem Maße auch direktes Erweiterungs- und Anschlußverlangen der kleineren Institute entgegen und schuf eine für den Prozeß der Konzentration ganz hervorragend günstige Situation.

[1]) Jeidels, a. a. O., S. 59: „... der Wunsch der Provinzbanken, für ihre Kundschaft eine interlokal und international verzweigte Bankorganisation zu bekommen und an den Emissionen des zentralen Geldmarkts teilzunehmen.." — Die Provinzbanken wollten ihre Emissionstätigkeit nicht aufgeben, wozu sie ohne Anlehnung an stärkere und angesehene große Mittler sonst gezwungen wären. So nötigte die zeitweilige Kapitalmarktversteifung bayrische Großbanken, zur Deckung ihres Kreditbedarfs in der Kreditzentrale Berlin Anschluß zu suchen (s. später). Die große Fusion Commerzbank — Mitteldeutsche Privatbank 1920 ging von der letzteren aus, die von Magdeburg nach Berlin wollte und mußte.

B. Die Situation des Bankierstandes.

Zu den finanziellen und allgemein-ökonomischen Gründen für die Bereitschaft der zahlreichen Bankiers mittlerer und geringerer Größe zur Aufgabe ihrer Selbständigkeit (Schwierigkeit der Kapitalbeschaffung im Gegensatz zur Aktiengesellschaft! gesteigerte lokale Konkurrenz junger Privatfirmen, öffentlicher Institute und vor allem der neuen Großbankfilialen!) traten nicht-rationale Motive persönlicher Natur, die sich auch in der Umwertungsperiode der Jahre 1917 bis 1923 verstärkt werden fühlbar gemacht haben, im Ganzen aber über die Zeit hinausragen.

Es handelt sich um das Schicksal der Privatunternehmung überhaupt, um das durch die Zufälligkeit der Erbfolge gegebene Problem der Leistungen der Enkel. („Die Enkel der Kommerzienräte studieren Kunstgeschichte".)

Aussterben der Inhaber privater Bankhäuser, Mangel an Nachwuchs[1]), Mangel an Initiative, Unlust zur Weiterführung des Geschäftes, Unfähigkeit der alten Leitung gegenüber den so sehr veränderten Verhältnissen treten als Gründe zu passiver Rolle im Konzentrationsprozeß in die Erscheinung. Zahllose Privatbankhäuser, namentlich in den Städten der Provinz, ließen sich in diesem Stadium, beherrscht von dieser durch die Nachkriegsereignisse vielfach noch verstärkten Gesinnung, willig in einen Großbankkonzern aufnehmen. Schon seit längerer Zeit hatten sich oftmals die alten Pietätsverhältnisse, der patriarchalische Geist mit dem Tode des alten Seniorchefs und dem Eintritt seiner Söhne in die Geschäftsleitung gelockert; das traditionale Wirtschaftshandeln, der vom Traditionalismus bestimmte, gewohnheitsbedingte Betrieb war dem überragenden Einfluß neuer Interessenlagen rein rationaler Natur, war der zwangsläufigen Mechanisierungstendenz nicht gewachsen. Gleichzeitig lockerte sich die Familiengemeinschaft, tüchtige, geschickte, erfolgreiche Angestellte setzten sich durch, wurden von Prokuristen zu Teilhabern und gingen als solche, ebenso wie die zwecks Heranziehung langsfristigen Kapitals aufgenommenen familienfremden Teilhaber, oftmals naturgemäß andere als die alt-vorgezeichneten Wege.

[1]) Auch die Interessengemeinschaft mit Personalunion zwischen A. Levy (Louis Hagen) und Sal. Oppenheim jr. & Cie. 1922 (s. unten) mangels männlicher Erben auf der Seite Louis Hagens. —

Eigenartig und von Bedeutung ist die Art, in der große amerikanische Privatbankhäuser dem Problem des Nachwuchses begegnen: In New York trat 1919 Lewis S. Strauß, 1917—1919 Privatsekretär Herbert Hoovers, als Partner in die Firma Kuhn, Loeb & Co. ein, desgl. im Februar 1920 in die Firma Speyer & Co. Julius G. Lay, zuvor Generalkonsul der USA. in Kanada, verschiedenen europäischen Ländern, China, Südafrika, Südamerika, 1914—1917 in Berlin, 1917—1920 trade adviser (Berater der Außenhandelsabteilung) im State Department; in Frankfurt a. M. wurde 1924 u. a. der frühere Berliner Direktor der Deutschen Bank, der langjährige Reparationsunterhändler und Staatssekretär a. D. Carl Bergmann Teilhaber bei Lazard Speyer-Ellissen.

Auf der anderen Seite blühte freilich gerade nach dem Kriege das Privatbankgeschäft z. T. wieder sehr stark auf, nachdem es vor dem Kriege so sehr dezimiert war, und es vermögen sich gerade auch in den Aktienbanken die persönlich hervorragendsten und tüchtigsten Köpfe ihre Stellung eine Zeitlang zu vererben[1]).

Hier greift die von oben kommende Konzentrationstätigkeit der Großbanken ein, die Entwicklung der Privatbanken biegt ab und geht, mehr oder weniger freiwillig, in den großen Kapitalzusammenfassungsprozeß ein, so vollendend die Tatsache, die sich hier wie in der Gesamtevolution der Wirtschaftsformen zeigt: Die Organisation tritt an die Stelle des Organischen. —

Es ist derselbe Zwiespalt, wie ihn Walther Rathenau (Zur Kritik der Zeit, S. 69) schildert, wo er den modernen Industriellen dahin charakterisiert: „Als selbständiger, auf Tradition und patriarchalische Abhängigkeit gestützter Fabrikant wünscht er die Isolation, als Verwalter eines Kapitals sieht er sich zur Vereinigung mit anderen gedrängt“. An anderer Stelle (Vom Aktienwesen, S. 7) zeichnet er die Tendenz der Entwicklung so: „Die deutsche Industrial-Wirtschaft ist jung und rasch emporgestiegen, deshalb konnte sie dem ruhigen Schritt des Familienreichtums nicht nachgehen;... deshalb mußte sie sich auf die Gesamtheit des Nationalvermögens stützen, die Form der Aktiengesellschaft ... wählen. — Das Familienunternehmen konnte sich nicht behaupten; teils aus gesellschaftlichen Gründen, weil eine neubereicherte, sich aufwälzende Oberschicht von Geschlecht zu Geschlecht ungeduldig ihre Wünsche und Aufgaben wechselte, teils weil der Begriff neuzeitlicher Industrie beschleunigtes Wachstum einschließt, mithin dauernde Kapitalzufuhr fordert, die der Fa-

[1]) z. B.: Disconto-Gesellschaft:

Geschäftsinhaber:
- {David Hansemann, 1851—1864; Adolph v. Hansemann, 1857—1903}
- {Adolph Salomonsohn, 1869—1888; Dr. Arthur Salomonsohn, seit 1896; Dr. Georg Solmssen, z. Zt.}
- {Emil Russell, Bürgermeister a. D. (bis 1876 Syndikus) 1876—1900 Ad. v. Hansemanns rechte Hand; Dr. E. Enno Russell, seit 1903}

Dresdner Bank:

Direktoren:
- Geh.-Rat Eugen Gutmann (zuletzt Ehrenpräsident des Aufs.-Rats)
- Herbert M. Gutmann, z. Zt.

Abgesehen von diesen „Generaldirektordynastien“ ist bei einigen der größten Aktienbanken ein nicht unbeträchtlicher Nepotismus, eine Ämterpatronage zugunsten Verwandter oder Verschwägerter (Niederlassungsdirektionen!) festzustellen.

milienstamm nicht erschwingen kann. Das Bild familiärer Unternehmungen von jahrzehntelang nahezu gleichbleibendem Umfang ... setzte mäßigen Landesumfang, gleichbleibende Technik oder monopolartige Vorzugslage voraus und scheiterte schließlich fast überall an den Forderungen der Weltwirtschaft ..."

Freilich: für die Privatbankhäuser trifft das ja durchaus nur zu einem Teile zu: denn einmal sind ja oft auch hier die fremden Gelder von besonderer Bedeutung, zweitens spielen gerade Bankiers eine spezifische, weitgehend unentbehrliche Vermittlerrolle industriepolitisch und, wo persönliche Beziehungen bestehen, dem Auslande gegenüber und drittens wuchsen ja ihnen gerade durch die so hochentwickelte Konzentration im Bankgewerbe besondere Funktionen zu. —

Ein konkretes Beispiel, das ich der Geschichte eines größeren hannoverschen Privatbankhauses (Ephraim Meyer & Sohn) entnehme und das wegen des Zusammentreffens verschiedener Motive charakteristisch ist, mag zuletzt das Gesagte illustrieren: Als nach dem Tode des Seniorchefs durch Erbgang an dessen 8 Kinder viel Kapital aus dem Geschäft herausgezogen war — während die Inhaberschaft nur auf die beiden ältesten Söhne überging —, wurde noch im gleichen Jahre die Annäherung an die Norddeutsche Bank in Hamburg, die sich mit einer bedeutenden Kommanditeinlage an dem hannoverschen Hause beteiligte, vollzogen, um (dem Publikum und der Öffentlichkeit gegenüber) den Kredit zu wahren und gleichzeitig das Ansehen zu stärken. Die Norddeutsche Bank in Hamburg war dem alten hannoverschen Hause (das als Privatgeschäft 57 Jahre älter war als die hamburgische Aktienunternehmung) eine wertvolle neue Verbindung, und so wurde es auch freudig begrüßt, als schon im folgenden Jahre (1895) die Disconto-Gesellschaft, die die Norddeutsche Bank übernahm, „in dritter Generation" — als weitere übergeordnete Macht — hinzukam, eine Verbindung, die sowohl dem Berliner Institut und seiner Hamburger Tochter, wie dem hannoverschen Geschäfte u. a. wichtige industrielle Verbindungen im niedersächsischen Wirtschaftsgebiete zuführte. —

3. Die Tendenz des Hochkapitalismus und persönlicher Machttrieb.

Die speziellen, in der Eigenart des Bankwesens begründeten Motive, die die im folgenden genannten Machtgebilde als führende Komplexe hervortreten ließen und die sich trotz ihrer Mannigfaltigkeit auf diese wenigen Grundtriebkräfte reduzieren lassen (wobei sie sich, wie wir sahen, vielfach ergänzten und verstärkten), finden ihre tiefere und allgemeinere Erklärung in der säkularen, ja offenbar immanenten Tendenz der überall nach Konzentration des Kapitals drängenden wirtschaftlichen Entwicklung, wie sie namentlich seit den letzten beiden Jahrzehnten des vorigen Jahrhunderts in Deutschland einsetzte und, zum Teil unter dem Eindruck und zuletzt dem ökonomischen Zwange des amerikanischen Vorbildes, mit vorher ungeahnter, frischer Stoßkraft aus der Weltkriegs- und Wirtschaftsumwälzungsperiode herauswuchs.

Es handelt sich nicht um ein Einzelnes, Isolierbares. Die allgemeinsten, letzten Motive der bankkapitalistischen Konzentration heben sich nicht mehr spezifisch ab, fallen vielmehr zusammen mit denjenigen der hier nicht zu analysierenden universalen Konzentration des Kapitals, sind Verwirklichungsformen des allgemeinsten geltenden Gesetzes, der immanenten Akkumulations- und Expansionstendenz und der Pleonexie des Kapitalismus und seiner Dynamik.

Damit handelt es sich bei unserer Entwicklung um ein — allerdings entscheidendes — Teilphänomen jener Situation des herrschenden Hochkapitalismus, die in unlösbarem Wechselspiel von Ursache und Wirkung allgemein zur einheitlichen Gestaltung der Wirtschaftsorganisation, in zwingender Logik zum rationalisierten Großbetrieb und zur Formierung der (gewerblichen wie der berufsständischen) Organisationen größten, vereinheitlichten Maßes im Wirtschafts- und auch im Staatsleben führt.

Hinzu kommt — gewiß nicht zuletzt — und zwar untrennbar der persönliche Machttrieb [1]), das Drängen nach lohnendem, größerem Wirkungsbereich, dessen Erweiterung mit wachsender Größe der Unternehmung auf immer umfassenderen Wegen und mit immer weiter greifender Zielsetzung angestrebt wird.

So schufen Gesinnung und gesetzmäßige Notwendigkeit jene großen Wirtschaftsgebilde, deren Machthöhepunkt und deren Vereinigungsmaximum auch heute (nicht am wenigsten bei den Banken) noch nicht erreicht ist.

Über den Aufstieg dieser Unternehmungen im Rahmen des volkswirtschaftlichen und weltwirtschaftlichen Aufstieges — dieser Unternehmungen, die sich ihre Struktur nach den jeweils vorgefundenen Bedingungen, wie in der Behandlung der Rechtsorganisation gezeigt werden wird, geschaffen haben — entscheidet die Begabung, die Initiativkraft, der Machttrieb der einzelnen Führer, ihr Ehrgeiz für das Unternehmen wie ihr Ehrgeiz für sich selbst; und dieser Ehrgeiz trat, wo beiderseitige Expansionstendenz zu einem konkreten Zusammenschluß führte, oft genug nicht nur auf der Seite des Stärkeren in die Erscheinung.

---

[1]) Vgl. Sombart im Archiv für Sozialwissenschaften und Sozialpolitik 29, S. 700 ff.

Durch die wenigen wirklich führenden Männer haben die Bankkonzerne heute ein jeder seine individuelle Note. Angesichts der weitgehenden Einwirkungsmöglichkeit der Bankpolitik auf die Konjunkturgestaltung tritt das Problem der Individualität der Führung entscheidend in den Vordergrund. Auch hier war die Rathenausche „Substitution des Grundes", war die Wandlung der Funktion des Bankleiters in der Richtung eines Hineinwachsens in eine planvolle sozial-ökonomische Einstellung über das rein privatwirtschaftliche Interesse hinaus (Rathenau, später Keynes) in den letzten Jahren wirksam genug. Das Aufstiegproblem innerhalb der Großbanken ist heute ja durchaus noch ungeklärt. Über die Spitzen freilich läßt sich sagen, daß das Privatbankiergewerbe — sei es durch Übertritt anläßlich Fusionen oder bisweilen selbst erstrebter Kommanditierungen, sei es durch freien Übertritt — bisher immer noch als Reservoir für tüchtige Führernaturen gedient hat, und daß ihm gerade heute einige der allerbegabtesten Großbankdirektoren entstammen. —

(Auf die hohe Bedeutung des Momentes der Persönlichkeit und persönlicher Verknüpfungen und Zusammenhänge wird noch an anderen Stellen zurückzukommen sein.)

V. Aufbau und Gestalt der Konzerne.

So stehen heute mehrere große Bankkonzerne und Bankhäuser nebeneinander, die im folgenden in ihrer neuesten Geschichte und im gegenwärtigen Stande ihres Machtumfanges umrissen werden sollen.

Es sind dies die

DEUTSCHE BANK, BERLIN.
Direction der DISCONTO-GESELLSCHAFT, BERLIN.
DARMSTÄDTER UND NATIONALBANK, BERLIN.
DRESDNER BANK, BERLIN.

COMMERZ- UND PRIVATBANK, BERLIN-HAMBURG.
BERLINER HANDELSGESELLSCHAFT, BERLIN.
MITTELDEUTSCHE CREDITBANK, FRANKFURT A. M.-BERLIN.

MENDELSSOHN & CO., BERLIN.
M. M. WARBURG & CO., HAMBURG.
LAZARD SPEYER-ELLISSEN, FRANKFURT A. M.-BERLIN.
A. LEVY und SAL. OPPENHEIM JR. & CIE., KÖLN.
S. BLEICHRÖDER, BERLIN.

(Bei der Betrachtung der ansehnlichen Größe und beherrschenden Stellung der führenden Großbanken, ihrer tiefen Verwurzelung und starken in- und ausländischen Verflechtung ist stets mit größter Betonung hinzuzufügen, daß alle angegebenen Machtgrößenverhältnisse in jedem Falle nur ein Minimum bedeuten, daß darüber hinaus, nach außen nicht erkennbar, engere latente Beziehungen Banken und Bankiers verbinden mögen, finanzielle und persönliche Bande, die sich ihrer Natur nach, mangels juristischer (genauer: gesellschaftsrechtlicher) Fixierung und Fixierbarkeit, zumeist der Beobachtung jedes nicht gerade in *diesem* Unternehmen Arbeitenden notwendig entziehen.

Ebenso kann das Größenverhältnis der Banken durch die Statistik der Goldkapitalfixierungen der neueren Zeit nicht scharf und wirklichkeitsgetreu erfaßt werden. Zwar haben die Banken seinerzeit am radikalsten zusammengelegt, für die absolute Höhe dieser Ziffern aber gilt, daß die meisten Großbanken mit bewußter Unterbewertung der Eigensubstanz durchaus unterkapitalisiert, jedenfalls mit erheblichen stillen Reserven arbeiten, daß besonders vorsichtige mit Rücksicht auf spätere Dividendenpolitik und auch auf die Kursentwicklung eigentlich weitaus zu geringe, täuschende, aber Sicherheitskoeffizienten bildende Grundkapitalsummen aufgemacht haben: die Berliner Handelsgesellschaft ist wahrlich weit „größer", als ihr nominales Kapital [1]) zeigen will (im Gegensatz zur optimistischen Deutschen Bank und zur Disconto-Gesellschaft[2]), das Gleiche gilt von der Darmstädter und Nationalbank).

1. A. DEUTSCHE BANK.

Noch immer ist es die Deutsche Bank, die an der Spitze aller deutschen Großbanken steht; auch nach dem Kriege und namentlich nach der ihm folgenden Zerrüttung und Besitzverschiebung im Finanzkapital ist die durch sie vertretene Kapitalanhäufung dank hervorragender Verbindungen mit den größten unter den Industriekonzernen und dank unermüdlicher Konzentrationstätigkeit fraglos von solchem Umfange, daß das Machtgebilde dieser Bank den bedeutendsten unter den Bankkonzernen darstellt.

Die Deutsche Bank hatte sich bereits vor Kriegsausbruch in langsamem Prozeß Provinzinstitute jeder Größe angegliedert [3]) und sich ein vorzügliches System von Bundesgenossen und Stützpunkten geschaffen: Rheinische Creditbank, Mannheim (1904), als die bedeutendste südwestdeutsche, Württembergische Vereinsbank, Stuttgart, als die bedeutendste württembergische, Hannoversche Bank als die bedeutendste nordwestdeutsche Bank (1897), die Essener Creditanstalt (1903) als wichtige und mächtige Industriebank Rheinland-Westfalens, die Osnabrücker Bank (1899), die Deutsche Vereinsbank in Frankfurt a. M., jede einzelne führend — und von ihnen ausgehend ein Netz von Filialen und Beziehungen zu Banken und Bankiers.

In den Jahren 1917—1923/25 ging sie nun dazu über, sich diese Banken teils fester zu verpflichten, teils sie zu fusionieren und, wo sich die Gelegenheit dazu bot, durch Aufnahme neuer Banken allseitig, vor allem aber in West- und Ostdeutschland, zu erweitern: „man kann als Besonderheit feststellen" — so hieß es

---

[1]) 19,8% des Aktienkapitals, 18,7% des Eigenkapitals von 1913.

[2]) Ende 1926: 46,5% des A.-K., 47,6% des Eigenkapitals von 1913 (incl. der seit 1914 fusionierten Banken). 7 Berliner Großbanken: 29,8% des A.-K., 32,7% des E.-K. von 1913.

[3]) Eigenkapital (incl. offene Reserven): 1870 (Gründung) 15, 1880: 53, 1890: 99,6, 1900: 199,3, 1910: 308, 1914: 428,5, 1928: 227,5 Mill. M. — Eigenkapital incl. spätere Fusionen um Mitte 1914: 632 Mill. M.

bereits 1920 (Plutus 1920, S. 354) — „daß das Fusionieren hier als En gros-Geschäft betrieben worden ist."

Bereits im Februar(/März) 1917 wurde im Südosten der bereits seit 1897 kontrollierte Schlesische Bankverein (Breslau)[1], die alte, in der schlesischen Schwerindustrie bedeutsame Provinzgroßbank ersten Ranges, mittels Fusion übernommen; gleichzeitig erfolgte im Nordosten die Aufnahme der Norddeutschen Kreditanstalt[2]) mit Königsberg als Zentrum. Mit diesen Fusionen eröffnete die DB den großen Konzentrationsprozeß im deutschen Bankgewerbe.

Einen Höhepunkt regster Ausbreitungstätigkeit bildete im November 1920 die Vollfusion der bisher kontrollierten Hannoverschen Bank (Hannover) und ihre Umwandlung in eine die Provinz beherrschende Filiale, während die von der übernommenen Großbank abhängige Hildesheimer Bank dadurch, allerdings unter völliger Aufrechterhaltung ihrer juristischen und geschäftlichen Selbständigkeit, noch mehr unter den Einfluß der Deutschen Bank kam[3]. Gleichzeitig — diese Angliederungen wurden mit Hilfe starker Kapitalserhöhungen durchgeführt — wurden außerdem die schon länger befreundete Braunschweigische Privatbank und die — seit 1898 nahestehende und seit 1904 durch Aktienbesitz kontrollierte — Privatbank zu Gotha übernommen. Im Dezember 1924 endlich folgte die Württembergische Vereinsbank (Stuttgart) (im März 22 Aufgehen der Königl. Württembergischen Hofbank in der Württemb. Bankanstalt, im Dezember 22 Fusion dieser mit der Württembergischen Vereinsbank) mit einem wertvollen Netz provinzieller Filialen — auf dem Wege restlichen Aktienumtausches — durch Fusion, nachdem bereits in allmählichem Vordringen der Aktienbesitz auf Seiten der DB — namentlich durch reichlichen Umtausch im Dezember 1920 — bis auf auf 90% vergrößert worden war[4]. Die DB hat in den der Konzentration günstigen Jahren eine namentlich auch die kleinstädtischen Privatfirmen erfassende Übernahmetätigkeit entfaltet und nach der Abschnürung vom Weltmarkt[5]) ihre ganze

---

[1]) Mit 21 Filialen.

[2]) Mit 20 Filialen. Zusammen 41 neue Filialen! Die 1914 von der DB fusionierte große Bergisch-Märkische Bank hatte 37 Filialen. Diese Zahlen verdeutlichen den grundlegenden Wandel in der Politik der DB, die 1911 nur 10 Filialen aufwies. — Der Marsch nach Osten hing zum Teil mit politischen Erwartungen zusammen.

[3]) Die „freundschaftlichen Beziehungen" zur Hildesheimer Bank wurden dank der Verschmelzung der Hannoverschen Bank mit der DB und einem Umtauschangebot der DB an die Aktionäre der Hildesheimer Bank (Ende 1920) zu einem durch qualifizierten Minoritätsbesitz (etwas über $^1/_3$) gesicherten Einfluß. Februar 1928 Fusion.

[4]) Mit ihr ihre Beteiligung, die Rümelin-Bank A.-G., Heilbronn.

[5]) Sie war ja bis 1914 im Auslande von allen Großbanken am stärksten nteressiert gewesen und war im Verwaltungsrate von 114 amerikanischen

Energie auf die Anknüpfung neuer Inlandsbeziehungen, die ihre Position nur irgend steigern konnten, gerichtet. Eingliederungen und Erwerb von Beteiligungen waren eine ihrer planvoll geübten, systematisch vollzogenen Haupttätigkeiten.

Wirksam unterstützt wurde sie darin durch die von ihr abhängigen Provinzbanken, von denen namentlich die Essener Creditanstalt, die angesichts der in ihrem Geschäftsbereich mit großer, ungeahnter Schnelligkeit aufwachsenden Industriekonzerne vor besonderen Aufgaben stand, sich sehr[1]) ausdehnte und die große Rheinische Creditbank (die, im Mehrheitsbesitz der DB, diese in Baden, der Pfalz und im Gebiet von Saar und Mosel vertritt) ihren Kommanditenkreis nach dem Kriege nicht unerheblich erweiterte, u. a. allein 1919/20 8 Institute übernahm und durch den Zusammenbruch der Pfälzischen Bank (Ludwigshafen)[2]), mit der sie schon seit 1911 eine Interessengemeinschaft — unter Austausch einiger Direktions- und Aufsichtsratsmitglieder und gegenseitiger Beteiligung — verband und der auch die DB direkt nahestand, 1922 eine große Ausdehnung erfuhr.

Als spätestens mit dem Abschluß der Inflationsperiode im Konzentrationsprozeß der Banken ein sofortiger Stillstand und gleichzeitig eine starke rückläufige Bewegung eintrat, blieb auch die DB von ihr nicht verschont. Bei der Deutschen Vereinsbank, Frankfurt a. M., deren Aktien zu einem sehr beträchtlichen Teil im Besitz der DB waren, — diese war im Aufsichtsrat der Deutschen Vereinsbank sowie der durch Interessengemeinschaft (Oktober 1922 bis 1. 1. 1925) unter Gewinnteilung mit dieser verbundenen Frankfurter Bank — und die mit einem beträchtlichen Substanzverlust aus der Inflation hervorging, trat eine Umorientierung ein. Es war eines der ersten Stadien in der raschen Ausdehnung des Hauses Jakob Michael & Co., als es ein Aktienpaket der Deutschen Vereinsbank — in der Vaterstadt dieses Finanzmannes —

---

industriellen Organisationen vertreten; Ruhen oder Verlust der von ihr finanzierten Arbeiten im nahen Osten (orientalische Eisenbahninteressen, Steaua Romana) und in Übersee; in Afrika: Liquidation der Deutschen Afrikabank, der Deutschen Ostafrikabank, der Handelsbank für Ostafrika usw.; Sequestration ihrer Filialen in London und Brüssel sowie Eingehen derer in Konstantinopel; dagegen besteht heute außer in Sofia eine solche in Amsterdam, während Konstantinopel im Januar 1924 in beschränktem Umfange wieder eröffnet wurde.

[1]) Namentlich 1922 Aufnahmen bisheriger Kommanditen.

[2]) 440 Mill. M. (= ca. 4 mal Aktienkapital + Reserven!) Verluste erforderten die Hilfsaktion für die altangesehene, auch in Bayern und Frankfurt ansässige Bank. Die Verluste waren aus Devisenspekulationen eines Münchener Filialprokuristen erwachsen und schwollen infolge der rasch steigenden Kurse täglich an (Dezember 1921). Die DB übernahm auf Grund eines Teilungsvertrages mit der Rheinischen Creditbank die bayerischen Filialen rechts des Rheines, letztere durch Fusionsvertrag die in der Pfalz, in Hessen und in Baden selbst gelegenen Niederlassungen der „Pfalzbank". Die DB hatte bei dieser Intervention nicht unbedeutende Opfer zu bringen.

erwarb. Nachdem die Deutsche Bank — wohl auch wegen schließlich in der schlechten Konjunktursituation beschränkter Mittel — die Vereinsbank trotz jahrzehntelanger enger Beziehungen einfach hatte fallen lassen, wurde Mitte Juli 1924 zwischen Michael, auf den wir noch an verschiedenen Stellen der Arbeit zurückkommen müssen, und der Vereinsbank ein Vertrag über die zukünftige Zusammenarbeit abgeschlossen (Sanierung durch einen 2 Millionen-Kredit Michaels an die Deutsche Vereinsbank und Einzahlung auf die jungen Aktien anläßlich der Kapitalserhöhung bei der Umstellung [1])). —

Nach der Währungsstabilisierung wurden, da sich die Provinzbanken in der Umstellungskrise vielfach für ihr geschwundenes Betriebskapital nicht mehr allein Ersatz beschaffen konnten, die schon vorher weitgehend kontrollierten Großbanken, — wie bereits erwähnt — die Württembergische Vereinsbank und vor allem im April 1925 die große, bereits mit ca. 75% beherrschte Essener Creditanstalt, bald darauf (April) auch die Siegener Bank für Handel und Gewerbe von der DB fusioniert [2]).

Von den langjährigen freundschaftlichen Beziehungen der DB zu dem größten Frankfurter Bankhause Lazard Speyer-Ellissen wird weiter unten die Rede sein. —

So erblicken wir heute in der Deutschen Bank die stark zentralistisch geleitete [3]), durch planmäßige, stark aktive Rolle im Konzentrationsprozesse der Nachkriegszeit sehr groß gewordene und — trotz allem [4]) — gebliebene, äußerlich und innerlich kapitalkräftigste erste Großbank inmitten eines in der Form der Verbindung mit selbständigen Provinzbanken stark dezentralisierten Konzernsystems (die Deutsche Bank ist infolgedessen ohne jede

---

[1]) Im Dezember 1924 Ausscheiden der DB nach weiterer Aktienübernahme durch Michael, der im Frühjahr 1925 über 73% des Aktienkapitals besaß, aber das Institut nicht nach seinem Wunsch in seinen Konzernorganismus einzuspannen vermochte. Daher im Februar 1926: Übergang von über 78% des Aktienkapitals an L. &. E. Wertheimber & Co., Frankfurt, die ihre Geschäfte mit denen der Vereinsbank vereinigten und diese mit Hilfe befreundeter englisch-südafrikanischer Kapitalisten finanziell neu ausstatteten.

[2]) Die gleichzeitig vorgesehene Fusion der Osnabrücker Bank wurde infolge Widerspruchs von Aktionärsseite im Juli 25 nicht vollzogen. Die Girozentrale Hannover übernahm im Oktober 3,1 Mill. junger Aktien = über 41% des Kapitals, worauf die Deutsche Bank, zu der die sehr engen Beziehungen zum überwiegenden Teile gelöst wurden, im April 1926 durch ihre filialvertretende Oldenburgische Spar- und Leihbank ein Osnabrücker Bankgeschäft übernehmen ließ. — Dagegen 1927 Aufnahme der Lübecker Privatbank, 1928 der Hildesheimer Bank durch die DB.

[3]) Relativ günstiger Unkostenkoeffizient.

[4]) Mit erst 63% hatte sie Ende 1926 bei einem Durchschnitt von 96,6% bei den 7 Berliner Großbanken den geringsten Kreditorenstand gegenüber dem von 1913; 1926 im Vergleich mit anderen Großbanken recht geringe industriepolitische und wirtschaftgestaltende Initiative.

Filiale in ganz Schleswig-Holstein, Mecklenburg, Baden, der Pfalz und Oldenburg [1])).

B. DISCONTO-GESELLSCHAFT.

Zu einem Großkonzern von weitestem Umfange hat sich die Disconto-Gesellschaft entwickelt, hat sich in den der Konzentrationstätigkeit günstigen Jahren einen wesentlich vergrößerten Apparat geschaffen, mit dem sie einen hohen Prozentsatz des in Deutschland überhaupt investierten Finanzkapitals — wo und in welcher Form es auch irgend sei — direkt oder indirekt kontrolliert. Sie hat in stark wachsendem Maße ihr Filialnetz in Deutschland, großenteils unter Aufsaugung von Privatbankfirmen und Provinzbanken — darunter auch solcher von größter Bedeutung —, erweitert und steht — nach dem vorläufigen Abschluß des Ausbreitungsvorganges läßt es sich übersehen — der Deutschen Bank dank einer mit kontinuierlicher, geschickter Politik durchgeführten Konzentrationsarbeit, durch eine kleine und seit 1913 noch geringer gewordene Spanne von ihr getrennt, nicht um allzuviel an Größe, Ausbreitung und Einfluß in der Großindustrie nach. Die Disconto-Gesellschaft stellt als zweiter Bankkonzern Deutschlands das typische Bild eines selbst stark ausgebreiteten Stammunternehmens — freilich ihrem Unkostenkoeffizienten nach nicht mehr die bestorganisierte deutsche Großbank, als die man sie einst bezeichnete — dar, das sich aufbaut über mehreren, enger oder lockerer verbundenen, beherrschten oder befreundeten Gesellschaften: Die Beteiligungsziffern der DISC an ihrem reichgegliederten Großkonzern erreichten Ende 1925 $^2/_3$ des eigenen Grundkapitals. So besitzt sie denn auch einen besonders großen Aufsichtsrat, in dem neben der Industrie alle Leiter der bedeutenderen alliierten oder affiliierten Banken — Trabanten in ihrem System — vertreten sind, wie die DISC auch ihrerseits meist in der Verwaltung dieser Firmen durch ihre Geschäftsinhaber und eine Anzahl von Vertrauensleuten — eine ungleich wirksamere Einflußnahme — tätig ist. —

Noch kurz vor Kriegsausbruch stellte die DISC durch die Aufnahme des A. Schaaffhausenschen Bankvereins die gewaltige Brücke nach dem Westen her. Die Konzentrationsgeschichte des alten Kölner Institutes reicht weiter zurück: Als erster Zusammenschluß zweier größter Banken, wie er zuvor so noch nicht gesehen war, war im September/November 1903 [2]) zwischen der Dresdner Bank und dem „arg eingerosteten" Kölner Hause,

---

[1]) Die Interessen der Deutschen Bank an den Großkonzernen der Industrie s. S. 165 ff.; Darstellung des Gesamtkonzerns in den Übersichten S. 149 f.

[2]) Vielleicht nicht ohne Zusammenhang mit den damaligen großen Elektrokonzentrationen.

bis dahin zwei starken Konkurrenten, zwecks gemeinschaftlicher Führung der Geschäfte und Abgrenzung der beiderseitigen Arbeitsgebiete eine Interessengemeinschaft mit Gewinnpoolung (im Verhältnis der Eigenkapitalien [1])) und Austausch von Vorstands- und Aufsichtsratsmitgliedern bei voller juristischer Selbständigkeit beider, „auf 30 Jahre“ mit Wirkung vom 1. 1. 1904, durch bloßen Vertrag, ohne daß — wenigstens formell-ausdrücklich — eine Aktienbesitzverflechtung zugrunde gelegen hätte, hergestellt worden; nach Jeidels' Angabe (a. a. O. S. 264) war Hugo Stinnes (der also schon damals etwas auf die Dauer Unorganisches geschaffen hat!), außer ihm übrigens auch Louis Hagen (s. unten), Vermittler dieser Verbindung; eine Transaktion, deren zunächst und zwar noch bis in das Jahr 1907 hinein geplante letzte Konsequenz, die Fusion, an persönlichen Fragen scheiterte, und die damals eine angesichts folgender Statistik begreifliche Bewunderung hervorrief:

> Zahl der Industriegesellschaften, für die 1895 bis 1910 Emissionen vorgenommen wurden: durch die Deutsche Bank: 419, durch die Disconto-Gesellschaft: 290, durch die Darmstädter Bank: 285, durch die Berliner Handelgesellschaft: 281, durch die Dresdner Bank: 368 und den Schaaffhausenschen Bankverein: 364 (diese beiden also *732*). Anzahl dieser industriellen Emissionen: 456, 302, 314, 312, 424, 361 (die beiden letzteren also zusammen *785*). (Rießer, a. a. O. S. 413).

Vorwiegend persönliche Unstimmigkeiten führten jedoch bereits während der Depressionszeit nach dem Konjunkturrückschlag von 1907, der den Bankverein schwerer getroffen hatte als die Dresdner Bank, im September 1908 (mit Wirkung vom 1. Januar 1909) nach vielen gemeinsamen großen Geschäften ein vorzeitiges Ende der inkongruenten Gemeinschaft herbei, die, wie es damals nach außen hin hieß, als „freundschaftliche Beziehung“, lediglich unter gegenseitiger Vertretung in den Aufsichtsräten [2]), ihre Fortsetzung finden sollte.

Da griff Anfang 1914 die DISC zu, nahm im April/Mai eine Sanierung des 1912 und 1913 durch große Verluste außerordentlich geschwächten Kölner Hauses vor [3]) und wählte nun ihrerseits eine weit bessere (die denkbar beste!), Dauer gewährleistende Rechtsform des Zusammenschlusses, indem sie den Bankverein in eine neue A.-G. umgründete, deren gesamtes Aktienkapital sie über-

---

[1]) Dresdner Bank: Schaaffhausenscher Bankverein = (130 + 34): (100 + 20) = 57¾ : 42¼%.

[2]) — die in der Tat bis 1914 andauerte —

[3]) Aufsichtsratsmitglieder hatten zwecks Kursstützung 20 Mill. M. Aktien aufgekauft und boten sie überall herum; schließlich nahm sie die DISC, die sich im Westen seit längerer Zeit schon expandieren wollte.

nahm, und indem sie ihren Geschäftsinhaber Dr. Georg Solmssen als ersten Direktor der Tochtergesellschaft — er hatte den Zusammenschluß der beiden Banken durchgeführt — nach Köln delegierte (im Oktober 1924 schied er in Köln aus). Außerdem übertrug der Bankverein noch direkt sein gesamtes Berliner und von Berlin ausgehendes Geschäft auf die DISC.[1]) — Das Rechtsverhältnis des Bankvereins zum Mutterinstitut ist das gleiche wie das der Norddeutschen Bank in Hamburg, deren Kommanditkapital bereits im März-April *1895* nach einer allgemeinen Geschäftsdepression (Depression: 1891—94, Wiederaufstieg seit Ende 94/Anfang 95) von der DISC übernommen wurde und die nun ebenfalls Filialfunktion für die DISC erfüllt[2]). — Die juristische Eigenpersönlichkeit der beiden angegliederten Institute ist rein formeller Natur, beide geben zwar natürlich eigene Dividenden, haben ihren Vorstand, Aufsichtsrat und ihre „Generalversammlung", alles aber Formen, die schon deshalb im Wesen ohne Bedeutung sind, weil nur ein Gesellschafter, nämlich die DISC, da ist, Formen, die nur aus kluger Geschäftspolitik — aus Rücksicht auf die Gefühle der Hamburger und Kölner — gewählt worden sind. Die DISC veröffentlicht in diesem Sinne alljährlich (zuerst pro 1916) außer ihrer eigenen Bilanz einen „Gemeinschaftsabschluß" DISC — Norddeutsche Bank — A. Schaaffhausenscher Bankverein von freilich zum Teil höchst problematischem Wert (Doppelzählungen). Durch die Eingliederung der Kölner Großbank, die auf Grund vielfältiger hervorragender und engster Beziehungen vor allem zur rheinisch-westfälischen Montanindustrie eine führende Stellung im Industriebezirk einnahm, wurde die Machtsphäre der DISC im Westen in einem solchen Maße erweitert, daß sie heute dort ebenbürtig neben der Deutschen Bank, die sie hier an vielen Stellen sogar noch hinter sich läßt, steht. (Das vereinigte Aktienkapital übertraf nach dieser Transaktion am 30. Juni 1914 sogar das der Deutschen Bank um 50 Mill. M. und galt als das größte Deutschlands und der Alten Welt.)

Nach beiden Richtungen wurde die umfassende Ausbreitungstätigkeit in den folgenden Jahren fortgesetzt. Im März 1917 wurde mit der über ein ausgebreitetes Geschäft verfügenden Vereinsbank in Hamburg ein „dauerndes Freundschaftsverhältnis" (auf Grund — jüngst verstärkter — Aktienbeteiligung) unter gegen-

---

[1]) „Die hilfsbedürftige und schwächere Bank vererbte altberühmten Namen und alteingewurzelte Industriekundschaft der sanierenden Größtbank". (v. Schulze-Gaevernitz im Grundriß der Sozialökonomik V, 2.) — Die Umorientierung und Umorganisierung der Kölner Bank erhärtet bei Vergleichung der vorangegangenen Verbindungsform (mit der Dresdner Bank), wieviel die Wahl der Rechtsform, unter der eine Konzentration herbeigeführt wird, zu bedeuten vermag.

[2]) Eine Angliederung, die zu der Zeit einen sehr großen Schritt bedeutete, ja alle bisherigen ähnlichen Ereignisse weit übertraf.

seitiger Vertretung in den Aufsichtsräten vereinbart und durch die so geschaffene Annäherung der letzten großen Hamburger Aktienbank die Position in Hamburg wertvoll erweitert.

Noch wichtiger ist die Beziehung der DISC zu den beiden hochangesehenen Kölner Bankhäusern Sal. Oppenheim jr. & Cie. und A. Levy. Die DISC hatte sich schon zu Anfang des Jahres 1904 nach jahrzehntelangem (spätestens bereits seit 1864 nachweisbarem) engem Zusammenarbeiten an dem in der westlichen Schwerindustrie höchst einflußreichen, heute in den Aufsichtsräten mehr als eines halben Hunderts erster Unternehmungen vertretenen alten Hause Sal. Oppenheim jr. & Cie. (gegründet 1787) kommanditarisch beteiligt. Gleichzeitig trat Freiherr S. Alfred von Oppenheim in den Aufsichtsrat der DISC ein. Das Beteiligungsverhältnis bestand bis in die Nachkriegszeit, der Aufsichtsratssitz besteht bis heute fort. Eines der wenigen noch bestehenden ganz großen Privatbankhäuser steht so im Kreise der DISC, die seit 1914 auch in enger kooperativer Beziehung mit der Kölner Firma A. Levy verbunden ist. Deren Seniorinhaber Geheimrat Louis Hagen (Präsident der Kölner Handelskammer und Mitglied u. a. des Generalrats der Reichsbank und des Reichswirtschaftsrats) arbeitet in der Verwaltung außergewöhnlich zahlreicher großer Unternehmungen (Farbentrust, AEG, Stahlverein, Klöckner, Rheinische Braunkohlen, Phoenix, Ufa, Rheinstahl, Demag, Felten, Deutsch-Atlant. Telegr. usw.) und zwar sehr oft an leitender Stelle, eine Persönlichkeit, die nicht bloß „Bankier", sondern geradezu Industriekapitän ist und so schon seit Jahren auf Grund zahlreicher gemeinsamer Aufsichtsratssitze durch viele Interessen ganz überwiegend, aber natürlich keineswegs ausschließlich, mit der DISC industriepolitisch verbunden ist. — Über die im März 1922 zwischen den Häusern A. Levy und Sal. Oppenheim jr. & Cie. hergestellte sehr enge Verbindung s. weiter unten (S. 112).

Weiterhin übernahm die DISC in und nach dem Kriege eine Fülle von Provinzbanken und -bankiers und knüpfe, teils selbst als Konzentrator auftretend, teils durch ihre Konzernbanken, neue Beziehungen nach allen Seiten (besonders nach Westdeutschland) hin an.

Einige größere, herausgegriffen aus der großen Zahl, seien genannt: 1915 Aufnahme der Rheinischen Bank (Essen), dadurch Stärkung der westlichen Beziehungen; 1917 Fusion der schon seit langen Jahren befreundeten Königsberger Vereinsbank, des gleichfalls seit 1907 kontrollierten Magdeburger Bankvereins mit 13 Filialen, der Westfälisch-Lippischen Vereinsbank in Bielefeld, der Westdeutschen Vereinsbank, Münster, 1918 der Trierischen Volksbank; wichtig wurde vor all den vielen die im November 1919 durchgeführte Fusion mit der schon seit 1906 eng befreundeten Stahl & Federer A.-G. in Stuttgart (19 Filialen), deren Direktor Federer Aufsichtsratsmitglied der DISC wurde und an die Spitze des zum Zwecke einer besseren Organisation des Gesamtkonzerns gebildeten „Württembergischen Landesausschusses" der DISC, einer mit fortschreitender Konzentration bei den D-Banken für notwendig erachteten Institution, trat. In Hannover wurde (August 1919) die große Privatfirma Hermann Bartels (gegründet 1742) aufgenommen; 1920/21 wurden sehr zahlreiche Provinzbanken angegliedert, 1922 die kommanditarischen Beteiligungen stark erweitert, unter denen das große Kasseler Bankhaus L. Pfeiffer, das der DISC schon vor dem Kriege nahestand und in das (April 1922) Dr. E. E. Russell, Geschäftsinhaber der DISC — ein Schwager Pfeiffers — als Teilhaber eintrat, die bedeutendste [1]) ist.

Ein wichtiger Schritt war der Ausbau einer alten Freundschaft durch die Anknüpfung „engerer vertraglicher Beziehungen" zu der Bayerischen Hypotheken- und Wechselbank (München), der größten deutschen Provinzbank und gleichzeitig kapitalstärksten deutschen Hypothekenbank, im Februar 1917 unter gleichzeitigem Erwerb einer kleinen Beteiligung (auf dem Wege des Umtausches der DISC gehöriger Aktien der Bayerischen Disconto- und Wechselbank [2]) gegen 3 Mill. M. neue Aktien der Bayerischen Hypotheken- und Wechselbank), freilich ohne Austausch von Aufsichtsratssitzen.

Die Bayerische Hypotheken- und Wechselbank hat selbst, auf Grund ihrer hervorragenden Stellung im Süden Deutschlands, eine ausgezeichnete Konzentrationstätigkeit entwickelt, besitzt eine große Reihe wichtiger Interessen an in- und ausländischen Banken und Bankhäusern, ist heute das führende Institut in der „Arbeitsgemeinschaft süddeutscher Hypothekenbanken" und nahm nach der Erwerbung wichtiger Beteiligungen in Österreich und der Anknüpfung von Beziehungen zu der Allgemeinen Deutschen Credit-Anstalt und dem Barmer Bankverein in rascher Aufwärtsentwicklung in der Nachkriegszeit selbst den Charakter eines großen, in der Folgezeit wieder mehr und mehr selbständigen Konzernzentrums an.

---

[1]) Die Kommanditeinlage wurde 1925 auf 1,5 Mill. RM erhöht.

[2]) Die Bayrische Disconto- und Wechselbank ist eine (auch im Namen zum Ausdruck kommende) Gründung der DISC und der Bayerischen Hypotheken- und Wechselbank (1905). Durch die Überlassung des Paketes seitens der DISC an die Hypotheken- und Wechselbank wurde diese alleinige Besitzerin des Kapitals ihres Tochterinstituts, dessen laufende Geschäfte und sämtliche Niederlassungen sie im Juli 1923 übernahm.

Eine sehr bedeutende Rolle in der Zusammenschlußbewegung spielte der große, seit 1901 mit der DISC verbundene Konzern der Allgemeinen Deutschen Credit-Anstalt, Leipzig („ADCA"), deren Aktienkapital sich noch zu einem Teil im Besitz der DISC befindet.

Die ADCA hat sich in planmäßigem Fortschreiten, zum Teil über ihren Tätigkeitsbereich, beide Sachsen und Thüringen, hinausgreifend, durch besonders lebhafte Konzentrationstätigkeit zum größten mitteldeutschen Provinzinstitut entwickelt. Die Konzentrationsbewegung, in deren Mittelpunkt die ADCA stand, brachte ihr, bis zu kleinsten Provinzfirmen dringend, wertvollsten regionalen Zuwachs. Die Planmäßigkeit des Vordringens, wie es nach dem Kriege in die Erscheinung trat, ist hier besonders auffallend. Nachdem bereits bis 1920 zahlreiche Beteiligungen erworben waren, wurde im August 1921 mit der Anhalt-Dessauischen Landesbank unter Übernahme eines beträchtlichen, im Jahre 1925 erheblich und zwar auf über 50% vermehrten Aktienpostens eine „Interessengemeinschaft" abgeschlossen, wurde das Arbeitsgebiet (durch Kommanditierung der größten Privatbank Nordböhmens, der Firma L. Wolfrum & Co. in Außig a. E. zur Befestigung gepflegter Beziehungen zu Industrie und Handel der nördlichen Tschechoslowakei) über die deutschen Grenzen erweitert, während die im Februar 1922 verbundene Braunschweigische Bank und Kreditanstalt im März 1925 während der Deflationsdepression an die Braunschweigische Staatsbank wieder abgegeben wurde. Im Januar 1922 wurde die Schlesische Privatbank A.-G., Breslau, durch Fusion übernommen, womit die ADCA sich auch in Schlesien auszubreiten begann, obgleich schon zuvor — im Februar 1921 — die Schlesische Handelsbank A.-G. (mit zahlreichen Filialen, schon 1905 abhängig) und ein Breslauer Privatbankhaus (Prinz & Marck) von der DISC übernommen worden war, welch letztere so der Deutschen Bank dort wirksam in gleicher Ausbreitungstätigkeit die Spitze bot.

Nachdem sich die ADCA so nach allen Seiten hin Verbindungen geschaffen hatte (worin sie von der Bank für Thüringen A.-G. vorm. B. M. Strupp, Meiningen, — einer Gründung vor allem der DISC und der ADCA, Februar 1926 von der DISC endgültig aufgenommen —, in lebhafter Übernahmetätigkeit in ihrem Thüringer Kreise kräftig unterstützt wurde), unternahm sie im Dezember *1921* den — wenigstens als Symptom — allerbedeutendsten Schritt durch den Abschluß eines sogenannten „engeren Freundschaftsverhältnisses" mit zwei anderen Großbanken des Disconto-Konzerns, der Bayerischen Hypotheken- und

Wechselbank und dem Barmer Bankverein. Dieses Bankenbündnis, das nur vermittels Austausches von Aufsichtsratsmitgliedern — „unter Wahrung der rechtlichen Selbständigkeit" aller Institute — und ohne irgendwelche ausdrückliche kapitalmäßige Beteiligungen vor allem gemeinsames geschäftliches Vorgehen („unbeschadet der freundschaftlichen Beziehungen zur DISC") und Risikoteilung bei größeren Geschäften ermöglichen sollte, war nicht etwa als eine den Zusammenhaft verstärkende Diagonale im Großkonzern der DISC gedacht. Es bedeutete vielmehr eine bewußte Emanzipation dreier Provinzbanken, die zur Zeit der ungewöhnlichen Expansionstätigkeit der D-Banken größere Selbständigkeit zu erreichen suchten, selbst von Objekten zu Subjekten des Konzentrationsprozesses zu werden strebten und seit 1921 eigene Filialen auch an Orten errichteten, an denen die DISC bereits durch Filialen oder Kommanditen vertreten war. Eine Folge dieser Gegenbewegung war übrigens auch, daß alsbald die DISC Filialen in Sachsen und Bayern (Dresden, München) zu errichten begann. Die Arbeitsgemeinschaft, die zum Teil auch dem Wunsche nach gegenseitiger Abgrenzung der regionalen Wirkungskreise (das bayerische Institut hatte nach Sachsen, das sächsische nach Bayern übergegriffen) entsprang und u. a. in zunächst gemeinsamer Betätigung in Holland zum Ausdruck kam, wurde später durch das Ausscheiden des Barmer Bankvereins verkleinert. Noch heute unterhalten alle drei Institute zu dem in der Industrie sehr einflußreichen, der Dresdner Bank nahestehenden Berlin-Münchener Hause Hardy & Co. (an dem sich bereits im Frühjahr 1921 Bayerische Hypotheken- und Wechselbank und Barmer Bankverein gemeinsam beteiligten) lebhafte Beziehungen [1]). Man wird sich heute den inneren Zusammenhalt und den äußeren Effekt der Leipzig-Münchener Allianz nicht mehr als sehr stark vorzustellen haben. Das eigentlich Wesentliche bleibt die Tatsache der Emanzipation und ihre Bekundung.

Der Barmer Bankverein Hinsberg, Fischer & Comp., mit der DISC (bereits seit den 1870er Jahren Beziehungen) 1901 durch ein „Freundschaftsverhältnis", 1904 durch noch engere Bande, die durch den Erwerb eines großen Teiles der Kommanditanteile des Barmer Hauses geknüpft wurden, verbunden, ist mit dem westlichen Erwerbsleben aufs engste verflochten [2]) und hat sich mit ganz besonderem Eifer in Rheinland-Westfalen und nach dem Kriege darüber hinaus sogar bis nach Ostfriesland und bis Lüneburg ausgebreitet. In raschem Vordringen gliederte er sich

---

1) Anfangs 1926 traten die drei Banken kurz nacheinander durch von Hardy & Co. vermittelte Verkäufe eigener Aktien mit den Vereinigten Staaten in Verbindung; im Dezember 1926 die ADCA noch einmal in gleicher Weise.

2) Er verfügt über eine sehr ausgedehnte Kundschaft (Kleineisen- und Textilindustrie): u. a. Karstadt, Tietz-Köln, Hammersen.

in den Nachkriegsjahren Provinzbanken jeder Größe, davon 1918 bis 1920 allein 15 (gegen 13 in den Jahren 1898 bis 1909!), an, so daß er quantitativ — er besaß schließlich (Ende *1923*) auf engem Raume 132 Filialen gegen 27 Niederlassungen im Jahre 1913 [1]), die Deutsche Bank im ganzen Reiche 146! — ein großer und wohlausgebauter Komplex zu sein schien.

Aber wohl nicht qualitativ. Bereits im Jahre *1921*, an dessen Ende das wertvolle Bündnis mit der größten bayerischen und der größten sächsischen Bank abgeschlossen wurde, fand die hypertrophe Entwicklung ein vorzeitiges Ende. Schon 1920 wurde der Verkauf eines größeren Postens Barmer Kommanditanteile durch die DISC, mit der, wie es hieß, Fusionsverhandlungen scheiterten, bekannt. 1923, in einem Jahre, das dem Bankverein Verluste brachte, erwarb die Gruppe Hugo Stinnes 200 Mill. M. neue Anteile, mit denen sie im Juni 1923 über insgesamt 25% des Grundkapitals verfügte, und konnte, darauf gestützt, um die Mitte des Jahres mit dem Bankverein einen Vertrag über „freundschaftliches Zusammengehen", d. h. eine enge Arbeitsgemeinschaft (unter Entsendung von 2 Vertretern in den Aufsichtsrat) abschließen.

Im Zusammenhang damit löste der Bankverein (1923) die Beziehungen zu seiner im Mai 1920 mit S. Bleichröder begründeten holländischen Interessenvertretung, der v. d. Heydt-Kersten's Bank in Amsterdam, in deren Verwaltung er u. a. zusammen mit den übrigen Mitgliedern des erwähnten Bankenbündnisses saß (vgl. S. 161), und erwarb zunächst, um seine und Stinnes' holländische Geschäfte unabhängiger führen zu können, statt dessen (zusammen mit Stinnes) die Majorität der Disconto-en Effecten-Bank in Amsterdam.

Bald darauf aber erging es dem Bankverein in der im Frühjahr 1924 ausbrechenden Krise außerordentlich schlecht [2]) — man sprach von ungewöhnlichen Verlusten aus Frankenspekulation im März 1924 — so daß Hugo Stinnes willkommenen Anlaß fand, den Bankverein durch rettendes Eingreifen ganz zu dem Seinen zu machen. In der Generalversammlung vom 12. Juni 1924 sicherte er sich auf 200 Mill. M. Anteile eine Option, unter deren Einrechnung er über 30—36% der Anteile verfügte, sodaß er praktisch die volle Kontrolle über das Institut besaß. Zu gleicher Zeit traten Arioni und Hinsberg nach 40-jähriger Arbeit als Geschäftsinhaber zurück, während Georg Rogalski, der bisherige Direktor der Stinnesschen Finanzabteilung, als energischer Reorganisator Geschäftsinhaber wurde und Stinnes' Mitarbeiter Thomas den stellvertretenden Aufsichtsratsvorsitz übernahm, die Beziehungen zur DISC

---

[1]) Bereits im Mai 1924 nach gründlichem Abbau: 33 Filialen!

[2]) Stärkster Personalabbau aller Großbanken: Ende 1923 bis Ende 1926 wurden 84,5% der Angestellten entlassen.

nach über 20-jähriger sehr enger Zusammenarbeit gelöst wurden (Franz Urbig, Geschäftsinhaber der DISC, schied aus dem Aufsichtsrat des Bankvereins aus, dessen Vertreter auch sein Aufsichtsratsmandat in Berlin niederlegte) und im März 1924 die Zentralverwaltung des Bankvereins nach Düsseldorf (wo schon Anfang 1923 drei der Geschäftsinhaber waren), dem Sitze der Siemens-Rheinelbe-Schuckert-Union, verlegt wurde. Zum Unterschied von der Berliner Handelsgesellschaft, an der Stinnes gleichfalls beteiligt war, die er aber als Besitzer einer, obgleich etwa ebenso großen Minorität durchaus nicht zu beherrschen in der Lage war, hatte er im Barmer Bankverein ein gefügiges Instrument, zur Anlegung seiner Gelder wie zur Anknüpfung neuer Industrieverbindungen, zum Herauspumpen der dort deponierten Kapitalien und zu deren Verwendung für seine eigenen, stets wachsenden Finanzierungszwecke. Gleichzeitig ist der DISC eine ihrer wertvollsten Stützen vollends verloren gegangen.

„Damit wurde ein neues Stadium der Entwicklung sowohl des Stinnes-Konzerns als auch der Bankwelt eingeleitet... Die Banken, ehemals die Nervenzentralen des Wirtschaftslebens, mit allen Attributen der Macht ausgestattet, wurden im Zeitalter der Industriekonzentration und der Geldentwertung zu Anhängseln der Industrie..." (Ufermann-Hüglin, Stinnes und seine Konzerne, 1924, S. 75). „Die vom Stinnes-Konzern abhängigen oder mit ihm in Verbindung stehenden Banken fungieren als finanzielle Saugpumpen, die ihre langen Saugarme bis in alle Kapitalmärkte erstrecken." (ib. S. 85.)

So wurde auch hier eine große Bank mit weitgreifenden Beziehungen einfach als Glied in den vertikalen Produktionsprozeß eingeschaltet, um im Ganzen des Konzerns Funktionen zu erfüllen wie irgend ein Zweig der Industrie, wie auch der Handel, wie die Zeitung und die Telegraphenagentur, wie das Exporthaus und die Schiffahrtslinie.

Nach dem Zusammenbruch des Stinnes-Konzerns wurde die (im Mai 1925 bereits nur noch 18% betragende) Beteiligung im August 1925 an die dem Bankverein traditionell verbundene Gruppe von der Heydt abgestoßen; Rogalski und die Aufsichtsratsdelegierten traten zurück. — Das Verhältnis der DISC zu diesen drei größten deutschen Provinzbanken ist in allen drei Fällen verschiedenartig:

Den Barmer Bankverein hat die DISC im wesentlichen gänzlich verloren. Hardy & Co. und die Reichskreditgesellschaft fungieren hier als Berliner Bankverbindungen, die erstere sogar als Konsortialführerin.

Die Beziehung zur Bayerischen Hypotheken- und Wechselbank hat sich wieder auf ein reines Freundschaftsverhältnis reduziert. Das Münchener Institut ist völlig selbständig und gleichfalls keineswegs mehr dem Disconto-Konzern zuzuzählen.

ADCA und DISC kooperieren vielfach; die DISC hat die Konsortialführung bei Kapitalserhöhungen der ADCA, die ihrerseits in zahlreichen Fällen Konsortien des Berliner Hauses angehört. Aufsichtsratsaustausch und, allerdings verminderte, Berliner Beteiligung am ADCA-Kapital dauern bei im ganzen recht abgeschwächter Intimität fort. —

Schließlich hat auch die Süddeutsche Disconto-Gesellschaft, Mannheim (Baden und Pfalz), bei der die DISC mindestens eine qualifizierte Minorität, jedenfalls aber praktisch die Kontrolle besitzt, nach dem Kriege eine lebhafte Ausbreitungspolitik verfolgt, zahlreiche Übernahmen und Erwerbungen von Aktienbeteiligungen durchgeführt, während ihre ihr sehr eng verbundene Kommandite E. Ladenburg, Frankfurt a. M., sich gemeinsam mit dem Berliner Hause Hugo Oppenheim & Sohn (Otto von Mendelssohn-Bartholdy) bei Samson Seligmann in Köln still beteiligte und so im Mai 1924 eine Interessengemeinschaft dreier alter Privatbankhäuser entstand (zu Ende 1926 wieder gelöst).

Über all diesen einzelnen Vorgängen, die, trotz allen auch hier wie bei der Deutschen Bank starken Gegenwirkungen, den großen Konzentrationsprozeß im ganzen bedeutend föderten, erhebt sich das Bild des großen Gesamtkonzerns, der heute in Deutschland, fraglos auch nach dem Verlust des Barmer Bankvereins, mächtig und einflußreich an zweiter, führender Stelle neben der Deutschen Bank steht, der auch im Auslande wieder tätig vordrang [1]) und dessen hervorragende Stärke in seinem föderalistischen Aufbau [2]) — unter Bevorzugung des Repräsentationssystems und unter nomineller Dezentralisation — zu suchen ist (vgl. Darstellung auf S. 150 ff.). —

---

[1]) Kommanditierung von Ephrussi & Co. in Wien (gemeinsam mit Gebr. Gutmann, Wien) im Juni 1921. Ephrussi ist im Aufsichtsrate der DISC. — Anknüpfung wertvoller neuer Beziehungen in Holland — neben der (gemeinsam mit der Norddeutschen Bank und dem Schaaffhausenschen Bankverein) von ihr völlig kontrollierten Handel-Maatschappij H. Alb. de Bary & Co. in Amsterdam, „merchant bankers", mit der sie in engster Fühlung arbeitet — durch die Beteiligung an der im Februar 1924 (gemeinsam mit der Deutschen, der Dresdner Bank, Mendelssohn & Co. und ausländischen Banken) gegründeten Internationalen Kredit Cie. in Amsterdam (s. S. 159). — Mehrfaches Zusammengehen mit Dillon, Read & Co., New York, die sich im Dezember 1925 und August 1926 an der DISC beteiligten, und auch mit W. A. Harriman & Co. (u. a. über HAPAG, Tschiaturi, Deutsch-Atlantische Telegrafen-Gesellschaft).

[2]) Über die föderalistische Taktik auch in der ausländischen Industriepolitik vgl. Dr. Fr. Haase, Die Erdölinteressen der Deutschen Bank und der Disconto-Gesellschaft in Rumänien, 1922.

C. DARMSTAEDTER UND NATIONALBANK.

Seit sich in der Nachkriegszeit die Kräfteverhältnisse der deutschen Großbankkonzerne so sehr stark zu verschieben begannen, entwickelte sich die Darmstädter und Nationalbank, die bei Kriegsende noch getrennt als Darmstädter Bank, Nationalbank für Deutschland und Deutsche Nationalbank bestand, mit einer ganz besonderen Intensität aggressiven Vorgehens. Infolge des Zusammenschlusses der drei genannten Großbanken und zahlreicher neuer Angliederungen sowie dank ihrer hervorragenden Stellung in der Großindustrie steht sie als außerordentlich vergrößerte und einflußreiche Macht da.

Die Hauptbasis und größte Bank ist dabei die Bank für Handel und Industrie (Darmstädter Bank) gewesen, (deren Eigenkapital von 6,8 Mill. im Gründungsjahre 1853 auf 192 Mill. im Jahre 1914, also vor all den großen Fusionen, stieg; Eigenkapital der vereinigten „Danatbank“ 1928: 115 Mill. RM). Zunächst nahm die Darmstädter Bank nach dem Kriege in lebhafter Weise zahlreiche Angliederungen vor:

So erfolgten in den Jahren 1917—21 vielfach Übernahmen von privaten und Aktienbanken sowie mehrere Beteiligungen bei größeren und kleineren Provinzbanken, so auch 1920 die erhebliche Erweiterung des heute mindestens 30%igen Aktieninteresses an der Bank- und Wechselstuben-A.-G. „Merkur“ in Wien, nunmehr „Mercur-Bank“, zu der seit langem enge und jüngst noch straffer gestaltete Beziehungen bestehen,

Angliederungen, die aber alle an Bedeutung völlig zurücktreten hinter der von der Darmstädter Bank im Herbst 1921 vollzogenen Annäherung an die Nationalbank für Deutschland.

Diese Bank, die gleichfalls zu den größeren, wenn auch nicht allerersten Berliner Instituten zählte, damals zahlenmäßig in der Industrie genau so stark vertreten war wie die Darmstädter Bank und ein ausgezeichnetes Konsortialportefeuille besaß (während die ältere und größere Darmstädter Bank immerhin, namentlich vor dem Kriege, die bedeutendere und infolge ihres großen Filialsystems bekanntere war), hatte im Juli/August 1920 gerade eine recht wichtige Großbank in der Provinz, nämlich die Deutsche Nationalbank in Bremen (die sich übrigens selbst in der Nachkriegszeit ziemlich stark ausgebreitet hatte) übernommen und durch diesen Übergang zum Filialsystem wertvolle Erweiterung erfahren (Beziehung zu den Schiffahrtslinien Norddeutscher Lloyd, Hansa und Neptun!). Diese Angliederung war in der recht eigenartigen Weise geschehen, daß die Nationalbank für Deutschland, Berlin, eine A.-G., ihr Vermögen als Ganzes auf die Deutsche Nationalbank in Bremen, eine Kommanditaktiengesellschaft, gegen

Gewährung von Aktien dieser Gesellschaft[1]) — unter Ausschluß der Liquidation — übertrug, worauf das Bremer Bankinstitut die Firma der aufgelösten Gesellschaft, allerdings nunmehr in der (ihrer) Form der Kommanditgesellschaft auf Aktien, annahm und ihren Sitz nach Berlin verlegte, so daß also die fusionierte Gesellschaft de facto sofort wieder auflebte. Diese war ja in der Tat auch die Stärkere, war der wirkliche Konzentrator. Die seltsam umwegige juristische Konstruktion, die die Berliner Aktiengroßbank, die sich schon lange hatte ausdehnen wollen, in der Bremer Provinzbank aufgehen ließ, wurde wohl lediglich der Aktienkommanditform wegen, die die neue Firma annehmen sollte, gewählt; in der Tat gab Berlin ja Firma und Sitz her.

Nunmehr trat die Darmstädter Bank an die so entstandene Nationalbank für Deutschland, die übrigens in der Zwischenzeit noch mehrere Angliederungen vornahm (vor allem im November-Dezember 1920 die Holstenbank (Neumünster) mit vielen Filialen und Ende 1920 Bernhard Caspar in Hannover), heran. Zuvor waren Fusionsverhandlungen der Darmstädter mit der Commerz- und Privatbank, angeblich wegen der hohen Kosten (¼ Milliarde M.), vorzeitig abgebrochen worden (1921). Dagegen fand sich die Nationalbank — damals in frischem Aufschwung — bereit. Nach monatelangen Verhandlungen wurde (Oktober-November 1921) eine sog. Bankengemeinschaft Darmstädter-Nationalbank hergestellt[2]), die, weit über die sonst übliche Interessengemeinschaft hinausgehend, praktisch einer vollen Fusion gleichkam.

Der Gemeinschaftsvertrag — „auf 99 Jahre", mit Wirkung vom 1. 1. 1921 — bestimmte die Eingehung gegenseitiger Haftung, volle Personalunion (Vereinigung der Leitungen und Aufsichtsräte), Gewinnverteilung pro rata des Grundkapitals der einzelnen Gesellschaften und zwar mit gleicher Dividendenausschüttung und — nach Kapitalserhöhung auf beiden Seiten — wechselseitige Übertragung zu 25% eingezahlter Aktien, so daß bei einer Relation von 7 : 5 der Grundkapitalien, der offenen Reserven, der auszutauschenden Aktien und des Gewinnschlüssels jede Bank ein Sechstel des Kapitals der anderen besaß.

Als — wohl auf Betreiben aller konzentrationsfreudigen Kreise — die im § 17 des Körperschaftssteuergesetzes vorgesehene, hemmende starke Erhöhung der Fusionssteuer fortgefallen war,

---

[1]) Die Aktionäre des Berliner Institutes erhielten für je 1000 M. nom. ihrer Aktien 1000 M. nom. solcher des Bremer Institutes; zu diesem Zwecke erhöhte die Bremer Firma ihr Kapital um 90 Mill. M.

[2]) Als Motive wurden offiziell bezeichnet: „Ersparung kostspieliger Abrundung des Filialnetzes, Personalersparnis durch Zusammenlegungen am gleichen Platze, Erhöhung der Stoßkraft nach außen, Zusammenfassung persönlicher und organisatorischer Kräfte."

wurde im Juli 1922 die von Anfang an erstrebte Vollfusion von den Generalversammlungen beider Gesellschaften beschlossen. Laut Verschmelzungsvertrag ging das Vermögen der Darmstädter Bank als Ganzes auf die Nationalbank für Deutschland über, die danach ihre Firma in Darmstädter und Nationalbank (Kommanditgesellschaft auf Aktien) änderte. Die hierbei gewählten Formen — es fand gleichzeitig, soweit noch nicht geschehen, ein Aktienumtausch im Verhältnis 1 : 1 statt — zeigen eine wiederholte Anwendung der bei der oben beschriebenen Berlin-Bremer Fusion geübten Methode. Auch hier steht am Ende die Rechtsform der Kommanditgesellschaft auf Aktien, wie sie in beiden Fällen die formell fusionierte, in Wirklichkeit ihrerseits aufnehmende Großbank annahm.

Da durch die eigenartige Durchführung der Fusionen alle neugebildeten Firmen formell-juristisch Rechtsnachfolger der Deutschen Nationalbank und damit der Nordwestdeutschen Bank K. a. A. wurden, so erfuhr dieses junge Institut — unter freilich nur nominell gewahrter Identität und ohne Veränderung des rechtlichen Charakters der Gesellschaft — ein rasch wechselndes, buntes Schicksal. Es ergibt sich also das nebenstehende Bild.

So war denn in der Darmstädter und Nationalbank der größte und bedeutungsreichste Zusammenschluß der ganzen Nachkriegszeit (vergleichbar ist nur die, allerdings nicht auf paritätischer Basis erfolgte, Aufnahme des A. Schaaffhausenschen Bankvereins, 1914, in die Disconto-Gesellschaft) vollzogen. Die große Fusion war ein Musterbeispiel wirklicher, nicht nur nach außen sogenannter, gegenseitiger geschäftlicher Ergänzung zur Zeit gewaltig gestiegener äußerer Anforderungen: Die Darmstädter Bank brachte ein hochentwickeltes (wenn auch regional nach anderer Richtung ausgestaltetes) Filialsystem, einen großen und auch kostspieligen Apparat, eine besonders hohe Depositenziffer und damit die größere Kapitalkraft ein, die erst durch die vorzüglichen Anlagemöglichkeiten und die sehr guten industriellen Konsortialverbindungen, das große Geschäft und die starken Führerqualitäten auf seiten der Nationalbank ihre volle Ausnutzung fand. So wurde die Vereinigung zu einem der seltenen Fälle einer — trotz äußerlich bedeutenderer Größe der Darmstädter Bank — wirklich paritätischen Fusion. Wie im Geschäftlichen, im Betriebsapparat, so war auch im Persönlichen, in der Unternehmungsleitung, die durch den Zusammenschluß bewirkte Ergänzung eine glückliche: hierin liegt ein Hauptproblem einer jeden und lag ein Hauptwert dieser Assoziation. Führer wie Dr. Hjalmar Schacht und der sehr aktive und ideenreiche Jakob Goldschmidt (der die Fusion vor allem durchführte) kamen von seiten der ungewöhnlich triebkräftigen Nationalbank und gaben der von Georg von Simson geführten Darmstädter Bank neue Stoßkraft.

NORDWESTDEUTSCHE BANK, HINCKE, BÜTHE & MEININGHAUS, BREMERHAVEN (bis 1898)[1]

NORDWESTDEUTSCHE BANK, Kommanditges. a. Akt., BREMERHAVEN, seit 1903 BREMEN[2]) 1898—1906

DEUTSCHE NATIONALBANK *A.-G.*, BREMEN (gegr. 1871)

DEUTSCHE NATIONALBANK Kommanditges. a. Akt., BREMEN. Kapital 28. 2. 14: 33 Mill. M. 1906[3])—1920

NATIONALBANK FÜR DEUTSCHLAND *A.-G.*, BERLIN (gegr. 1881). Kapital am 28. 2. 1914: 90 Mill. M.

NATIONALBANK FÜR DEUTSCHLAND Kommanditges. a. Akt., BERLIN Juli 1920.

BANK FÜR HANDEL U. INDUSTRIE (DARMSTÄDTER BANK), *A.-G.*, BERLIN (gegr. 1853). Kapital am 28. 2. 1914: 160 Mill. M.

DARMSTÄDTER UND NATIONALBANK, BERLIN, Bremen, Darmstadt (November 1921: Bankengemeinschaft) Juli 1922: Kommanditges. a. Akt.

---

[1]) Hincke war noch bis 1927 Geschäftsinhaber der Darmstädter und Nationalbank.

[2]) 1903 bis 1906 „Interessengemeinschaft" und Aufsichtsratsaustausch Nordwestdeutsche Bank — Darmstädter Bank, die 20% des Kapitals des Bremer Hauses besaß.

[3]) Firmenänderung 1906 nach „Übernahme" der Deutschen Nationalbank *A.-G.* durch die Nordwestdeutsche Bank *K. a. A.* (gleiche Methode wie bei den größeren Fusionstransaktionen 1920 und 1922).

In den folgenden Jahren hat sich die „Danat"-Bank durch Erwerbung der Majorität der Danziger Bank für Handel und Gewerbe A.-G. im April 1923 auch auf Danzig ausgedehnt und vor allem durch die im April 1924 in Gemeinschaft mit der Amsterdamschen Bank und anderem ausländischem Kapital von ihr in führender Beteiligung mitbegründete „Internationale Bank te Amsterdam" (s. S. 160) eine ganz vorzügliche Ausweitung ihrer ausländischen Beziehungen erlangt. (Zusammenfassende Darstellung des im Inland heute nur ein paar Kommanditen umfassenden Konzerns auf S. 152 f.). Im Innern ließ sich, über die lokale Bereinigung des Filialenduplums nach der Fusion hinaus, durch entschlossenen Personalabbau (1. 10. 23 bis 31. 12. 26 um fast $^3/_4$) und Schließung von 66 Filialen (heute 116 gegen 182 am 1. 1. 24) für 1926 ein — relativ! — sehr günstiger Unkostenkoeffizient erreichen.

Gleichzeitig wurde die Danatbank zu einem immer bedeutenderen Faktor in der Kapitalversorgung der deutschen Großindustrie und — nach geschickter Überwindung starker Belastungsproben: Linke-Hofmann-Lauchhammer und Caro und vor allem 1925 der gefährlichen Stinnes-Liquidation — in der von ihr mit umfassender kombinatorischer Initiative durchgeführten industriellen Umorganisation und konstruktiven Trustbildung. Ihr Einfluß erfuhr in Verfolg der weitgreifenden industriepolitischen Ziele ihres führenden Kopfes vor allem 1926 eine immer weitere Ausdehnung (sehr aktive Mitwirkung bei der Errichtung des Stahlvereins, bei der sanierenden Zusammenfügung des mitteldeutschen und des oberschlesischen Stahltrusts; darüber hinaus beim internationalen Glühlampenkartell und bei der Petschekschen Expansion; Eindringen in die HAPAG- und Krupp-Verwaltung). So hatte sie denn auch 1926 die weitaus bedeutendste Kreditorensteigerung aller D-Banken und Ende 1926 (mit mehr als dem 5-fachen der Vorkriegsziffern der Darmstädter, Nationalbank, Deutschen Nationalbank und Holstenbank) den höchsten Kreditorenstand aller 7 Berliner Großbanken gemessen an dem von 1913.

Hier steht eine Großbank, von der man sagen kann, daß sie, in Fortführung einer alten Tradition — durch großzügige Konzentrationstätigkeit mit einer Fülle neuer und wichtiger Beziehungen ausgestattet, dank dieser Zusammenschlüsse mit starker Führerinitiative belebt — nächst der Reichsbank stark konjunkturformend zu wirken vermocht hat.

D. DRESDNER BANK.

Seitdem die Dresdner Bank[1]), als sich seit 1871 der Mittelpunkt der deutschen Bankwelt nach Berlin (wo die meisten Groß-

[1]) Im Jahre 1872 aus der Dresdener Privatfirma Michael Kaskel hervor-

banken zunächst Filialen errichteten [1])) verschob, auch ihrerseits 1881 ihr Zentrum von Dresden nach der Reichshauptstadt verlegt hatte, wurde sie, nach der Disconto-Gesellschaft und der gleichzeitig noch machtvoller aufstrebenden Deutschen Bank, dank energischer Lenkung, rasch zu einer der ersten Banken Deutschlands. Sogar die ältere Darmstädter Bank vermochte sie an Bedeutung zu übertreffen, bis ihr dieser Platz seit 1921 von der Darmstädter Bank — wenn auch nicht auf Grund der Bilanzziffern und der Umsatzgröße, so doch infolge deren starker Ausbreitung und äußerst vielseitiger Aktivität [2]) — recht ernstlich wieder streitig gemacht wurde.

Aber auch die Dresdner Bank hat ihre Machtstellung in der Nachkriegszeit ganz erheblich zu erweitern verstanden. Eingeleitet wurden diese Konzentrationen durch die wichtigsten vom Großkonzern der Dresdner Bank überhaupt ausgegangenen Angliederungen, nämlich die Aufnahme der sich, wie es hieß, selbst dazu anbietenden Rheinisch-Westfälischen Disconto-Gesellschaft in Aachen (September/Oktober 1917) mit einem besonders großen Filialnetz im Westen und mit reichen Beziehungen, einer Bank, die daher für die Dresdner Bank organisatorisch dasselbe bedeuten mußte wie die Essener Creditanstalt oder die Rheinische Creditbank im Kreise der Deutschen Bank oder der Schaaffhausensche Bankverein für die übrigens noch bis 1917 an dem Aachener Hause beteiligte Disconto-Gesellschaft. Mit dieser Übernahme gewann die Dresdner Bank gleichzeitig unter mehreren anderen die starke Beteiligung [3]) an der Hardy & Co. G. m. b. H. (Berlin und München), die für sie wegen der besonderen Stellung dieser Gesellschaft in der Industrie von großem Wert wurde. Unmittel-

---

gegangen. Eigenkapitalziffern: 1872: 9,6; 1900: 164; 1910: 260,5; 1924: 100; 1928: 132. — Filialen: 1892: 1, 1900: 11, 1913: 48, 1921: 111, 1927: 86.

[1]) So ging die Darmstädter Bank 1871 von Darmstadt bzw. Frankfurt, die Mitteldeutsche Creditbank 1873 von Frankfurt, die Dresdner Bank 1881 von Dresden, der A. Schaaffhausensche Bankverein 1891 von Köln, die Commerz- und Disconto-Bank 1897 von Hamburg nach Berlin. In den 60er Jahren waren die Disconto-Gesellschaft und die Berliner Handelsgesellschaft die einzigen großen Aktienbanken am Berliner Platze und auch die letztere noch stark abhängig von den großen Privathäusern, ihren Gründern, die das Feld beherrschten.

[2]) 1926 und 1927 bei der Danatbank höherer Roh- und Reingewinn ausgewiesen.

[3]) Die Dresdner Bank besitzt bei Hardy & Co., die an führender Stelle im Aufsichtsrat der Dresdner Bank vertreten ist und im April 1926 dessen Vorsitz übernahm, die Hauptbeteiligung: 25%; ihr Einfluß wurde später (1921) durch die u. a. hinzutretende Bayrische Hypotheken- und Wechselbank und den Barmer Bankverein eingeschränkt, vgl. S. 157. — Hardy ist Konsortialführerin bei Kapitalserhöhungen der Dresdner Bank, wie S. Bleichröder bei der Disconto-Gesellschaft. Hier liegt ein Fall vor, in dem sich das ursprüngliche, einseitige Beteiligungsverhältnis, ganz abgesehen von den ins Portefeuille von Hardy & Co. gelangten Dresdner Bank-Aktien, durchaus in ein Koordinationsverhältnis gewandelt hat.

bar darauf gliederte sich die Dresdner Bank die ihr seit 1903 nahestehende und bereits von ihr kontrollierte Märkische Bank in Bochum an. — Welche Bedeutung diese Ausbreitung hatte, geht daraus hervor, daß die Rhein.-Westf. Disconto-Gesellschaft (1914!) ein Aktienkapital von 95, die Märkische Bank dazu ein solches von 10 Mill., zur gleichen Zeit die Essener Creditanstalt und die Rheinische Creditbank (Gruppe der Deutschen Bank) ein solches von 90 bzw. 95 und der Barmer Bankverein (damals in der Disconto-Gruppe) von 92,5 Mill. M. besaßen.

Nachdem die Dresdner Bank durch diese beiden Transaktionen eine ganz besonders weitgreifende Ausdehnung im Westen (29 neue Filialen!) erfahren hatte, ließ sie, namentlich in den Jahren 1918—20, zahlreiche weitere Übernahmen von Provinzbanken und -bankgeschäften, weitere Sicherung ihres Einflusses durch neue Beteiligungen, folgen.

Nachdem Danzig infolge seiner politischen Isolierung und Internationalisierung eine im Weltverkehr veränderte Stellung erhalten hatte, stellte auch die Dresdner Bank dort ihren Einfluß sicher, indem sie sich (März 21) an dem Bankhause Meyer & Gelhorn beteiligte, das bald darauf in der Danziger Kreditanstalt aufging, die die Dresdner Bank gegründet hatte und die sie auf Grund einer 85%igen Kapitalbeteiligung im Juni 1924 als Filiale in sich aufnahm.

Später entwickelte sie auch im Ausland eine rege, auf die Wiederherstellung und Neuanknüpfung wichtiger Beziehungen gerichtete Tätigkeit, indem sie 1920 in Bukarest eine Filiale eröffnete, im Mai 1922 der Unionbank in Wien durch Beteiligung nähertrat[1]), im April 1922 zu dem Tschecho-Slowakischen Bankverein A. G. (Berlin-Dresden-Hamburg) in Beziehungen trat, der damals durch weitgehenden Aktienbesitz tschechoslowakische Banken kontrollierte und durch maßgebende Beteiligung seitens der Dresdner und namentlich deren Deutscher Orientbank auf einige Jahre (jetzt J. Michael gehörig) in den Kreis der Dresdner Bank eingeschoben wurde, und durch die Deutsche Orientbank A.-G. im Oktober 1924, unter Übernahme der Filialen der Banque de la Seine, Paris, in Galatha und Stambul, in Konstantinopel, 1925 in Smyrna, 1926 in Kairo (an der Filiale Kairo ist englisches Kapital beteiligt, namentlich Hambros Bank) und Alexandria Filialen errichtete.

Auch in Übersee ließ sie ihre Beziehungen zu Latein-Amerika 1924 vermittels der ihr und, wie die Orientbank, auch der Danatbank gehörenden Deutsch-Südamerikanischen Bank[2])

[1]) Die Unionbank wurde seit Mai 1922 vom Syndikat Dresdner Bank — Castiglioni-Banca Commerciale Italiana beherrscht, bis es im März 1923 von Sigmund Bosel herausgedrängt wurde.

[2]) ca. 56 % des Aktienkapitals gehören der Dresdner Bank.

wieder aufleben und beteiligte sich im Februar 1924 durch ihr holländisches Haus, Proehl & Gutmann (1919 als Vertretung errichtet, 1921 auch formell kommanditiert), in Amsterdam an der Gründung der dortigen Internationalen Kredit Cie. (vgl. S. 159).

Eine ungewöhnlich starke Initiative entwickelte die Dresdner Bank in letzter Zeit im internationalen Geschäft. Es kann keinem Zweifel unterliegen, daß ihre westwärts gerichtete Aktivität im engen Zusammenhang mit dem Abschluß der Internationalen Rohstahlgemeinschaft (Sitz in Luxemburg) steht, der den beiden folgenden Transaktionen zeitlich unmittelbar voranging. Zunächst trat die Dresdner Bank in die Internationale Bank in Luxemburg ein, eine Vorkriegsgründung deutscher, bis 1919 beteiligter Banken und Bankiers, die Bank der ARBED, deren Vorsitzender Mayrisch Präsident des Rohstahlkartells war. Im Oktober 1926 übernahm die Dresdner Bank $^1/_3$ der Vorzugsaktien und trat dadurch in engeren Konnex zu der Banque de Bruxelles und der Banque de l'Union Parisienne[1]). Mit der letzteren und der Société Générale de Belgique trat sie im Oktober/November 1926 (ihrerseits als deutsche Spitzenbank) der von J. H. Schröder (New York und London) und Blyth-Witter & Co. (New York) begründeten American, British and Continental Corp. („ABC-Trust") bei und verstärkte im November 1926 auch ihren Anteilsbesitz bei der Rigaischen Internationalen Bank auf 20%, wodurch sie dort neben mitbeteiligten deutschen und amerikanischen Häusern die stärkstbeteiligte Gesellschafterin wurde.

Durch zahlreiche hin- und herlaufende Fäden ist sie heute direkt und indirekt in gemeinsamen Interessen mit der Société Générale de Belgique in Brüssel (Vice-gouverneur E. Francqui[2]); Jadot[3])), der Banque de l'Union Parisienne in Paris (Président Ch. Sergent[4]); François Marsal)[5]), der Banque de

ca. 44% der Danatbank. An der Deutschen Orientbank dagegen ist neben der führenden und ganz überwiegend hauptbeteiligten Dresdner Bank und der Danatbank als weiteren Großaktionärin noch eine Reihe anderer Banken und Bankhäuser beteiligt.

[1]) Die Internationale Bank beteiligte sich bald darauf bereits an der Kapitalserhöhung der Dresdner Bank.

[2]) Mitglied der Dawes-Kommission; früher belgisches Mitglied des Generalrats der Deutschen Reichsbank.

[3]) Mitglied des Verwaltungsrats der Deutschen Reichsbahngesellschaft.

[4]) Französisches Mitglied des Generalrats der Reichsbank.

[5]) Auch starke Ölinteressen. Beteiligung an der Errichtung der Cie. Générale Financière de Tabacs, Basel, einer internationalen Tabakfinanzierungsgesellschaft (November 1926; Direktion in Brüssel) zusammen mit der Dresdner Bank, der Société Générale de Belgique, dem Wiener Bankverein, der Basler Handelsbank und anderen.

Bruxelles, mit J. Henry Schröder (London)[1], Schneider-Creusot[2], dem Wiener Bankverein[3]) und der Basler Handelsbank[4]) verbunden.

So sehen wir in der Dresdner Bank auch heute noch die hochbedeutende und sehr einflußreiche, im Konzentrationsprozeß der letzten Jahre stark — wenn auch nicht ganz so intensiv und andauernd, wie es bei den drei anderen D-Banken geschah — vergrößerte, in der großen und besonders in der mittleren und kleineren Industrie hervorragend vertretene, auch der Landwirtschaft eng verbundene Großbank. — Vgl. Konzerndarstellung S. 153f..

E. COMMERZ- & PRIVATBANK.

Mit der Commerz- und Privatbank biegt unsere Darstellung von den ganz großen Bankkonzernen, die heute in Deutschland, jeder von der anderen scharf getrennt und auf absehbare Zukunft jedem von außen her kommenden Zugriff durch Konzentration entzogen, Herrscherstellung einnehmen, ab. Wir kommen nun zu den übrigen Großbanken, die auch ihrerseits dank energischer Angliederungstätigkeit in der Nachkriegszeit, heute und für noch lange Zeit von anderen Banken unbeeinflußt, als achtunggebietende Mächte dastehen; die aber, von minderem Gewicht als die bisher betrachteten Konzerne, bei dem seit 1914 als möglich beobachteten quantitativen Umfange einzelner Angliederungen, an und für sich als nicht unangreifbar erscheinen müssen.

Wie die Darmstädter und Nationalbank ging auch die Commerz- und Privatbank (Sitz Berlin und Hamburg) unter einem anderen Namen in den Konzentrationsprozeß hinein, als sie aus ihm hervorgegangen ist. Gerade sie schuf sich in der Nachkriegszeit einen außerordentlich großen Konzern, dessen Leitung eine besonders große Ausdehnungsfreudigkeit zeigte. Mit zunehmender Inflation nahm auch die Ausbreitung der Gesellschaft, die nunmehr ganz und gar aus ihrer lokalen Begrenztheit heraustrat, zu:

Nachdem sie sich noch als „Commerz- und Disconto-Bank" einige größere Institute[5]) angegliedert hatte, vollzog sie die in ihrer Geschichte größte Fusion mit der Aufnahme der Mittel-

---

[1]) Konsortialführer bem ABC-Trust; zusammen u. a. mit der Dresdner Bank beteiligt an der Gründung der Société Technique et Financière pour l'Utilisation des Prestations en Nature, Paris (Dezember 1926), einer Bank für Vorfinanzierung von Reparationssachlieferungen, insbesondere von Bauaufträgen.

[2]) Steht u. a. der Banque de l'Union Parisienne (s. oben) und der ARBED nahe.

[3]) direkt und auch über die Société Générale de Belgique, deren Beteiligung am Wiener Bankverein die Dresdner Bank wohl vermittelte.

[4]) Gegenseitige Beteiligung mit dem Wiener Bankverein.

[5]) Unter ihnen ragen u. a. Bankverein Gelsenkirchen (1918) und G. v. Pachaly's Enkel (gegr. 1679), Breslau, (Mai 1920) hervor.

deutschen Privatbank A.-G. (Magdeburg, mit 90 Niederlassungen!) April/Juni 1920 — das übernommene Bankinstitut, bedeutungsvoll vor allem durch Kali- und Zuckerinteressen, hatte bei Kriegsausbruch ein Aktienkapital von 60 Mill. (+ 8,4 Mill. M. Reserven), während die Commerz- und Disconto-Bank 85 Mill. (+ 14 Mill. Reserven) besaß — und änderte infolgedessen ihre Firma in „Commerz- und Privatbank A.-G." um.

Nachdem im Jahre 1921 9 Banken — meist in der Provinz — zum Teil unter Verschmelzung mit der am Platze befindlichen Filiale, meist aber zum Zwecke der Filialneuerrichtung, übernommen worden waren, gliederte sich die Commerz- und Privatbank im November 1922, als vor allem durch die nun erst recht eigentlich hereinbrechende Inflation unmittelbar dringender Anlaß gegeben war, 6 ihrer Konzernbanken auf einmal durch Vollfusion an; daher verfügt die Commerz- und Privatbank heute fast gar nicht mehr über einen eigentlichen Konzern (von Beteiligungen), sondern stellt zentralisiert die filialreichste der Großbanken dar.

Die von dieser mit systematischer Planmäßigkeit durchgeführten Aufnahmefolge betroffenen Provinzbanken waren: der — seit Ende 1917 durch „Interessengemeinschaft" und 50%igen Aktienbesitz bereits beherrschte — Chemnitzer Bankverein mit Löbauer Bank und der Vogtländischen Kreditanstalt, der Hessische Bankverein, der Bankverein Göttingen und die Thüringische Landesbank A.-G., 1923 folgte der Freiberger Bankverein; das brachte einen Zuwachs von nicht weniger als 117 Filialen. Im Mai 1923 wurde die Kapitalmehrheit der Mitteldeutschen Bodenkreditanstalt in Greiz, einer kleinen Hypothekenbank, nach bedingtem Umtauschangebot an deren Aktionäre erworben, aber nach eingetretener Stabilisierung im Sommer 1924 wieder an den Michael-Konzern (vgl. S. 118) abgegeben, wie auch gleichzeitig die durch Erwerb der Aktienmajorität („Interessenvertrag") 1923 verbundene Preußische Hypotheken-Aktienbank in Berlin wieder[1]) verkauft wurde (vgl. S. 118). Ebenso schloß die Commerz- und Privatbank bereits 1923 in einer ihr später sehr zustatten gekommenen Voraussicht etwa 50 unrentabel gewordene kleinere Geschäftsstellen, nachdem sie sich also anscheinend — vgl. Barmer Bankverein — in allzu unorganischer Ausbreitungstätigkeit etwas über ihre Kräfte bestätigt hatte.

Am außerordentlich erweiterten Geschäft des Jahres 1926 nahm die Commerzbank mit einer Aktivität teil, die fast der der

[1]) Zunächst an die Brüder Barmat. Seit Januar 1925 unter Kontrolle der Gruppe Dr. Regendanz (Deutsche Unionbank, Berlin) bzw. heute der Swedish-American Investment Corporation des Schwedischen Zündholztrusts.

Danatbank gleichkam (Deutsche Bank und Disconto-Gesellschaft begannen seit 1924 relativ bedeutend langsamer als die beiden genannten Banken), erhöhte im gleichen Jahre ihren Personalbestand wieder bedeutend, eröffnete sogar einige Filialen neu (zum Teil durch Übernahme) und beteiligte sich Anfang 1927 mit etwa 25% an der bis dahin der Deutschen Bank nahestehenden Plauener Bank.

Heute stellt die Commerz- und Privatbank einen in rascher Entwicklung unter völliger Veränderung des Charakters seiner betrieblichen Struktur [1]) zu sehr bedeutender Größe herangewachsenen Bankkomplex dar, der auch in der Großindustrie über wichtige Verbindungen und einen ganz erheblichen Einfluß auf erste Werke [2]), daneben auch über gute finanzielle Beziehungen zu Amsterdam, London und New York verfügt. Vor dem Kriege noch durchaus erst Mittelbank, zählt sie nunmehr zu den führenden Großbanken. (Eigenkapital ca. 94 Mill. M.)

F. BERLINER HANDELSGESELLSCHAFT.

Die Berliner Handelsgesellschaft zählt, obwohl von ganz anderer Struktur als die übrigen ausschlaggebenden Großbanken, mit zu den allerersten Häusern Deutschlands und ist in der Großindustrie, wo sie es an Einfluß z. B. mit der Commerz- und Privatbank weitgehend aufnehmen kann, ein Faktor von gar nicht zu überschätzender Bedeutung. Die vor allem dank der stetigen und klugen Politik Carl Fürstenbergs, ihres Führers seit 45 Jahren, auf denkbar festem Boden stehende erstklassige Bank (sie arbeitete, zum Unterschied von jeder anderen deutschen Bank, von *1908* bis *1924* mit einem unveränderten Kapital von 110 Mill. M., das erst nach der Stabilisierung — 5 : 1 — auf 22 Mill. M. umgestellt wurde!) nahm bekanntlich seit je eine Sonderstellung ein und zwar nach außen hin namentlich dadurch, daß sie außer einigen, die notwendigsten Verbindungslinien herstellenden Kommanditen keinerlei Filialen [3]) oder von ihr direkt beherrschte Konzernbanken besitzt und daher ihr gesamtes Kapital im Dienste eines ausgewählten Kundenkreises und mit den Mitteln sehr großer Deponenten aus Großindustrie und Großhandel zentralisiert verwenden und ganz auf ihre Betätigung in einigen ganz großen (und nicht in vielen mittelgroßen) Geschäften konzentrieren kann.

Treffend sagt Pinner (Deutsche Wirtschaftsführer, S. 172 f.) über diese der Politik aller anderen Großbanken entgegenlaufende Taktik der Handelsgesellschaft und ihres Senior-

---

[1]) 1913: 8; 1. 1. 1924: 246 Filialen!

[2]) Unter anderem in der Bier-, Elektrizitäts- und Kaliindustrie!

[3]) Im Gegensatz zur Handelsgesellschaft ging die andere zentralistisch organisierte Großbank, die Nationalbank für Deutschland, 1920 erstmalig vom Zentral- zum extensiven Filialsystem über.

chefs: „Private Banken und Bankhäuser in der Provinz, die ihre Selbständigkeit und Eigenart gegenüber den überall andrängenden Aufsaugungstendenzen der großen Depositenbanken bewahren wollten, fanden für ihre notwendigen Beziehungen zu dem zentralen hauptstädtischen Geld- und Effektenmarkt die gegebene Vermittlung in der Berliner Handelsgesellschaft Carl Fürstenbergs. Bei ihm waren sie sicher, ohne Fusionshintergedanken anständig behandelt, nicht langsam und unmerklich in ein Netz liebenswürdig gesponnener Abhängigkeiten hineinkomplimentiert zu werden, dessen Schlinge dann in einem Augenblick brutal zugezogen wurde, wo ihnen die Freiheit des Handelns verloren gegangen war." (Pinners Charakterisierung umschreibt übrigens damit auch die Stellung der Reichskreditgesellschaft; s. oben!).

Seit Mitte der 1890er Jahre ist sie die Bankverbindung und finanzielle Beraterin der AEG[1]) — deren Walther Rathenau sogar eine Zeitlang (1902—1907) Geschäftsinhaber der Handelsgesellschaft war —, wie es für den Siemensschen Elektrokonzern die Deutsche Bank — deren einstiger Führer und eigentlicher Schöpfer Georg von Siemens ein Verwandter Werner von Siemens' gewesen ist — stets war und ist.

Wie die Berliner Handelsgesellschaft an der Allgemeinen Elektrizitäts-Gesellschaft gewachsen ist, so ist auch die AEG mit durch die finanzielle Beratung und Vermittlung der Handelsgesellschaft so sehr groß geworden. Fast überall, wo die AEG ein Unternehmen beherrscht, da ist die Handelsgesellschaft in der Verwaltung verteten; das heißt heute, daß der Einfluß der Handelsgesellschaft dem einer jeden der 4 D-Banken quantitativ zwar, an Wert aber um relativ nicht allzu viel nachsteht. Vielfach sitzen AEG und Handelsgesellschaft nebeneinander im Aufsichtsrat dritter Unternehmungen, oft aber auch die Handelsgesellschaft für die AEG; so z. B. im Metallbank-Aufsichtsrat Dr. Jeidels (von der Handelsgesellschaft) als Nachfolger der verstorbenen Emil und Walther Rathenau. Die sehr nahen Beziehungen durchkreuzen einander:

Dr. Walther Rathenau: 1899—1902 Vorstandsmitglied, 1904—22 Mitglied, 1912—21 Vorsitzender des Aufsichtsrats der AEG; 1902—07 Geschäftsinhaber, 1908—21 Mitglied, 1915 (als Nachfolger Emil Rathenaus) bis 1921 Vorsitzender des Aufsichtsrats der Handelsgesellschaft, in

[1]) in deren Konsortium sie im Jahre 1888 eintrat. Hier ist die Identifizierung einer Bank mit den Interessen eines Industriezweiges am stärksten, wenn auch keineswegs von ausschließlicher Einseitigkeit; ähnlich, wenn auch wohl nicht so eng, ist die Beziehung des Spritkonzerns zu seinen Freunden (Eugen Landau — Sobernheim) und deren Banken.

welchem Amte ihm 1922 Felix Deutsch (Vorsitzender des Vorstandes der AEG) folgte.

Carl Fürstenberg: seit 1883 Geschäftsinhaber der Handelsgesellschaft, 1888 Mitglied, seit 1922 Vorsitzender des Aufsichtsrats der AEG.

Walter Merton vom Metallbankkonzern (vgl. das oben über Dr. Jeidels Gesagte!): 1911—13 Geschäftsinhaber, seither Aufsichtsratsmitglied der Berliner Handelsgesellschaft.

Es bedeutete deshalb auch keinen größeren tatsächlichen Unterschied, daß Walther Rathenau 1902 aus der AEG-Leitung in die der (nach 1901!) geschwächten Handelsgesellschaft übertrat. Er reorganisierte für die Handelsgesellschaft einen großen Teil ihrer Industrieunternehmungen, blieb aber gleichzeitig Leiter der Züricher Elektrobank und führte u. a. 1903 und 1904 die große Fusion der Loeweschen „Union-Elektrizitätsgesellschaft" mit der AEG, der er sehr nahe blieb, durch.

Auch in der Inflationsperiode wich die Berliner Handelsgesellschaft von ihrer prinzipiellen Isoliertheit nur wenig ab: im März 1917 beteiligte sie sich an der Danziger Privat-Aktienbank[1]) (in deren Aufsichtsrat sie durch zwei ihrer Inhaber vertreten ist), um auch ihrerseits sich den Einfluß in dem nun exponierten und von erhöhter Wichtigkeit gewordenen Danzig zu fundamentieren, verdoppelte von 1919 auf 20 ihre dauernden Beteiligungen bei Bankhäusern und Banken, vergrößerte sich in Berlin durch die Übernahme des Kapitals des Bankhauses William Rosenheim & Co. (Juni 1920) und beteiligte sich 1921 an dem größten Bremer Hause, der J. F. Schroeder Bank K. a. A. (einer neuestens besonders aktiven[2]) Industrialbank mit großem, für die Berliner Handelsgesellschaft wichtigem Remboursgeschäft und sehr weitgehendem Einfluß: bereits 1925 in über 100 Gesellschaften Aufsichtsratsmandate).

Da brach über Nacht Stinnes in die Berliner Handelsgesellschaft ein und riß einen großen Teil des bisher unberührten Aktienkommanditkapitals an sich.

Und das kam so: Eines Tages hatte sich ein internationaler Börsenjongleur und Spekulant gewöhnlichster Art, Emil Cyprut, ein Mann von irgend wo aus der rumänisch-ungarischen Grenzgegend, 35000 Stück (=31,8%) der Kommanditanteile — vermittels des Berliner Bankhauses Hauer, Würzburger & Co. — gekauft und wandte sich, als er das Paket bei

---

[1]) Die Frankfurter Zeitung (v. 1. 4. 27) bezweifelt wohl irrtümlich das Fortbestehen dieses Interesses.

[2]) S. S. 50! J. F. Schroeder gehört auch der Verwaltung des deutschen Linoleumtrusts führend an; Zusammenwirken der Berliner Handelsgesellschaft mit J. F. Schroeder bei der Bremen-Hamburger Werfttransaktion.

tschechischen Banken (da Cyprut ihnen die angestrebten Aufsichtsratssitze naturgemäß nicht garantieren konnte) und bei Carl Fürstenberg selbst [1]) nicht hatte loswerden können, an Stinnes, und Stinnes griff rasch zu und erwarb den Posten für die damals — es war im Oktober 1922 — nicht geringe Summe von 1 Milliarde M. „Herr Emil Cyprut kam, Herr Carl Fürstenberg sah und Herr Hugo Stinnes siegte".

Man schätzte den Stinnesschen Aktienbesitz bei der Handelsgesellschaft nach der in den folgenden Jahren von ihm durchgeführten Erweiterung auf mindestens 40 000 Stück (36,4%), zuletzt noch auf etwa $7^1/_2$ Mill. M. = 34% des Kapitals.

Zwischen Fürstenberg und Stinnes persönlich kam in der Folgezeit eine Art von Übereinkunft zustande: Auf Grund einer sogenannten freundschaftlichen Einigung entsandte die Hugo Stinnes G. m. b. H. zwei Vertreter in den Aufsichtsrat (die — etwa zusammen mit W. Baare von dem der Rheinelbe-Union angehörenden Bochumer Verein oder auch dem dem Vögler-Kirdorf-Kreise nahestehenden [2]) Müser, dem Aufsichtsratsvorsitzenden der Harpener Bergbau-A.-G. — in dem 28 Mitglieder umfassenden Aufsichtsrat, wenn sich die Gelegenheit geboten und das Veto des eigenwilligen Seniorchefs hätte überwinden lassen, mit ihrer sehr starken Sperrminorität auch gegenüber dem geschlossenen Verwaltungspaket doch einigen Einfluß hätten ausüben können).

So sehen wir in dem Geschick der Berliner Handelsgesellschaft wie in dem des Barmer Bankvereins zwei interessante Formtypen des allgemeinen Konzentrationsprozesses der Nachkriegszeit, verschieden nach Entstehung und Wirkungsweise: Zuerst bei der Berliner Handelsgesellschaft der plötzliche Einbruch des Industriegewaltigen, dem das bedeutende Ansehen, das Fürstenberg in englischen und amerikanischen Finanzkreisen genießt, und das ganz besonders große Auslandsgeschäft der Handelsgesellschaft [3]) für seine Außenhandelsorganisationen wohl erwünscht sein mochte, überraschend, ein durch nichts (als das durch das systematische Aufkaufen verursachte Steigen der Kurse der Anteile) angekündigter Schlag gegen die Bank von Stinnes' damals — nachdem er sich des Siemenskonzerns versichert hatte — noch einzigem,

---

[1]) Vgl. „Bank" 1922, S. 834 f.; Pinner a. a. O., S. 177.

[2]) Er war u. a. stellvertretender Aufsichtsratsvorsitzender des Bochumer Vereins.

[3]) Die General Electric Co. of New York (vor dem Kriege und jetzt wieder seit 1924 in enger vertraglicher Arbeitsgemeinschaft mit der auch dem New Yorker Bankhause Kuhn, Loeb & Co. persönlich nahestehenden AEG, von deren 1925 bei der National City Co. aufgenommener Anleihe sie übrigens einen beträchtlichen Posten für ihren Beamtenpensionsfonds erwarb) soll später einen Teil des vormals Stinnesschen Besitzes an Kommanditanteilen der Handelsgesellschaft übernommen haben.

ernstlichen und größten Rivalen, der AEG, die sich plötzlich gerade hier Stinnes gegenübersehen mußte! Beim Barmer Bankverein war es dagegen der seit langem vorbereitete, auf Vertrag zwischen den beiden Beteiligten — ohne Vermittlung eines unbekannten Dritten — beruhende, gewollte Erwerb von Aktien, der zuletzt sogar zum Zwecke der notwendigen Sanierung nicht unerwünscht war. Mit der Überrumpelung der viel größeren Berliner Handelsgesellschaft schien der gewaltige Konzern der AEG an entscheidender Stelle seines Einflusses empfindlich getroffen, ohne daß er allerdings seinen ausschlaggebenden Einfluß praktisch eingebüßt hätte. Auch weiterhin hätten bei der Handelsgesellschaft nur die ganz Großen — und daraus resultiert die exzeptionelle, der Filialen (nicht aber der Beteiligungen) entbehrende Struktur des Instituts [1]) — ihre Geschäfte gemacht. Jetzt aber trat zu diesen, wie früher gewollt die AEG, von der Bank ungewollt Hugo Stinnes als Großaktionär hinzu.

Die übrigen Berliner Großbanken packte — es war der erste und gleichzeitig kräftigste Schlag dieser Art, noch vor dem Barmer Bankverein und den anderen — bleiches Entsetzen; in einer „unter dem frischen Eindruck des Schicksals der Berliner Handelsgesellschaft" in das Haus der Deutschen Bank einberufenen Konferenz wurde unter Ablehnung der wegen der Rivalität für unmöglich erachteten gegenseitigen aktienmäßigen Beteiligung die Schaffung von Vorzugsaktien zum Schutz gegen Überfremdung [2]) beschlossen. — Der Stinnessche Zusammenbruch gab auch der Handelsgesellschaft im Juli 1925 die freie Verfügung über die (zuletzt von ihr selbst lombardierten) Anteile zurück. — Die

G. MITTELDEUTSCHE CREDITBANK,

die bisher immer alle Fusionsanregungen von Berliner Großbankseite ablehnte, verfügt, obgleich an Umfang weit hinter den großen Provinzinstituten zurückstehend (1914: 60 Mill. M. Aktienkapital), auch dank mehrfacher neuer Niederlassungen in ersten Großstädten und verschiedener Übernahmen in der Nachkriegszeit [3]), über einen Einflußkreis von recht bedeutender Ausdehnung und, wenn auch nicht über selbständige Beziehungen zum Auslande (zum Unterschied von allen anderen Großbanken), so doch über vorzügliche

[1]) Die stark privatbankähnliche Stellung der Handelsgesellschaft zeigt sich noch heute in dem beharrlichen Widerstand gegen Publizität (Zweimonatsbilanzen) und auch in der starken Bindung eines Aktienpaketes in Verwaltungs- und Freundeshand.

[2]) Beschluß der Solidarität gegen die Bedrohung der Selbständigkeit durch Ausland und Industrie. Schon 1921 hatten mehrere Großbanken Vorratsaktien geschaffen; 1924 fast überall wieder eingezogen.

[3]) 1916, 17, 18, 19, 20, 21 je eine Übernahme in der Provinz: „Die Mitteldeutsche Creditbank ... zeichnet sich besonders dadurch aus, daß sie sich möglichst von Geschäftsausdehnung ... der Inflationsperiode fernhält" (Plutus XXI, Nr. 12). 1913: 19, 1920/22: 37, 1. 1. 24: 29, zurzeit 21 Zweigniederlassungen.

Verbindungen mit der Industrie (Bier-Spritkonzern, Röchling-Buderus, Beer Sondheimer, Ilse).

Eines Tages zeigte es sich, daß der bereits mehrfach erwähnte Jacob Michael (der, vom Metall- und Chemikalienhandel ausgehend, deshalb zum weit und breit interessierten Finanzmann wurde, weil er in der allgemeinen Kapitalnot 1924 Monate hindurch als einer der größten Geldgeber an der Berliner Börse auftreten konnte) ein Aktienpaket von etwa 12% der mit einem sehr starken Substanzverlust aus der Inflation hervorgegangenen Mitteldeutschen Creditbank besaß. Heftige Kämpfe in der Generalversammlung, die eine nicht zum Ziel gelangte Nichtigkeitsklage Michaels gegen die Vorzugsaktien zur Folge hatten, ließen jedoch energischsten Widerstand der Verwaltung und die Unmöglichkeit praktischer Ausnutzung des Einflusses erkennen und veranlaßten Michael endlich im Dezember 1924, seine Aktienbeteiligung an Verwaltungskreise der Bank wieder abzustößen.

Ende 1925 und Anfang 1926 wurden die letzten dauernden Beteiligungen an Kreditbanken (Bank für Thüringen vorm. B. M. Strupp, Meiningen, s. oben) aufgegeben; wichtig und fruchtbar aber sind die engen Beziehungen zu der großen Gemeinschaftsgruppe Deutscher Hypothekenbanken.

---

2. Die größten Privatbankhäuser Deutschlands, die bisher als älteste, hochangesehene Firmen in der Bankwelt in stolzer splendid isolation dastanden, sind — ein Fazit, das man heute ziehen kann — aktiv oder passiv gleichfalls in den Kapitalkonzentrationsprozeß hineingezogen, sind in irgendeiner Form — sei es seit Kriegsende, sei es schon länger — fast ein jedes an ihm beteiligt. Ein rascher Blick über die irgendwie bedeutenden, über einen mehr als lokalen Einfluß verfügenden Großbankiers zeigt: Mendelssohn und Bleichröder haben aktiv eingegriffen, Warburg ist mit amerikanischem Bankkapital verschwägert, Lazard Speyer-Ellissen steht darüber hinaus auch der Deutschen Bank, Sal. Oppenheim jr. & Cie. und A. Levy-Köln der Disconto-Gesellschaft wenigstens freundschaftlich nahe, bei Delbrück Schickler & Co. war zeitweilig holländisches Kapital und ist dauernd der Merton'sche Metallbankkonzern interessiert (vgl. S. 158f.), Jacob S. H. Stern (Frankfurt a. Main) beteiligte sich 1921 neben anderen bei dem Berlin-Münchener Hause Hardy & Co. (der Kommandite der Dresdner Bank) usw. usw.

A. MENDELSSOHN & CO.

Das größte und erste deutsche Privatbankhaus, der Berliner Rothschild, als den man ihn heute bezeichnen kann, ist zweifellos

Mendelssohn & Co., („der größte private Geldkapitalbesitzer Deutschlands“, wie Liefmann [1]) vor dem Kriege ihn nannte; während der Inflationsepoche mußte man hinzufügen: im Banken- und Bankiergewerbe). Mendelssohn & Co. folgten dem Beispiel der geographisch, regional, reich gegliederten Großbankkonzerne, als sie im März 1922 unter Erwerb eines Aktienpaketes mit der Bayerischen Vereinsbank, der in ihrem Kreise und über Bayern hinaus bedeutenden Großbank [2]), eine als „dauerndes Freundschaftsverhältnis“ bezeichnete „Interessengemeinschaft“ abschlossen und zwei ihrer Teilhaber in den Aufsichtsrat dieser zweitgrößten bayrischen Bank entsandten.

Für die Bayerische Vereinsbank war es wertvoll, daß sie — als Entgelt für die Aufgabe ihrer absoluten Souveränität — als Kommanditistin in je eine zum Mendelssohn-Konzern gehörende Wiener und Amsterdamer Gesellschaft eintreten (während ein Eintritt in das Berliner Stammhaus selbstverständlich nicht in Frage kam), vor allem aber, daß sie wertvolle neue Beziehungen zur Berliner Börse anknüpfen konnte und daß ihr der Kredit und der Name der ersten deutschen Privatbankfirma zur Seite steht. Mendelssohn gewann seinerseits einen erheblichen geschäftlichen Einfluß auf ein in Süddeutschland stark fundiertes und mit zahlreichen österreichischen Provinzinstituten eng alliiertes großes Haus, das in der Nachkriegszeit — namentlich durch die Angliederung der Bankabteilungen der Bayerischen Handelsbank und der Vereinsbank in Nürnberg und die gleichzeitige Übernahme der Filialen der Bayerischen Handelsbank (März 1921) — eine sehr lebhafte Konzentrationstätigkeit entfaltet hatte (vgl. S. 156) und außerdem u. a. vor allem durch seine Stellung im Siemensschen Elektro-Konzern und auch im jüngst gegründeten westlichen Montantrust von erheblichem Einfluß ist [3]). Profitiert die Bayerische Vereinsbank von den ausgezeichneten internationalen Geschäftsbeziehungen Mendelssohns, so bekam dieser dafür eine Reihe wertvoller Bank- und namentlich Industriebeziehungen (seither zahlreiche gemeinsame Emissionen).

Ein Haupttätigkeitsfeld Mendelssohns, der namentlich im Außenhandel und in der Emission von Anleihen arbeitet, ist Holland. Dort gründete er im September 1920 unter Übernahme des Bankgeschäftes von Dr. Fritz Mannheimer (in das die Teilhaber von Mendelssohn & Co., Berlin, im Februar 1920 eingetreten waren) die Mendelssohn & Co., Kommanditgesellschaft

---

[1]) Beteiligungs- und Finanzierungsgesellschaften, 3. Aufl., S. 294.

[2]) Vorher (noch nach dem Kriege) der Deutschen Bank nahestehend; auch dieses eine Etappe der provinziellen Emanzipation von den D-Banken.

[3]) Aufsichtsratsvorsitz in der Elektr. A.-G. vorm. Schuckert & Co. (Nürnberg), stellvertr. Vorsitz in den Siemens-Schuckert-Werken, Sitz bei der Siemens & Halske A.-G. und dadurch bei Gelsenkirchen und im Stahlverein.

auf Aktien, Amsterdam (in Inhaberunion mit dem Berliner Stammhause), und bald darauf durch diese in Gemeinschaft mit Kleinwort Sons & Co., London, mit denen er auch sonst häufig und eng konsortialiter zusammenarbeitet, die Maatschappij voor Bank- en Handelsondernemingen in Amsterdam. Auch an der Gründung der Internationalen Kredit Cie. dort (Februar 1924) war Mendelssohn hervorragend beteiligt, steht auch noch anderen holländischen Handelsbanken nahe und führt neuerdings seine großen internationalen Anleihegeschäfte mit einem, wie es scheint, permanenten Konsortium niederländischer Banken (Nederlandsche Handel Mij., Pierson & Co., R. Mees & Zoonen). Seine engen Beziehungen gehen also sowohl nach London wie nach Wien, wo er seit *1922* ein bedeutendes Tochterhaus (Kux, Bloch & Co.) unterhält, reichen von dort bis Budapest (Ungarische Allgemeine Kreditbank) und haben ihre stärksten Stützen in München und vor allem in Amsterdam. Und das überwiegend erst seit Kriegsende! Mendelssohn hat sich nicht nur erhalten, sondern ist eines der wenigen Privatbankhäuser, die einen außerordentlichen Aufschwung genommen haben (vgl. S. 155f.).

B. M. M. WARBURG & CO.,

das alte, hoch angesehene Hamburger Haus (gegründet 1798), das in Industrie- und Bankwelt von hervorragender Bedeutung ist, arbeiten, ohne überhaupt in Deutschland einen Konzern zu bilden, — sie besitzen nicht nur keine Filiale, sondern auch nicht einmal irgendeine Kommandite — als wichtige Mittler zwischen Deutschland und Amerika (wozu sie als Hamburger Firma doppelt geeignet sind). Dabei ist von ausschlaggebender Bedeutung, daß Warburg in New York in der International Acceptance Bank ein aufs engste liiertes Institut zur Verfügung steht und sie daneben auch mit einem der nach J. P. Morgan & Co. größten amerikanischen Bankhäuser, Kuhn, Loeb & Co., durch Einheirat verbunden sind:

Paul M. Warburg (1894 Schwiegersohn Salomon Loebs), 1895 Chef in Hamburg, besuchte bis 1902 alljährlich das New Yorker Haus, in dem er 1902 (neben Otto H. Kahn, aus Mannheim, Teilhaber 1897) ebenfalls Teilhaber wurde, war bis 1914 Mitinhaber sowohl bei Kuhn, Loeb & Co. wie bei M. M. Warburg & Co. und vertraglich verpflichtet, jeweils $1/2$ Jahr in New York, $1/2$ Jahr in Hamburg zu sein [1]). Paul Warburg

---

[1]) Partielle Personalunion zwischen Kuhn, Loeb & Co. und M. M. Warburg & Co. 1902—1917, und zwar zunächst durch Paul M. Warburg (1902—1914), dann durch Felix M. Warburg (1914 bis April 1917)..

war es, der — u. a. in mehreren Schriften [1]) — jene der großen Bankpanik und schließlich allgemeinen Wirtschaftskrise von 1907 in der Federal Reserve Act vom 23. Dezember 1913 folgende amerikanische Bankreform betrieb und dann als der wesentliche Initiator [2]) in den neugeschaffenen Federal Reserve Board als Vizepräsident berufen wurde (1914—1918 Mitglied bzw. Vice Governor des Federal Reserve Board; 1921—1923 Vizepräsident, 1924 und 1925 Präsident des Federal Advisory Council beim Fed. Res. Board als der Vertreter des Fed. Res. District Nr. 2 (Bezirk der Fed. Res. Bank von New York)). Nach seinem 1914 infolge dieser Berufung erfolgten Austritt aus beiden Bankfirmen ist er heute nur noch Chairman (sein Sohn James P. Warburg „secretary" und einer der Vizepräsidenten) der International Acceptance Bank, die er sich im April 1921 schuf und die für die europäische Kreditbeschaffung von steigender Wichtigkeit ist, eine große Rolle bei der Finanzierung amerikanischer Rohstoffexporte nach Deutschland spielt und neuerdings außer bei der Emission internationaler Anleihen auch bei größeren Krediten an mitteleuropäische Industriewerke mitwirkte. Die enge Beziehung zu der International Acceptance Bank, die ihrerseits vollkommen unabhängig von Kuhn, Loeb & Co. ist (mit denen sie nur durch gelegentliche Gemeinschaftsgeschäfte verbunden ist) und selbst weit ausgreifende Beziehungen zu ihren sehr zahlreichen Gründerfirmen in USA., Kanada, Holland, Belgien, der Schweiz, England, Schweden und Österreich [3]) unterhält, gab dem überseeischen Geschäft von M. M. Warburg & Co. eine sehr bedeutende Ausweitung.

Ein zweiter Bruder der Hamburger Chefs, Felix M. Warburg, ist schon seit 1896 Mitinhaber bei Kuhn, Loeb & Co., nachdem er 1895 Schwiegersohn des genialen, im September 1920 verstorbenen Seniorchefs Jacob H. Schiff (aus Frankfurt a. Main, Schwiegersohn Loebs) geworden war.

Auf Grund dieser engen verwandtschaftlichen und finanziellen Beziehungen wurde das alte Hamburger Haus in mehr gelegent-

---

[1]) American and European Banking Methods and Bank Legislation compared (1908); United Reserve Bank of the U. St. (1910); The Discount System in Europe (1910); The Owen-Glass Bill as submitted to the Democratic caucus (1913); Essays on Banking Reform in the U. St. (*1914*) und mehrere andere Schriften.

[2]) Vgl. u. a. Karl Hoffmann, Ölpolitik und angelsächsischer Imperialismus, Berlin 1927, S. 167.

[3]) Darunter: Kuhn, Loeb & Co., The Corn Exchange Bank, Huth & Co., The New York Trust Co.; Hope en Co., Amsterdam; Schweizerische Kreditanstalt, Schweizerische Bankgesellschaft; N. M. Rothschild & Sons, The National Provincial Bank, London; Skandinaviska Kredit A. B., Svenska Handelsb., Stockholm; Österreichische Creditanstalt, Wien, u. a. — als Mitbeteiligte und gleichzeitig ausländische Repräsentanten.

licher Vermittlertätigkeit besonders für Kuhn, Loeb & Co. und in steter enger Kooperation mit der International Acceptance Bank der große Mittler amerikanischer Kredite für die mitteleuropäische und namentlich die deutsche Wirtschaft [1]) (so vertrat sein Chef auch u. a. eine Zeitlang, bis Anfang 1926, amerikanische Aktionäre — Kuhn, Loeb & Co. und Guggenheim — im Aufsichtsrat der AEG., wurde er z. B. im September 1924 in den Aufsichtsrat der Agfa, Berlin, die einen größeren Kredit von der International Acceptance Bank erhielt, gewählt und gelangte so im Dezember 1925 in den Aufsichtsrat der I.-G. Farbenindustrie). — Außerdem steht Warburg — seit er der Hamburger Vertreter der Häuser Rothschild ist — noch heute die Disconto-Gesellschaft, die vor dem Kriege mit Kuhn, Loeb & Co. befreundet war, rein freundschaftlich nahe.

C. LAZARD SPEYER-ELLISSEN

verfügt gleichfalls über ein sehr großes internationales Geschäft und ist auch seinerseits durch die Vermittlung großer amerikanischer Kredite für die deutsche Wirtschaft und durch seine Position im internationalen Plazierungsgeschäft in der Nachkriegszeit wieder stark hervorgetreten.

Bis zum Kriege bestand Personalunion zwischen Speyer & Co., New York, Speyer Brothers in London und Lazard Speyer-Ellissen, Frankfurt a. M., und zwar so, daß die Leiter der Einzelfirmen, James J. Speyer (New York), Sir Edgar Speyer, Bart. (London) und Eduard Beit (von Speyer) (Frankfurt) und zeitweilig auch noch zwei andere Herren (so Bernhard Schuster und William B. Bonn) gleichzeitig Teilhaber aller drei Häuser waren (während in jeder einzelnen Firma außerdem noch bis zu je drei andere Teilhaber zeichneten).

Die Verbindung ist derart, daß von den drei Brüdern Speyer (1. Generation) in Frankfurt 2 im Jahre 1836 das bereits 1818 als J. L. Speyer-Ellissen bestehende väterliche Haus unter der Firma Lazard Speyer-Ellissen (genannt nach dem Älteren von ihnen) neu begründeten, während ihr Bruder nach Amerika ging und in New York 1837 die Firma Philipp Speyer & Co., seit 1876 Speyer & Co. eröffnete. Von den Söhnen des Frankfurter Teilhabers Gustav Speyer wurde (2. Generation) James Jos. Speyer 1883 Teilhaber in Frankfurt, 1885 in New York und war bis 1914 Seniorchef der drei Häuser; der zweite, Sir Edgar Speyer, wurde 1887 Chef in den drei Firmen und leitete seitdem das (1861 begründete) Londoner Haus. Der Schwiegersohn Gustav Speyers, Eduard

[1]) 1924 Konferenz Dillon-Warburg in Hamburg über Kapitalinvestierungsmöglichkeiten in der deutschen Industrie. — Vgl. ferner dazu Karl Hoffmann a. a. O. 198.

Beit (von Speyer), 1896 Teilhaber in Frankfurt, New York und London, steht noch heute an der Spitze des Frankfurter Hauses.

Die engeren freundschaftlichen Beziehungen zur Deutschen Bank, der zuvor in Frankfurt a. M. die ihr sehr nahestehende Firma Jacob S. H. Stern als Stützpunkt diente (so u. a. 1890 und 1892 gemeinsame Begründung der Deutsch-Amerikanischen bzw. Deutschen Treuhandgesellschaft), nahmen ihren Ausgang von der Ende 1893 auf Veranlassung Georg von Siemens' erfolgten Berufung Arthur von Gwinners, eines Schwiegersohns Philipp Speyers, in das Direktorium der Deutschen Bank. Gwinner, seit 1. Januar 1894 Direktionsmitglied, seit Siemens' Tode bis zum 31. 3. 1919 leitender Kopf im Vorstand der Deutschen Bank, führte vor allem deren türkische Unternehmungen und vertiefte und befestigte die amerikanischen Beziehungen der Deutschen Bank hervorragend. Auf Grund dieser — sich in sehr zahlreichen Gemeinschaftsgeschäften äußernden — freundschaftlichen Beziehungen über Frankfurt wie über New York [1]) ist der Frankfurter Seniorchef Eduard Beit von Speyer seit etwa 20 Jahren Mitglied des Aufsichtsrates der Deutschen Bank, in dem das Frankfurter Haus seit kurzem noch durch einen zweiten seiner Teilhaber vertreten ist, durch den Staatssekretär a. D. Carl Bergmann (früheren Berliner Direktor, seit 1921 Aufsichtsratsmitglied der Deutschen Bank), der am 1. 7. 1924 bei Speyer-Ellissen als Teilhaber eintrat.

Der Weltkrieg zerstörte im Herbst 1914 bzw. im April 1917 die dreifache Personalunion und isolierte die drei Häuser. Das Londoner Haus, Speyer Brothers, besteht heute nur noch formell, da sein Chef, Sir Edgar Speyer, infolge politisch-persönlicher Anfeindungen an eine Fortführung [2]) nach dem Kriege nicht denken konnte und nach Boston zog. Dagegen vertrat bis vor kurzem Gordon Leith, der 1911 Teilhaber bei Speyer Brothers geworden war, mit seinem 1919 errichteten Bankhause Gordon Leith & Co. die Speyerschen Interessen in London, bis er im März 1927 als Partner von Kuhn, Loeb & Co., New York (s. oben), deren Londoner Vertretung übernahm. Das vierte der Speyerschen Häuser ist, seit bereits über 60 Jahren kommanditiert, Gebrüder Teixeira de Mattos in Amsterdam (gegr. 1852) [3]).

---

[1]) So u. a. gemeinschaftliche Begründung des Banco Mexicano de Comercio é Industria 1906 durch die Deutsche Bank und das geschäftlich sowohl nach Europa wie nach Süd- und Zentralamerika tendierende Haus Speyer & Co., das sich im November 1924 auch an der Übernahme neuer Aktien der Deutschen Bank (vgl. S. 33) beteiligte.

[2]) Im Herbst 1914 wurde auch die Verbindung zwischen London und New York gelöst.

[3]) Gebr. Teixeira de Mattos nahmen im April 1927 nach jahrelangem Zusammenarbeiten (zuletzt vor allem in dem großen internationalen Kunstseide-Glanzstoff-Konsortium!) bei C. Schlesinger-Trier & Co., K. a. A., Berlin,

Eine wichtige Bekundung der wieder angeknüpften Beziehungen ist die wenigstens teilweise Wiederherstellung der Personalunion zwischen Frankfurt und New York: Eduard Beit von Speyer trat einige Zeit nach dem Kriege (wohl 1921), sein Sohn Herbert Beit von Speyer am 1. Januar 1925 als Teilhaber bei Speyer & Co., New York, ein, während von amerikanischer Seite im Frühjahr 1928 wenigstens eine kapitalmäßige Beteiligung in Frankfurt erfolgt ist.

D. Eine ganz besondere Stellung nehmen die befreundeten Häuser

A. LEVY (Köln) und SAL. OPPENHEIM JR. & CIE. (Köln) ein, denen beiden Geheimrat Louis Hagen als Chef angehört (vgl. oben S. 83). Dieser Bankier, ein höchst wichtiger Mittler und Förderer der gegenseitigen Einflußnahme von Banken und Industrie, arbeitete dem Konzentrationsprozeß auf beiden Seiten, in Bank- wie in Industriewelt, entscheidend vor. Seinem Wirken schreibt man u. a. den Zusammenschluß von Phönix mit Hörder Verein, Zollverein und Nordstern (Kohle und Eisen!), der Sprengstoffindustrie (Köln-Rottweil — Dynamit-Nobel, die er 1926 in den Konzern des Farbentrusts überführte) sowie des A. Schaaffhausenschen Bankvereins (dessen Aufsichtsrat er seit Jahrzehnten angehört) zunächst, 1903, mit der Dresdner Bank (dort 1904—1914 im Aufsichtsrat), dann, 1914, mit der Disconto-Gesellschaft (dort seit 1914 im Aufsichtsrat) zu. Hagen wirkte auch bei der Verbindung von Felten & Guilleaume mit der AEG (1910, seitdem zusammen mit Frhr. v. Oppenheim dort im Aufsichtsrat) und später mit der ARBED (1920), ferner bei der Entstehung des Stahlvereins und des Konzerns der Deutsch-Atlantischen Telegraphengesellschaft und bei zahlreichen großen Sanierungen (Ufa!) bestimmend mit. Mehrfache engere Berührungspunkte hat er mit den deutschen und luxemburgischen Mitgliedern der internationalen Rohstahlgemeinschaft, als deren Propagator er seit Jahren gilt (vgl. S. 49).

Louis Hagen und Frhr. v. Oppenheim gehören als einzige deutsche Bankvertreter der Verwaltung des Eschweiler Bergwerksvereins, den Hagen 1913 mit der ARBED (Präsident Mayrisch) verband, an; beide sitzen neben Präsident Mayrisch ferner im Aufsichtsrat von Felten & Guilleaume und der Deutsch-Atlantischen Telegraphengesellschaft; Frhr. v. Oppenheim trat im Mai 1927 (zusammen mit anderen)

---

zunächst etwa 25%iges aktienmäßiges Interesse. Außerdem beteiligten sich Speyer & Co., New York, und Lazard Speyer-Ellissen, Frankfurt, 1921 zusammen mit den ihnen auch sonst befreundeten Gruppen Schröder (London-Hamburg—Köln) und Metallbank (Frankfurt, Berlin, Köln, Augsburg) u. a. als Kommanditisten bei dem Wiener Bankhause Johann Liebieg & Comp.

wieder in den Verwaltungsrat der der ARBED und ihrem Leiter Mayrisch nahestehenden Internationalen Bank in Luxemburg ein.

Besonders eng ist Louis Hagens Beziehung zu Otto Wolff, zu Thyssen, zu Silverberg, zum Klöckner-Konzern und zum Amsterdamer Platz (Internationale Kredit Cie., Amsterdamsche Crediet Mij. usw.). Er hat heute in Deutschland mehr Aufsichtsratssitze als irgendein anderer Bankier (so schon 1904; heute übertreffen ihn hierin nur Jac. Goldschmidt, Millington-Herrmann, Sobernheim und J. F. Schroeder) und gehört — außer derjenigen der Disconto-Gesellschaft (vgl. S. 83) — seit 1926 auch der Verwaltung der Bayerischen Vereinsbank, München, zweifellos via Stahlverein, an.

Übrigens schlossen die Firmen A. Levy (die, zusammen mit der Danat-Bank, in Berlin bei Hagen & Co. beteiligt ist) und Sal. Oppenheim jr. & Cie., deren Interessen sich schon vielfach eng berührten, Ende März 1922 eine „Interessengemeinschaft" mit teilweiser Personalunion ab.

Am 1. Mai 1922 traten S. Alfred Frhr. v. Oppenheim und einer seiner Söhne, Waldemar Frhr. v. Oppenheim, bei A. Levy, gleichzeitig Louis Hagen i. Fa. A. Levy bei Sal. Oppenheim jr. & Cie. als Teilhaber ein. (Gleichzeitig ernannte allerdings jede Firma — charakteristischerweise, vielleicht um einer Majorisierung vorzubeugen — zwei bzw. einen bisherigen Einzelprokuristen als Mitinhaber für ihr Geschäft allein hinzu.)

Bekanntlich steht auch das alte Haus Sal. Oppenheim jr. & Cie. seit vielen Jahrzehnten in enger Beziehung zur Disconto-Gesellschaft, so daß sein Eintritt in deren Aufsichtsrat (auch wenn es gleichzeitig vor dem Kriege noch einige Jahre auch der Verwaltung der von ihm seinerzeit mitbegründeten Darmstädter Bank angehörte) nur noch eine letzte Bekräftigung bedeutete; daß der gleiche Schritt bei Louis Hagen eine andere Bedeutung hatte, sahen wir.

Louis Hagen ging aus der gleichen Schule (Jacob Landau) hervor wie der nach ihm bedeutendste und schöpferischste Initiator und Vermittler von Transaktionen, insbesondere von Fusionen: Eugen Landau, der Vorsitzende des Bier-Spritkonzerns und von Oberbedarf, gleichzeitig stellvertretender Aufsichtsratsvorsitzender der Commerz- und Privatbank (wo auch sein Stiefsohn Curt Sobernheim Direktor ist), der auch der Danatbank und der Mitteldeutschen Creditbank (via Sprit-Konzern — Walter Sobernheim) indirekt nahe steht.

Ähnlich universal gerichtet wie Hagen wirkte auch in zahlreichen Verwaltungen, nicht als Finanzier, aber als führender und bestimmender Berater, Wirtschaftsmittler und Rekonstrukteur: Geheimrat Maximilian Kempner, der freilich nicht dem Aufsichtsrat einer von ihm bevorzugten Bank angehörte. Sein Sohn Dr. Paul Kempner wurde im Januar 1922 als Schwiegersohn Franz von Mendelssohns Teilhaber des Hauses Mendelssohn & Co. — Im Gegensatz zu Hagen haben aber weder Landau noch vor allem Kempner erkennbar auf die Bankenkonzentration eingewirkt.

E. S. BLEICHRÖDER

hat sich außerordentlich zurückgehalten (Erweiterung in Berlin durch Beteiligung bei S. Schönberger & Co., Juni 1922), stellt aber, seit dem 1. Januar 1918 in Verbindung mit dem bedeutenden Münchener Privatbankhause H. Aufhäuser, dessen Seniorchef seit dem 1. Januar 1922 Mitinhaber bei S. Bleichröder ist (der seinerseits gleichzeitig einen seiner Teilhaber zum Mitinhaber der Münchener Kommandite machte[1])), und mit Wm. Schlutow, einem bedeutenden Stettiner Hause, das gleichfalls, und zwar schon seit der Vorkriegszeit durch Teilhaberentsendung verbunden[2]) ist, die, wenn auch mehr zurückgetretene, so doch noch bedeutende und große alte Bankfirma dar (vgl. S. 157), die unter der Führung Paul von Schwabachs, in alter Freundschaft mit der Disconto-Gesellschaft, namentlich als Mitglied von — auch internationalen — Emissionskonsortien einen angesehenen Platz inne hat.

[1]) Martin Aufhäuser ist Teilhaber bei S. Bleichröder, Ernst Kritzler (i. Fa. S. Bleichröder) Teilhaber bei H. Aufhäuser, München.

[2]) Zwei Teilhaber der Firma S. Bleichröder sind Chefs bei Wm. Schlutow.

Anhang:

Der Konzentrationsprozeß im Hypothekenbankgewerbe.

Auch bei den deutschen Hypothekenbanken erblicken wir nach dem Ende der Inflation eine, hier freilich zunächst lediglich unter dem Zwange der Not zusammengeschmiedete, nach Überwindung der Krisen der letzten Jahre noch an einigen und zwar entscheidenden Stellen erhaltene, stark zentralisierte Kapitalkonzentration. Auch für die Entwicklung dieser Realkreditinstitute war die Inflationskonjunktur von entscheidender Bedeutung, eine Konjunktur, die jedoch — im Gegensatz zu der der sogenannten Kreditbanken — eine katastrophale war.

Als Darlehnsbestand und Hypothekengeschäft infolge der Entwertung der Forderungen (es war auch viel Kapital in Kriegsanleihe angelegt!) von zweifelhaftem und immer zweifelhafterem Werte und das Fortbestehen der Hypothekenbanken immer mehr in Frage gestellt wurde, wandte man sich neuen Aufgaben zu: Nachdem man sich früher lediglich mit der Gewährung langfristigen, hypothekarisch oder (bzw. und) durch Haftung (der beliehenen oder übergeordneter) öffentlich-rechtlicher Körperschaften gesicherten Kredites zur Beleihung städtischer Grundstücke und landwirtschaftlicher Betriebe bzw. zur Finanzierung des kommunalen Wohnungsbaues befaßt hatte, wandte man sich (namentlich und verstärkt seit 1924) der Finanzierung von großen industriellen Unternehmungen öffentlich-rechtlicher Körperschaften und Verbände (Elektrizitäts-, Gas-, Wasserwerke) oder gemischtwirtschaftlicher Natur, sowie von Reichsbetrieben zu. Darüber hinaus aber begannen die Hypothekenbanken in größerem Umfange an Stelle der alten Aufgaben sogar zum privaten Kreditgeschäft, zur Finanzierung privater Industrieunternehmungen überzugehen, sei es durch hypothekarische Beleihung mit oder ohne Garantie der Kommunen oder sei es (indirekt) in Form von Kommunaldarlehen. Das Kommunalobligationengeschäft gewann denn auch bei allen Hypothekenbanken seit 1919/20 eine verhältnismäßig stark erhöhte Bedeutung. 1926 gab z. B. die „Gemeinschaftsgruppe" Kredite auch an die mittlere und kleinere Industrie (*1926* Versuch der „Gemeinschaftsgruppe", sogar der Daimler-Benz A.-G. auf ihre Terrains eine sehr große „Industriehypothek" zu gewähren). Auf das günstige Ergebnis des Jahres 1925 hatte das Industriekreditgeschäft einen absolut größeren Einfluß als im Jahre 1924 (wo der Anteil relativ sogar der entscheidende war[1]), um dann 1926/27 erheblich zurückzugehen. Aufbau und Form der Zusammenarbeit haben also auch bei den Hypothekenbanken eine Zeitlang in Verein mit einer starken Veränderung der Aufgaben in der Nachkriegszeit nachhaltigsten Wandel erfahren! So wurden auch die Hypothekenbanken eine Zeitlang in den für alle Kreditinstitute charakteristischen Zusammenhang — Interessenverflechtung der Banken mit der Industrie — hineingerissen.

Wo diese Erweiterung des Geschäftes etwa an die Schranken des Hypothekenbankgesetzes stieß, wurde z. B. von der Gemeinschaftsgruppe Deutscher Hypothekenbanken 1923 die „Bank für Goldkredit A. G." in Weimar (gemeinsam mit der Thüringischen Staatsbank, der sie seit Anfang 1925 als „Thüringische Landeshypothekenbank A. G." gänzlich gehört), von der Arbeitsgemeinschaft Süddeutscher Hypothekenbanken die kleine, sich heute völlig auf das Kommunaldarlehensgeschäft[2]) spezialisierende „Süddeutsche Festwertbank A. G.", Stuttgart, 1923 gegründet.

Niemals aber hätte die Wandlung im Betätigungsobjekt der einzelnen Unternehmungen genügt, vielmehr hätte diese Wandlung auch gar nicht von lauter Einzelbanken erfolgreich durchgeführt werden können, wenn nicht seit dem März 1921 — wohl nicht ohne Zutun der beteiligten Großbanken und auch Bankiers[3]) — eine besonders scharfe Konzentrationsbewegung auch unter den Hypothekenbanken eingesetzt hätte, als deren dringendste Gründe, kurz zusammengefaßt, zu bezeichnen sind: offenbarer Verlust des das alte Aktivgeschäft bildenden Hypothekenbestandes (das Vermögen bestand am Ende der Inflation fast nur noch aus den Verwaltungsgebäuden), wesentlicher Verlust des Arbeitsfeldes auch infolge der Behinderung des städtischen Beleihungsgeschäftes durch die Zwangswirtschaft; die zu schärfster Ersparnis, zur Vereinfachung

---

[1]) Nach Terhalle (im Wirtschaftsdienst, 1924, S. 1253) war die Annäherung der Hypothekenbanken an den Typ der reinen Kreditbanken so weitgehend, daß sie, wie er damals sagte, „mehr und mehr den Charakter von Finanzierungsinstituten bekommen".

[2]) während die Arbeitsgemeinschaft sich jetzt fast gänzlich auf das Hypothekengeschäft beschränkt.

[3]) Die Gemeinschaftsgruppe steht u. a. vor allem der Deutschen Bank, der Mitteldeutschen Creditbank und deren Freundschaftskreise nahe, wie seinerzeit die Centralbodenvereinigung der Disconto-Gesellschaft, der Dresdner Bank und deren weiterem Konzern.

des Betriebes und des bei dem völlig geschrumpften Geschäft viel zu großen Organisationsrahmens, zur Minderung aller Verwaltungskosten zwingende Unrentabilität. Gleichzeitig zwang die mit steigender Inflation schwindende und in der Deflationszeit darniederliegende Kaufkraft des Publikums, das Pfandbriefgeschäft zu vereinheitlichen und die Ausgabe der Papiere auf nur wenige kräftige Zentralstellen zu lokalisieren, um den Anlagesuchenden einige Typen, auf die sich das Interesse konzentrieren konnte, zu bieten. Auf der andern Seite aber waren die Institute nicht mehr in der Lage, einzeln den zeitweilig trotz der stockenden Bautätigkeit und des steigenden landwirtschaftlichen Wohlstandes in Anbetracht der gewerblichen Konjunktur an sie gestellten Kapitalanforderungen zu genügen. Alles das drängte bei dem mehr und mehr schwindenden Aktien- und vor allem Obligationenkapital und dem steigenden Risiko zu einem Zusammenschluß der Kräfte, zur Ausschaltung der bei dem geringen Geschäftsertrag und der ungeheuren Zersplitterung (bisher hatte jedes kleine thüringische Land mindestens eine Hypothekenbank) immer unsinnigeren Konkurrenz, also zur Zusammenlegung, zu gemeinsamer Disposition über liquide Mittel und zu ständiger Zusammenarbeit beim Abschluß großer Geschäfte.

I. Gemeinschaftsgruppe Deutscher Hypothekenbanken:

1. **Deutsche Hypothekenbank A. G. (Meiningen, Berlin)**
2. **Preußische Bodenkredit-Aktienbank (Berlin)**
3. Westdeutsche Bodenkreditanstalt A. G. (Köln)
4. Norddeutsche Grund-Creditbank A. G. (Weimar)
5. Frankfurter Pfandbriefbank A. G. (Fft. a. M.)
6. Schlesische Boden-Credit-Aktienbank (Breslau)
7. Leipziger Hypothekenbank A. G. (Leipzig)
8. Mecklenburgische Hypotheken- und Wechselbank A. G. (Schwerin)

März-April 1921[1]) (1–2)
Mai-Juni 1921[2]) (1–4)
Oktober-November 1922 (1–5)
April 1923 (1–7)
Septbr. 1924 (mit Wirkung ab 1. 1. 25.) (1–8)

Als im Juni 1921 die Gruppe auf 4 Institute angewachsen war, wurde durch förmliche Interessengemeinschaftsverträge der Zusammentritt zur „Gemeinschaftsgruppe Deutscher Hypotheken-

---

[1]) Zusammenschluß unter Vereinigung der Berliner Betriebe; der Vorstand besteht aus den gleichen Personen.

[2]) Konstituierung der „Gemeinschaftsgruppe“.

banken" beschlossen, deren Verfassung heute auf folgender Grundlage beruht: an der Spitze der zunächst bis Ende 1967 und dann mit jeweils automatischer 50 jähriger Verlängerung zusammengeschlossenen Gruppe steht lt. Gemeinschaftsvertrag als oberste Entscheidungsinstanz in allen Fragen der Gemeinschaft der aus 30 Mitgliedern bestehende „Gemeinschaftsrat", in den die (juristisch selbständigen) Institute nach dem Verhältnis ihrer Stärke einen, zwei oder drei Vertreter, ein jedes also mindestens seinen Aufsichtsratsvorsitzenden, entsenden. Diese Zentralinstanz, die sich überwiegend zusammensetzt aus den befreundeten Banken und Bankiers, verfügt über ein weitgehendes Aufsichtsrecht (sie hat ihre Zustimmung zu Kapitalserhöhungen bzw. -herabsetzungen der einzelnen Gesellschaften, zur Emissionen von Pfandbriefen und Obligationen, zum Erwerb von Beteiligungen, zur Bestellung von Vorstandsmitliedern (!) zu erteilen). Sie bestimmt namentlich die Art der Bilanzierungen, indem sie die Verteilung des den Einzelgesellschaften nach der alljährlichen gemeinschaftlichen Ertragsausgleichung (Schlüsselung von Gewinn bzw. Verlust im Verhältnis der Aktienkapitalien) zustehenden Gewinnanteils innerhalb jedes Institutes festsetzt, also auch den Dividendensatz vorschlägt. Im Juli 1924 wurde völlige Dividendengemeinschaft (d. h. fortan gleiche Dividendenhöhe; vor allem im Hinblick auf die Gewinngemeinschaft, jedenfalls auch zur Vermeidung gegenseitiger Konkurrenz) vereinbart. Außer durch diesen, einen festen Zusammenhalt und eine einheitliche Geschäftspolitik garantierenden Gemeinschaftsrat [1]) sind die 8 Institute vor allem durch die die Geschäfte der Gemeinschaft führende, aus Vorstandsmitgliedern der Einzelgesellschaften zusammengesetzte „Gemeinschaftsdirektion" und durch weitgehenden Austausch von Mitgliedern der Vorstände und Aufsichtsräte eng verbunden [2]), geben seit längerer Zeit neben ihren eigenen Pfandbriefen auch Schuldverschreibungen der Gemeinschaftsgruppe heraus und nehmen zusammen große Beleihungen vor.

Übrigens wurde Ende 1922, da aus gesetzlichen Gründen und individuellen Erwägungen („zur besseren Pflege der engeren Arbeitsgebiete und Freundschaftskreise der einzelnen Institute") die Fusion unter den Hypothekenbanken kaum möglich oder doch untunlich erschien [3]), teilweise der Weg der Beteiligung durch Aktienbesitz — Ende 1923 besaß das Meininger Haus etwa 41% des Kapitals beim Kölner und etwa

---

[1]) für den aber die bei Konzernen und Kartellen hierfür vielfach beliebte Form der G. m. b. H. nicht gewählt wurde.

[2]) Ferner: die Generalversammlungen zwar getrennt, aber am gleichen Tage und gemeinsam einberufen; seit 1923 alljährlicher Geschäftsbericht der Gemeinschaftsgruppe.

[3]) So auch bei der Gruppe der Bayerischen Vereinsbank (s. unten)!

37% beim Weimarer Hause — gewählt, eine Kontrolle, die noch wirksamer neben die Bindung durch die Interessengemeinschaft tritt.

Um sich gegen den Aufkauf durch fremde Konzerne zu schützen,

— es kamen sowohl Großbanken wie Finanzkonzerne in Frage: Commerz- und Privatbank bei der Mitteldeutschen Boden-Kredit-Anstalt, Greiz, und der Preußischen Hypotheken-Aktien-Bank, Berlin, da sie bei ihrer Ausdehnung dringend die Gebäude benötige; Juni/Juli 1924 Weitergabe der Aktienmehrheiten, „da bei dem geringen Geschäft das Gebäude nicht mehr gebraucht wird", an den Michaelkonzern bzw. an Barmat; Einbruchsversuche Michaels bei der „Gemeinschaftsgruppe" 1926/27 —

schufen auch hier viele der beteiligten Gesellschaften Vorzugsaktien, gründete vor allem die Gemeinschaftsgruppe Ende 1923 eine „Treuhandvereinigung für Hypothekenbank-Werte G. m. b. H.", Berlin, die die Aktien der einzelnen Häuser treuhänderisch übernahm — sie besaß Ende 1924 annähernd die Hälfte, im August 1926 noch etwas über $^1/_4$ der Aktienkapitalien — und sich verpflichtete, sie auf Wunsch jederzeit zum Übernahmepreis wieder zur Verfügung zu stellen. Auch diese Vorratsaktien führten zugleich einen noch festeren Zusammenhalt der Gruppe herbei. So ist die in der beibehaltenen Rechtspersönlichkeit, in den Einzelgeneralversammlungen, Einzelbilanzen und „eigenen" (aber durch weitgehenden Austausch ihrer Mitglieder um ihre Individualität gebrachten!) Aufsichtsräten und Vorständen zum Ausdruck kommende Souveränität der Gesellschaften gegenüber der wirtschaftlich, verwaltungsmäßig und finanziell eine Einheit bildenden Gesamtgruppe eine minimale.

II. Deutsche Central-Bodenkredit-Vereinigung:

1. Preußische Central-Bodenkredit A. G. (Berlin)
2. Deutsche Grundkredit-Bank A. G. (Gotha und Berlin)
3. Rheinisch-Westfälische Bodenkreditbank A. G. (Köln)

} Novemb. 1922

4. Braunschweigisch-Hannoversche Hypothekenbank A. G. (Braunschweig und Hannover).

} April 1924 (1.–4.)

Auch diese unter der Führung des erstgenannten Institutes ins Leben gerufene Gruppe —

nach außen hin wurden damals „Ersparnis von Verwaltungskosten, besserer Absatz, größere Kraft bei Geschäftsabschlüssen, Sicherung des Kapitalbedarfes, Vereinfachung der Geschäftsführung und Vermeidung ersparbarer Ausgaben" als Zweck der Kombination angegeben —

war in der Form einer Interessengemeinschaft mit Schiedsgericht,

Gewinnausgleichung und Dividendengemeinschaft „bis zum Jahre 2023" gegründet worden, hatte unter sich Vorstands- und Aufsichtsratsmitglieder ausgetauscht, besaß als oberstes Organ gleichfalls einen „Gemeinschaftsrat", begab — abgesehen von den Pfandbriefemissionen der Einzelgesellschaften — Gold-Schuldverschreibungen und ließ für 1923 auch einen Geschäftsbericht der Gesamtvereinigung erscheinen. Die rechtliche Bindung schien hier schon von vornherein nicht ganz so stark zu sein wie bei der ersten Gruppe. (Das Gothaer [2] und Kölner [3] Haus vereinigten im November 1924 sogar ihre Berliner Filialen mit dem Berliner [1] Institut.)

Als sich nun im Sommer 25 eine lebhafte Ausdehnung des Pfandbriefgeschäftes anbahnte und die Not, die zu engem Zusammenschluß gezwungen hatte, wich, wurde — auch hier eine Rückbildung, aber aus wesentlich anderen Gründen als bei den Kreditbanken! — die Interessengemeinschaft auf Grund Beschlusses vom Juli *25* abgeändert. Bereits für 1924 sollte die also nie praktisch gewordene Gewinnpoolung und die Dividendengemeinschaft entfallen, so daß wieder selbständig bilanziert wurde. Ferner sollte durch Aufhebung der Direktionsdelegierungen die autonome Geschäftsführung wieder hergestellt, nur noch der Austausch von Aufsichtsratsmitgliedern beibehalten und durch die Verabredung „gemeinsamer Interessenwahrnehmung nach außen, regelmäßigen Gedankenaustausches innerhalb der Direktionen und gelegentlich gemeinsamer Geschäfte und Emissionen in geeigneten Fällen" die Zusammenfassung lediglich auf den formalen, in allem wesentlichen unverbindlichen Arbeitsgemeinschaftstypus reduziert werden. Späterhin fand eine noch weitergehende Lockerung statt.

Ein Jahr darauf wurde, im Oktober *1926*, die Vereinigung zum 1. 1. 27 nun auch formell aufgelöst, die Aufsichtsratsdelegierung zurückgezogen.

So wurde hier — wo freilich keine effektenkapitalistische Beteiligung mit zugrunde lag, das größte der beteiligten Häuser aber ein größeres Grundkapital besaß als alle anderen zusammen — der Mitte 1925 eingetretene große Um- und Neuaufschwung des Hypotheken- und Pfandbriefgeschäftes, wurde die Überwindung der Not, die Zusammenschlußgrund gewesen war, und wohl eben so sehr mangelnder persönlich-geschäftlicher Kontakt Anlaß alsbaldiger Lösung. Das ganz große Geschäft des Rekordjahres 1926 tat dazu sein übriges.

Bei der „Gemeinschaftsgruppe" dagegen hat sich bis heute nichts Wesentliches verändert. Sie arbeitete übrigens 1925 am günstigsten — nicht zuletzt auch, weil sie als die Gruppe engster Struktur den geringsten Unkostenkoeffizienten (weniger als die Hälfte desjenigen von 1924) hatte, während derjenige der Centralbodenkreditvereinigung höher (nur um etwas mehr als $1/3$ gegen das Vorjahr gesunken) war.

Von den 5 Gruppen unter den deutschen Hypothekenbanken, die sämtlich während der Inflationszeit entstanden sind, bestehen heute in ihrer alten festgefügten Struktur nur noch die beiden frühesten Gründungen: „Gemeinschaftsgruppe“ und Gruppe der Bayerischen Vereinsbank. Von den späteren verfiel die bereits von Anfang an etwas loser konstruierte Centralbodenkreditvereinigung 1925/26 der Auflösung, die im Spätstadium der Inflation noch lockerer errichtete Süddeutsche Arbeitsgemeinschaft (s. im folgenden) zunehmender Bedeutungslosigkeit, die im Oktober 1923 in wieder engerer Form abgeschlossene Interessengemeinschaft der Hugenbergschen Realkreditinstitute 1927 ihrer Ersetzung durch die volle Fusion.

Die Konzentration im Hypothekenbankgewerbe war also nur zu einem Teil von dauerndem Bestand: nur dort, wo ihr von Anfang an eine engere juristische Organisation zugrunde lag. Bemerkenswert ist die verschiedene Bewährung und die individuell differierende Bewertung und Ausdeutung des ihr gesetzten Zweckes: bei der Centralbodenvereinigung erschöpfte sich ihre Funktion in dem Überdauern und Überwinden einer schlechten Konjunktur, bei der Gemeinschaftsgruppe wurde sie auch über den Neuaufbau des Realkreditgeschäftes hinaus als besonders vorteilhaft empfunden. —

III. Arbeitsgemeinschaft Süddeutscher Hypothekenbanken:

<table>
<tr><td>1. Rheinische Hypothekenbank A. G. (Mannheim)</td><td rowspan="5">April 1923</td><td rowspan="6">August 1923</td></tr>
<tr><td>2. Süddeutsche Bodenkredit-Bank A. G. (München)</td></tr>
<tr><td>3. Frankfurter Hypothekenbank A. G (Frankfurt a. M.)</td></tr>
<tr><td>4. Pfälzische Hypothekenbank A. G. (Ludwigshafen)</td></tr>
<tr><td>5. Württembergische Hypothekenbank A. G. (Stuttgart)</td></tr>
<tr><td>6. Bayerische Hypotheken- und Wechselbank A. G. (München)</td></tr>
</table>

Diese Gemeinschaft, die auf Initiative der Süddeutschen Boden-Kredit-Bank entstand und in der die Bindung von jeher am losesten, die rechtliche wie wirtschaftliche Selbständigkeit der Einzelinstitute am größten war, ist als alleinige unter den Gruppenbildungen der Hypothekenbanken — schon nach der Absicht der Gründer — einem recht losen Kartell wohl noch am ehesten zu vergleichen:

> sie bezeichnete als ihren Zweck den „gemeinschaftlichen Abschluß größerer Geschäfte, den Austausch von Erfahrungen, möglichste Organisationsvereinfachung unter gegenseitiger Benutzung der Einrichtungen der einzelnen Institute, gemeinsame Interessenvertretung nach außen“.

Sie kannte und kennt aber — als bloße Arbeits-Gemeinschaft — weder Gewinnpoolung noch Dividendengemeinschaft usw. Durch den Hinzutritt der Bayerischen Hypotheken- und Wechselbank, die in der Gruppe als führend anzusehen ist, die aber durchaus nicht nur das Hypothekengeschäft betreibt, wurde die Gruppe mit einem Schlage die an sich größte und kapitalkräftigste. Dagegen ist aber die „Gemeinschaftsgruppe“, bei der das Schwergewicht beim Bunde und nicht bei den Mitgliedern liegt und weitgehend nach Berlin (auch hier also!) verlegt wurde, die engste und straffst organisierte. 1926 verlautete als Zweck der „Arbeitsgemeinschaft“ bezeichnenderweise nur noch „steter Meinungsaustausch in allen wichtigen, die Interessen der Hypothekenbanken generell (!) berührenden Fragen“; so im Geschäftsbericht der Bayerischen Hypotheken- und Wechselbank für 1925, der übrigens von „äußerst ersprießlicher und fruchtbringender Zusammenarbeit“ redet. Neuerdings spricht „Der Deutsche Volkswirt“ (I, Beilage zu Nr. 28) der Gemeinschaft jede „besondere Bedeutung“ ab: „ sie tritt höchstens in Fragen der Gesetzgebung gemeinsam auf...“ —

Anfang Februar 1924 wurden zwischen der „Gemeinschaftsgruppe“ (I) und der „Arbeitsgemeinschaft“ (III), die geographisch genau voneinander abgegrenzt sind, durch ein Arbeitsabkommen freundschaftliche Beziehungen „zwecks gemeinschaftlichen Abschlusses größerer Geschäfte“ angebahnt, um eine Verständigung über die Geschäftspolitik, besonders über Zinssätze und Neuemissionen von Pfandbriefen und Kommunalobligationen, herbeizuführen und ein gegenseitiges Unterbieten zu verhindern (typischer Kartellrahmen!).

IV. Im März 1921 Abschluß einer 80jährigen engen „Interessengemeinschaft“ zwischen Bayerischer Vereinsbank, Bayerischer Handelsbank und Vereinsbank in Nürnberg. Der Vertrag bestimmt mit Rückwirkung vom 1. Januar 1920 Ertragsschlüsselung im Verhältnis der Aktienkapitalien (per 1926 wegen des guten Geschäftsganges ausgesetzt) und Austausch von Vorstands- und Aufsichtsratsmitgliedern. Nach einem Umtauschangebot der Bayerischen Vereinsbank an die Aktionäre der beiden anderen Häuser sind deren Aktien bis auf einen geringen Bruchteil in Händen der Bayerischen Vereinsbank, deren 1,05 Mill. Vorzugsaktien wiederum zum größten Teil (0,9 Mill. M.) in dauerndem Besitz der Bayr. Handelsbank und der Vereinsbank in Nürnberg, im übrigen in dem des Hauses Mendelssohn & Co., Berlin, sind. Die 3 Hypothekenbanken, die eine wirtschaftliche Einheit bilden, pflegen eine jede das Realkreditgeschäft selbständig, vereinbarungsgemäß aber natürlich unter Ausschluß gegenseitiger Konkurrenz (vgl. S. 106).

V. Zwischen der Roggenrentenbank A. G., Berlin, (ländlicher Realkredit) und der von ihr zuletzt mit 50% kontrollierten Preußischen Pfandbriefbank A. G., Berlin (städtischer Realkredit), bestand seit 1. 1. 1924 („bis Ende 1973“) Interessengemeinschaft mit Gewinn- und Verlustteilung nach Maßgabe des Darlehnsbestandes am Jahresschluß (unter Dividendengarantie für die Pfandbriefbank) und Vorstandsaustausch. Im Februar *1927* übernahm die Pfandbriefbank die Roggenrentenbank, während der bisherige Großaktionär Hugenberg ausschied.

a) Anteil der Hypothekenbanken am deutschen Realkreditgeschäft:

Hypothekarkredit erteilt von:	31. 12. 1913		30. 6. 1928	
	Mill. M.	in %	Mill. M.	in %
Hypothekenbanken	11411	28,8	3231,3	36,2
Landschaften	3905	9,8	2396,5	26,9
öff.-rechtl. Kreditanst. / Stadtschaften	3152	7,9		
Sparkassen	13000	32,7	2400,3	26,9
Versicherungsunternehm.	8300	20,7	890,2	10,0
zusammen:	39768	100	8918,3	100

b) Anteil der Gruppen am gesamten Hypothekenbankgewerbe:

	AKTIEN-KAPITAL						PFANDBRIEF-UMLAUF					UMLAUF AN KOMMUNALOBL.	
	in Mill. M.		in % der Gesamtheit				in Mill. M.		% der Gesamth.				
	Ende 1926	Ende 1925	Ende 1926	Ende 1925	Ende 1913	Ende 25 ohne die gemischten[1])	Ende 1926	Ende 1925	Ende 1926	Ende 1925	Ende 1913	in Mill. M. Ende 1925	in % der Gesamth.
I. Gemeinschaftsgruppe	47,5	43	22,78	24	16,3	34,7	354,51	129,66	21,4	19,6	21	57,78	62
II. Centralbodenkreditvereinigung	s. u.	17,35	s. u.	9,66	10,3	14	s. u.	96,58	s. u.	14,6	14,5	27,15	29
III. Süddt. Arbeitsgemeinschaft................	52,84	54,8	25,34	30,53	19,6	20	306,65	96,35	18,5	14,6	33,6	—	—
IV. Konzern der Bayerischen Vereinsbank	27,7	25,7	13,28	14,3			245,37	70,62	14,8	10,7		—[2])	—
V. Roggenrentenbank und Preuß. Pfandbriefbank	80,47	38,67	38,6	21,5	53,8	31,2	212,18	156,41	12,8	23,7	30,9	3,05	3,3
VI. restliche...............							539,1	111,35	32,5	16,9		5,2	5,6
zusammen	208,51	179,52	100	100	100	100	1657,81	660,97	100	100	100	93,18	100

[1]) Bayr. Hyp.- und Wechselb. und Bayr. Vereinsbank.
[2]) 1926 wieder aufgenommen.

VI. Rechtsformen der Konzentration.

Verschiedenartig sind die Formen und Wege, deren man sich jeweils bedient, um die Zusammenballung des Finanzkapitals und zu diesem Ziele vor allem den Zusammenschluß der Kreditbanken[1]) zu bewirken. Struktur, d. h. Aufbau und Zusammenhalt, und Wucht des Konzerns sind in hohem Maße, wenn auch nicht absolut, durch seine rechtliche Organisation bedingt. Die Konzentration erfordert in jedem Falle eine dem Stärkeverhältnis der vertragschließenden Parteien entsprechende Anwendung eines bestimmten Rechtsformtypus: die Frage nach der juristischen Organisationsform, in der sich der konkrete Einzelvorgang im Konzentrationsprozeß vollzieht, ist zugleich eine Frage nach der individuellen Souveränität. Die Wahl der juristischen Institutionen ist, bestimmten wirtschaftlichen Zwecksetzungen dienend, meist bedingt durch das Maß der Schwäche oder des Größen-Unterschiedes und der dadurch bestimmten Willfährigkeit des Angliederungsobjektes, also reine Macht- und Zweckmäßigkeitsfrage — modifiziert durch spezifische, im Einzelfall gebotene Rücksichtnahmen sachlicher Natur (lokale Sphäre, historische Bedingtheit und individuelle Tradition, steuerliche Erfordernisse) und persönlicher[2]) Art, die jeweils besondere Wege und besonderes Tempo geboten erscheinen lassen. Zweifellos aber ist die Verfassung der Konzerne, sei es die der D-Banken oder die der Provinzkonzerne verschiedener Größe oder auch die der Realkreditinstitute, in erster Linie von der im Einzelfall vorliegenden Machtdifferenz zwischen Konzentrationssubjekt und -objekt bedingt worden, die bestimmend war für die Frage, in welcher Form man die weniger starke Bank von sich abhängig machen, unter Anwendung welcher Methoden sie an sich heranrücken solle und könne. So läßt das Maß der gewählten gesellschaftsrechtlichen Bindung weitgehend Rückschlüsse zu auf die in engerer oder lockererer Verknüpfung zum Ausdruck

---

[1]) Die Organisationsformen der Hypothekenbankgruppen werden an anderer Stelle (s. S. 116 ff.) behandelt.

[2]) Das Bankhaus Hermann Paderstein, Bielefeld, eine altangesehene, Direktoren der Deutschen Bank persönlich nahestehende Firma, wurde zum 1. Januar **1925** „gemäß dem seinerzeit (!) bei Eingehung des Kommanditverhältnisses im März **1920** geschlossenen Vertrage“ nach freundschaftlicher Übereinkunft auf die Deutsche Bank überführt.

kommenden inneren Abhängigkeitsverhältnisse und auf die ihnen zugrunde liegenden Machttatsachen. Auch für die Erscheinungsformen der Bankenkonzentrationsbewegung gilt wie für die gesamtwirtschaftliche Konzentration — vom industriellen Zusammenschluß unterscheidet sie sich durch die Bevorzugung bestimmter Zwecktypen und deren besondere Herausbildung —, daß sie, so verschieden sie im konkreten Einzelfalle motiviert sein und zu so verschiedenen Konsequenzen sie führen mag, doch von der gleichen endlichen historischen Gesamtwirkung sind. Wenn Friedländer [1]) sagt, „für die Wahl der Rechtsformen ist Zufall und Überlieferung fast ebenso entscheidend wie bestimmte Bevorzugung gewisser Formen aus steuerrechtlichen und organisatorischen Gründen", so ist hier demgegenüber die Rolle des Zufalls — zum mindesten in solcher Verallgemeinerung — fast gänzlich, die der Tradition auf einen ganz bestimmten, auf weite Sicht in seiner letztlichen Bedeutung nicht zu überschätzenden Umkreis zurückzuweisen.

Freilich vermag auf der anderen Seite eine juristische Form unendlich viele ökonomische Tatbestände, unendlich verschiedenartige Beziehungs- und Machttatsachen zu decken [2]). Und oft genug ist der gewählte äußere rechtliche Rahmen nicht einmal das Ausschlaggebende, — wie im folgenden zu zeigen versucht wird. Ja: letztlich gleicht ja innerlich kein einzelnes Konzernverhältnis dem andern; nur rein juristisch könnte man hier scharf, knapp und dennoch erschöpfend definieren und generalisieren. Dennoch läßt sich, unter diesem Vorbehalt [2]), eine Reihe graduell immer größer werdender Spannungen zwischen Bedeutung und Kapitalkraft der „konzentrierenden" und derjenigen der in irgend einer Form abhängig gemachten Bank aufbauen und parallel zu ihr eine — zumindest in der tatsächlichen Wirkung verfolgbare — Stufenfolge von losester Verbindung — mit wirklicher oder scheinbarer Freiwilligkeit — bis zu völliger Verschmelzung stetig fortschreitender Formen der Vereinigung.

Das sei hier, unter bewußter Ausscheidung juristischer Problematik, zu analysieren versucht.

1. Ansätze: Der Freundeskreis.

Es gibt und gab immer in bedeutendem Umfange auf eine stets in gleicher Richtung erfolgende Wiederholung gegründete Gemeinsamkeit im Zusammenarbeiten (meist) zweier Banken: die bloßen, vertraglich nicht fixierten Arbeitsgemeinschaften, die infolge ihrer Stetigkeit als latente — nicht formalisierte, tatsächliche,

---

[1]) Jur. Wochenschrift 52, S. 210 (1923).

[2]) Vgl. ähnlich K. Geiler, Die wirtschaftsrechtliche Methode im Gesellschaftsrecht, Berlin 1927, S. 8/9.

gewohnheitsmäßige — Ansätze zur Gruppenbildung im Sinne einer Konzentration der Kräfte anzusehen sind. Es ist deutlich, daß gemeinsame Durchführung überall für große Geschäfte vorkommt, z. B. und vor allem bei Emissionen, die für eine Bank zu groß sind, oder auch um durch vereintes Vorgehen eine gemeinsame Konkurrenz auszuschalten, und daß deshalb allein die Konsorten, besonders, wenn es sich um sehr große Banken handelt, im übrigen nicht „befreundet" zu sein brauchen. Ja, es werden Konsortialgemeinschaften oft mit ganz anderen eingegangen als denen, mit denen hernach dauernde vertragliche Beziehungen angeknüpft [1]) werden, da für die Angliederungen vielfach ganz andere Zweckmäßigkeitserwägungen maßgebend sind. Ebenso deutlich aber ist, daß stete Übung wiederholt vorgenommener vertraglicher Einzelbindungen, daß dauernde Vornahme von Gemeinschaftsgeschäften, anfangend beim einfachsten kleinen Geschäft im conto-a-metà-Verhältnis bis zu den großen Gründungs- und Emissionssyndikaten, sich zur „freundschaftlichen" (geschäftlich-persönlichen) und endlich zur dauernden, finanziell-kapitalmäßigen vertraglichen Bindung verdichten kann und sehr oft wird. Die Risiko- und Ertragsteilung, wie sie sich schon bei einem einzelnen oder mehreren aufeinanderfolgenden Einzelgeschäften findet, wird oft genug zur „Freundschaft" und, über enge Geschäftsverbindung, zum Arbeitsabkommen führen; gemeinsames Interesse an Dritten, gemeinsame Aufsichtsratssitze in Gesellschaften, in denen auch der andere größere Aktienposten vertritt, und vor allem: Verschmelzung von Industrieunternehmungen, an denen an sich verschiedene Banken beteiligt waren (wie es mehrfach im Verhältnis der Darmstädter zur Nationalbank der Fall war), vermögen oft Banken — weit hinaus über die Gelegenheitsgesellschaft des BGB. — nahe aneinander heranzurücken [2]).

Oder: eine stärkere Bank hat die Führung im Konsortium und vergibt dauernd — nicht sowohl aus wirtschaftlicher Notwendigkeit, als vielmehr in bewußter Politik: Bündnispolitik — die Konsortialbeteiligungen an bestimmte Firmen: das führt zur Herausbildung ganz bestimmter Interessensphären [3]).

So finden wir auch hier im kleineren ein sich täglich aufs neue wiederholendes Analogon zu dem, was die historische Betrachtung

---

[1]) Disconto-Gesellschaft — A. Schaaffhausenscher Bankverein!

[2]) Die den kleineren Banken und vor allem Bankiers in den Aufsichtsräten der großen Aktienbanken eingeräumten Sitze beruhen oft auf solcher (dann auf diese Weise auch nach außen kenntlich werdender) Grundlage.

[3]) In dem Falle, in dem die Großbank die Kapitalserhöhung für eine kleinere Bank durchführt und die Börsenzulassung neu emittierter Werte beantragt, dabei vielfach, ja meist, nachdem sie die jungen Aktien angeboten, einen Teil derselben in eigenen Besitz überführt, handelt es sich meist um Ausbau und Vertiefung an sich schon bestehender Beziehungen. (So führen die Großbanken stets die Kapitalserhöhungen ihrer Konzernbanken durch.)

im großen von der vor- und frühkapitalistischen Vergangeheit zu sagen wußte: wenn Sombart (Der moderne Kapitalismus, II)[1]) die Entstehung vor allem der Kommanditgesellschaft aus dem einzelnen, dem Gelegenheitsgeschäft nachweist und überhaupt vornehmlich aus der Gelegenheitsgesellschaft alle kapitalistischen Vergesellschaftungsformen erwachsen läßt, so gilt für den modernen Konzentrationsprozeß der hochkapitalistischen Aera nicht minder, daß das zunächst gelegentliche, dann traditionell-kontinuierliche Eingehen von Gemeinschaftsgeschäften, das Gewohnheitskonsortium, in dem die Freiheit der Einzelentschließung bereits allgemein gebunden ist, daß kurz, Kooperation (zumindest:) zu Koordination im Rahmen dauernder Assoziation und zur endlichen Verschmelzung führen kann und sehr oft führen wird. So sehen wir bereits hier in der Richtung auf eine spätere Konzentration die Ansätze, deren — auch heute — eine Fülle verborgen sein mag, temporäre Vorformen des Zusammenschlusses, wie ich sie nennen möchte, potentielle Vorformen zu den effektiven (eigentlichen) Verflechtungsgemeinschaften, zu deren Verwirklichung, formalen Ausgestaltung sie die Richtung geben und es, vor allem bei bedeutendem Größenunterschied der Banken (Großbanken und Provinzbanken!), nur jeweils der zwingenden Anlässe bedarf.

Und so laufen von allen Großbanken auch manche latente Fäden zu näheren und ferneren Freunden[2]), „traditionelle Sym-

[1]) Und: Max Weber, Wirtschaftsgeschichte, S. 184, 200; ferner Sombart im Archiv für Sozialwissenschaften Bd. 42, S. 462 ff., besonders S. 469, 477.

[2]) Wichtig sind übrigens auch die latenten Fäden namentlich unter den zum Teil weitgehend verschwägerten Privatbankiers. Ein markantes Beispiel ist die enge verwandtschaftliche Beziehung der Kölner Bankhäuser J. H. Stein und Deichmann & Co. untereinander und zu den Häusern J. Henry Schröder & Co. in London und Schröder Gebr. & Co. in Hamburg. J. H. Stein (im Aufsichtsrat der Commerz- und Privatbank und namentlich Delbrück Schickler & Co. und der Metallbank nahestehend) steht durch mehrfache Verschwägerung in engeren Beziehungen zu Schröder-Hamburg. So trat im Jahre 1913 Kurt Freiherr von Schröder in die Kölner Firma als Teilhaber ein. Die enge Beziehung zu den Hamburger Schröders bedeutet gleichzeitig intime Verbindung auch mit dem großen Londoner Hause Schröder, das 1923 unter der Firma J. H. Schroder Banking Corp. auch eine New Yorker Niederlassung eröffnete; zwischen dem Londoner und dem Hamburger Hause bestand Jahrzehnte hindurch Personalunion, und auch die jetzigen beiderseitigen Seniorchefs sind Brüder. — J. Heinrich von Stein war der Schwiegersohn Mevissens und stand als solcher lange Jahre der Darmstädter Bank und auch dem Hause Delbrück, Leo & Co., zu deren Gründern Mevissen gehörte, sehr nahe. Ganz besonders eng aber sind die familiären und auch die geschäftlichen Beziehungen des Hauses J. H. Stein zu Deichmann & Co., deren Verwandtschaft mit Schröder in London und in Hamburg schon älteren Datums ist und sich auch hier in starker geschäftlicher Verbundenheit äußert (beide Häuser Schröder und Deichmann & Co. beteiligten sich 1921 mit anderen an dem Wiener Hause Joh. Liebieg & Co.; Kooperation Schröder-London und Deichmann in den Kaligruppen Wintershall (mit Rechberg) und 1927, zusammen mit der Commerz- und Privatbank, auch bei Burbach). Deichmann und Stein stehen durch den ihnen verwandten Teilhaber G. W. v. Mallinckrodt auch dem von Louis

pathien“ und „persönliche Freundschaftsverhältnisse“, die ihren Ausdruck finden als „stillschweigend oder formlos verabredetes Zusammenarbeiten“ (Jeidels); alte Beziehungen, persönlicher Einfluß, individuelle Machtverhältnisse, bei denen die Rechtsform irrelevant ist. Kreditbegünstigungen, loseste Übereinkünfte gehen vielfach parallel und verbinden, wenn auch nicht formell, so doch faktisch, auf diese Weise solche Bankfirmen mit den Großbanken. Wenn je, so ist gerade bei den Banken schwer ein Maßstab für die Intensität der nicht-konzernmäßigen Beziehungen eines derartigen Kreises zu bestimmen. — Die Konzentrationsfälle der Jahre 1917 ff. bestanden großenteils in nichts anderem als in der Umwandlung eines Systems von Freundschaften in ein Konzernsystem oder in das System einer einheitlichen Unternehmung.

Jahrzehntelanges gemeinsames Arbeiten in den großen Konsortien (spätestens bereits 1864) hatte zur Folge, daß, als das Frankfurter Stammhaus der Rothschilds nach dem Tode seines letzten Chefs im Jahre 1901 liquidiert wurde, ein Teil der Geschäfte und die Kundschaft der Disconto-Gesellschaft übertragen wurde, die damit gleichzeitig als Ersatz für die langjährigen sehr engen Beziehungen in Frankfurt ihre erste deutsche Filiale begründete, daß ferner, um nur einige besonders augenfällige Beispiele eigentlicher Konzentration hervorzuheben, sich die folgenden Entwicklungen vollzogen haben:

Deutsche Bank: Essener Creditanstalt: 1894 Konsortialführung bei Kapitalserhöhung der E. C. A.; infolge verengerter Beziehungen Austausch je eines Direktors als Aufsichtsratsmitglied 1900/01; 1903 Übernahme von Aktien, zunächst eines Zwölftels, durch die DB; Anteil seit 1904 allmählich erhöht; 1925 fast 75%ige Beteiligung, April: Fusion.

Schlesischer Bankverein: 1870 S. B. V. unter den Gründern der DB; von da an enge Freundschaftsbeziehungen und gemeinsame große Finanzierungsgeschäfte[1]); 1897 Mehrheitsbeteiligung; 1917: Fusion.

Württembergische Vereinsbank: zahlreiche große Ge-

Hagen und der Danatbank kommanditierten Bankhause Hagen & Co. in Berlin geschäftlich, ferner mindestens verwandtschaftlich Grunelius & Co. (Frankfurt a. M.), diese wiederum Eichborn & Co. (Breslau) nahe.

Frhr. Ed. v. d. Heydt i. Fa. v. d. Heydt's Bank (Berlin und Amsterdam), dem Barmer Bankverein und v. d. Heydt-Kersten & Söhne (Elberfeld) nahestehend, ist seit 1918 Schwiegersohn P. v. Schwabachs i. Fa. S. Bleichröder.

[1]) Helfferich, Georg von Siemens, I, S. 330.

meinschaftsgeschäfte in enger Zusammenarbeit von Anfang an [1]); 1920 Kontrolle; 1924 90% im Besitz, Fusion.

Rheinische Creditbank: seit Jahren enge Zusammenarbeit (Rh. C. B. u. Württ. V. B. waren 1871 Gründer der der DB von Anfang an eng verbundenen Deutschen Vereinsbank, Frankfurt a. M.). — Ähnlich seit den 1870er Jahren bei der Bergisch-Märkischen Bank, wo es schließlich 1897 zu über 75%iger Beteiligung, 1914 zur Fusion kam — usw.

Disconto-Gesellschaft: mit der ADCA seit Gründung befreundet; 1901 Übernahme von $10^1/_2$% des Aktienkapitals durch die DISC.

W. H. Ladenburg & Söhne (Mannheim): Zusammenarbeit bereits 1866 (gemeinsame Emission einer badischen Anleihe) und später; 1905 von der DISC umgewandelt in die „Süddeutsche Disconto-Gesellschaft".

Bayerische Hypotheken- und Wechselbank: Zusammenarbeit bereits 1873; 1905 Gründung der Bayerischen Disconto- und Wechselbank als gemeinsamer Tochtergesellschaft; 1917 Abschluß eines engeren Vertrages; das Verhältnis lockerte sich seither wieder.

Norddeutsche Bank: Zusammenarbeit bereits seit 1865; seit den 70er Jahren im Preußenkonsortium; 1871 mit der DISC Anleihe der Köln-Mindener Eisenbahngesellschaft; später u. a.: Venezuela-Eisenbahn, Druckluftgesellschaft Popp; 1887 argentinische Anleihe und gemeinsame Errichtung der Brasilianischen Bank für Deutschland; 1889/90 Beteiligung u. a. bei de Bary & Co. gemeinsam. Das „Zusammengehen, aus dem eine immer enger werdende Verbindung hervorging" [2]), führte über ein enges Bündnis 1895 zur Angliederung: „Dieselbe bildete einen formellen Abschluß einer schon seit Jahren bestehenden, durch die Ausdehnung der gemeinsamen überseeischen Unternehmungen verstärkten Interessengemeinschaft" [3]).

Vgl. ferner Lazard Speyer-Ellissen, Frankfurt am Main, und C. Schlesinger-Trier, Berlin, bis zu ihrer Verschmelzung (1928).

2. Die Formen der rechtlichen Organisation.

Im folgenden sind die üblichen und bisher in Anwendung gekommenen Organisationsformen der bankkapitalistischen Konzentration (also unter Außerachtlassung der durch eigene Kapitals-

[1]) ib. S. 292 f., 330.
[2]) „Die Disconto-Gesellschaft 1851—1901", S. 30.
[3]) Geschäftsbericht der Disconto-Gesellschaft für 1895.

erhöhung oder bloße Filialeröffnung erfolgenden Erweiterung der Kapitalmachtsphäre) im einzelnen zu betrachten. Dabei ist vorauszuschicken, daß alle im folgenden zu behandelnden Rechtsformen in praxi überwiegend nur Vorstufen zu deren letzter, nämlich zur vollen Fusion, gewesen sind, bis zu der oft mehrere Stadien nacheinander durchlaufen wurden.

A. Vertragliche Arbeitsgemeinschaft.

Zunächst kann die Konzernbildung formell durch Herstellung einer früher sogenannten „reinen" Interessengemeinschaft auf der Grundlage der Gesellschaft des bürgerlichen Rechts (grundsätzlich auf längere Dauer: man pflegt auf mindestens 5, höchstens 99 bzw. 100 Jahre zu vereinbaren) unter vertraglicher Regelung der Geschäftsbeziehungen bewirkt werden. Sie liegt mindestens bereits dann zugrunde, wenn von einer „Verengerung der Beziehungen", „Anknüpfung engerer vertraglicher Bande", einem „dauernden Vertragsverhältnis" oder einem „Freundschaftsverhältnis" die Rede ist. Freilich: „Über das Maß der Bindung wissen wir nichts, weil sich die Vorgänge innerhalb der großen Konzerne der Beobachtung durch Öffentlichkeit und Wissenschaft meist entziehen", heißt es bei Carl Landauer [1]) mit Recht. Es findet ein (mehr oder weniger) dauernder Zusammenschluß unter — mindestens formell-juristisch — voller Wahrung der Selbständigkeit der Einzelunternehmungen statt (die in der ökonomischen Wirklichkeit auf ein Minimum beschränkt sein kann: davon später), meist unter Austausch von Verwaltungsmitgliedern, der den Grundzweck einer gleichgerichteten Geschäftspolitik zu gewährleisten und Ergänzung, Austausch oder Verschmelzung der beiderseitigen Interessen über das bloß gelegentliche Kooperieren hinaus zu bewirken geeignet ist.

Der rechtlich erfaßbare Kern solcher in aller Regel im einzelnen nicht veröffentlichten Abmachungen dürfte meist in folgendem zu finden sein: ausdrückliche oder auch stillschweigende Ausschließung direkten Konkurrierens, vor allem am Platze des Freundes; gegenseitige Beteiligung, Unterstützung und Kooperation bei größeren Geschäften; fast immer wohl auch Meistbegünstigung für die Berechnung von Zins- und Gebührensätzen; gegenseitige Verpflichtung, seine Geschäfte am Orte des Kontrahenten nur durch diesen zu bewirken (Agentur- bzw. Kommissions- und Gebietsabgrenzungsvertrag); evtl. Kreditabsprachen und Fühlungnahme im Geldgeschäft usw.

Im übrigen treten diese juristischen Bindungen oft an entscheidender Wirksamkeit hinter der sie tragenden und erhaltenden

---

[1]) Die Wege zur Eroberung des demokratischen Staates durch die Wirtschaftsleiter, Erinnerungsgabe für Max Weber II.

Realität der zugrunde liegenden persönlichen Zusammenhänge zurück.

Diese Form der „Interessengemeinschaft“ (Beispiele: Disconto-Gesellschaft — E. Heimann, Breslau, Jahrzehnte hindurch bis 1922; heute noch: ADCA — Bayerische Hypotheken- und Wechselbank seit 1921) dürfte, entgegen dem durchgehenden Sprachgebrauch von früherer Bankliteratur (Riesser und die anderen) und Praxis, eher als vertragliche Arbeitsgemeinschaft zu bezeichnen sein. Was immer wieder unter Banken „Interessengemeinschaft“ hieß, war (auch gerade in der Nachkriegszeit) innerlich nichts anderes als entweder Arbeitsgemeinschaft oder aber meist mehr als das: Beteiligungsverhältnis, viel seltener Interessengemeinschaft im engeren, im eigentlichen Sinn (s. im folgenden).

Der oben umschriebene juristische Gehalt der einer Arbeitsgemeinschaft zugrunde liegenden Vereinbarungen findet sich als Grundstock und rechtliches Minimum konzernmäßiger Bindungen dann in aller Regel ebenso bei sämtlichen der folgenden Rechtsformen.

B. Interessengemeinschaft.

Allen folgenden Rechtsformen der Konzentration ist gemeinsam: eine wie auch immer geartete finanzielle Zusammenfassung, ein partielles oder totales, obligatorisches oder dingliches Verflechtungsverhältnis von Unternehmungsvermögen, eine Bindung in bezug auf Geschäftsertrag oder gar Geschäftskapital mit gleichzeitig weitgehender verwaltungsmäßiger und geschäftlicher Einheit.

Bei der eigentlichen, mit Ertragspoolung verbundenen Interessengemeinschaft geht die kontraktliche Vertiefung gleicher Geschäftspolitik so weit, daß die Reingewinne der Verbundenen alljährlich zusammengelegt und nach einem vereinbarten, meist aus der Relation der Eigenkapitalziffern (Grundkapital mit oder ohne offene Reserven) berechneten Schlüssel verteilt und in der Regel[1]) auch die Verluste anteilig belastet werden (Ertragsgemeinschaft, Zeitvertrag mit Gewinnquote). Vereinbarungen über die Grundsätze der individuellen Gewinnermittlung und die Höhe der Abschreibungen sind dabei üblich, darüber hinaus auch hier Kombinationen mit ausdrücklichen Dividendengarantieverträgen möglich. Mindestens Satzungsänderungen und Kapitalveränderungen sind in der Regel nur bei Übereinstimmung zulässig. Auch in anderen Dingen kann gemeinschaftliche Willensbildung

---

[1]) Teilung nur der Gewinne, nicht auch der Verluste bei der I.-G. Dresdner Bank — Schaaffhausenscher Bankverein.

und gemeinsame Leitung durch weitgehenden Austausch von Verwaltungsmitgliedern erzielt werden.

Über die bürgerlich-rechtliche Gesellschaft hinaus wurde von den Banken für die Interessengemeinschaft eine Verwaltungsgesellschaft und Gemeinschaftszentrale in Form der G. m. b. H. als Dachfirma (Organgesellschaft) nie gewählt; auch ein mit weitgehenden Kompetenzen ausgestatteter „Gemeinschaftsausschuß" als gemeinschaftliches Organ gelangte hier, im Gegensatz zu den Hypothekenbanken, in der Regel [1]) nicht zur Anwendung.

Noch viel tiefer greifend und nachhaltiger ist die Bedeutung einer solchen an sich nur schuldrechtlich bindenden Interessengemeinschaft, wenn sie durch eine kapitalmäßige Verflechtung, durch gegenseitige (dingliche, eigentumändernde) Beteiligung am Gesellschaftsvermögen unterbaut wird. Bei solcher wechselseitiger kommanditarischer Beteiligung bzw. effektenkapitalistischer Verschachtelung durch Aktienaustausch [2]) treten also neben die rein obligatorische Wirkungen erzeugende Ertragsgemeinschaft über den Ertragsempfang hinaus eigentumvermittelnde Gesellschafterrechte. — Tritt solche gegenseitige Beteiligung anstatt an die Seite an die Stelle des Poolverhältnisses, so wird sich auch ohne förmliche Interessengemeinschaft eine ganz ähnliche oder gleiche Wirkung erzielen lassen: gemeinsam bleibt die Beteiligung an Risiko und Erträgnissen der beiderseitigen Gesellschaftsvermögen.

So kann schon juristisch durch alle Grade denkbarer Übergangsmöglichkeiten hindurch eine Bindung allerengster Art entstehen, die, wie das Beispiel der provisorischen „Bankgemeinschaft Darmstädter-Nationalbank" 1921/22 zeigt, ihrem inneren Werte und ihrer Wirkung nach einer juristischen Fusion außerordentlich nahekommt. Die gesamte Kapitalkraft der verbundenen Unternehmungen steht im Effekt hinter jedem Engagement jeder einzelnen Unternehmung.

Tatsächlich wurde die Rechtsform der Interessengemeinschaft eine Zeitlang auch vielfach mit Rücksicht auf die seinerzeit in § 17 des Körperschaftssteuergesetzes vorgesehene erhöhte Fusionssteuer gewählt, die nachher (April 1922) auf das Drängen derer, die es anging, gestrichen wurde und die einen unverhältnismäßigen Geldaufwand für eine Trans-

---

[1]) Allein bei der I.-G. Dresdner Bank—Schaaffhausenscher Bankverein bestand ein „Delegationsrat" als gemeinsamer engerer Ausschuß aus den beiden Aufsichtsräten zwecks Genehmigung der Bilanzierungen und des gemeinschaftlichen Gewinnausgleichs, als Schiedsgericht usw. (1904—08).

[2]) Im Austausch gegen eigene Aktien oder gegen Aktien aus eigenem Beteiligungsbesitz (vgl. S. 106); verbunden mit Veräußerungsverbot und vielfach mit Stimmrechtsbindung.

aktion, die doch aus ökonomischen Gründen vorgenommen werden sollte, erfordert hätte. Im übrigen war die Interessengemeinschaft mit Ertragspoolung im Bankgewerbe der Nachkriegszeit nicht sonderlich häufig. Im Gegensatz zur Industrie, in der steuerliche Gründe gerade nach dem Kriege so sehr häufig für die Eingehung einer Interessengemeinschaft maßgebend waren, war hier die I.-G. durchaus kein Spezifikum der Inflationszeit: vor dem Kriege gab es vor allem schon die bedeutenden Interessengemeinschaften Württembergische Vereinsbank — Württembergische Bankanstalt[1]) (1881 bis 1922), Dresdner Bank—A. Schaaffhausenscher Bankverein (1903 bis 1908), Rheinische Creditbank — Pfälzische Bank (1911 bis 1922: jene garantierte dieser gleiche Dividende auf 5 Jahre gegen Gewährung eines festen Praecipuums aus deren Gewinn auf 10 Jahre; Schlüsselung des restlichen Reingewinns; Aktienaustausch). In der Nachkriegszeit bildeten sich u. a. zeitweilig auch unter Privatbankhäusern Interessengemeinschaften. — Auch hier erwies sich die I.-G. lediglich als eine temporäre Übergangsform aus in der Hauptsache außerökonomischen Gründen.

Heute findet sie sich als Institution im Kreditbankgewerbe praktisch kaum noch. Die I.-G. führte, wenn mit Aktienaustausch, meist zur Fusion, wenn ohne, zur Lösung. Unter Banken von wesentlich verschiedener Größenordnung bestand die Gefahr ungleichmäßiger finanzieller Auswirkung des Poolabkommens[2]). Die Unmöglichkeit, allzusehr divergierende Bankleitungen den gleichen Intentionen und Direktiven unterzuordnen, ließ Interessengemeinschaften unter Banken meist Krisen, die straffe Zentralisierung fordern, nicht überdauern (vgl. hierzu die ausführlichen Darlegungen bei Riesser a. a. O., S. 550 f.).

Bei der Hypothekenbankgruppe der Bayerischen Vereinsbank (vgl. S. 121) wurde übrigens die Ertragsverrechnung für 1926 angesichts der allseitig günstigen Jahresabschlüsse ausgesetzt; hier gilt also die Poolung nur grundsätzlich und zwar offenbar lediglich als eventuelle Gewinngarantie für schlechte Jahre.

Die I.-G. mit Ertragspoolung hat für das Bankgewerbe, noch mehr als für die übrige Wirtschaft, wesentlich nur noch historische Bedeutung. Ihre dualistische, außerdem recht komplizierte und allzu statische Konstruktion widerspricht auf die Dauer dem äußerst beweglichen Wesen und der allerorts sehr verschiedenartigen geschäftlichen Eigenentwicklung einer Bank.

---

[1]) Das war überhaupt der erste Fall einer Interessengemeinschaft in Deutschland! (Friedländer, Konzernrecht, S. 5.)

[2]) Die Dresdner Bank hatte sich zwischen 1903 und 1908 besser entwickelt und war viel liquider als der mit ihr durch I.-G. verbundene A. Schaaffhausensche Bankverein.

C. Beherrschung im Gewande der Arbeits- bezw. Interessengemeinschaft oder der gegenseitigen Beteiligung.

Die bisher geschilderten Formen konzernmäßiger Verflechtung beruhten darauf, daß ihre Dauer in dieser Form solange gewährleistet blieb, als sie ein Band zwischen annähernd gleich Starken war. Möglich aber ist, daß sich Banken von sehr verschiedener Kapitalkraft oder auch von verschiedener Initiativkraft zusammenschließen, oder daß sich im Wandel der Machtverhältnisse ein solcher Status im Laufe der Zeit herausentwickelt: Dann wird unter nicht gleich Starken einer das Übergewicht gewinnen, wird einer stärkeren Einfluß auf Willensbildung und Exekutive üben: an die Stelle der — bisher betrachteten — reinen Gleichordnung, bei der das Moment der Gegenseitigkeit relevant ist, wird, wenn nicht schon von vornherein, so im Laufe der Zeit, die auf Ungleichheit beruhende Abhängigkeit und Beherrschung treten.

Dabei ist entweder möglich, daß z. B. bei gegenseitiger Beteiligung der eine mehr Anteile des anderen besitzt als dieser bei ihm, oder daß bei verschiedener Kapitals- und Geschäftsgröße oder auch verschiedenartiger Gruppierung der Anteilseigner die eine Bank mit dem gleichen Beteiligungsbetrage bei der anderen Bank (prozentual!) viel mehr Einfluß auszuüben vermag, als diese bei der größeren, bei der ihr Anteil relativ (bei absoluter Gleichheit der Beteiligungssummen!) nicht oder nur geringer ins Gewicht fällt. Dann ist die mit einseitiger oder — tatsächlich wenig bedeutender, aber desto ehrenvollerer — wechselseitiger Beteiligung [1]) verbundene Gemeinschaft zum Ausdruck und Mittel lediglich der Subordination geworden, ist „dauernder Zusammenschluß" wohl noch mit Wahrung der juristischen, nicht mehr aber der faktischen Selbständigkeit und Koordination verknüpft. Die Bezeichnung „Interessengemeinschaft" ist nur noch ein epitheton ornans, gibt nicht mehr das Entscheidende, die Ratio des Vorganges wieder: mit den so herangezogenen Instituten entsteht der Bankenkonzern.

So finden wir in der Rechtsform der Interessengemeinschaft wie überhaupt in allen diesen juristischen Koordinationsverhältnissen der Wirkung nach bereits alle Formen der Konzentration, die möglich sind, eingeschlossen, in ihrem Rahmen vorgezeichnet,

---

[1]) Die Großbank schlägt der anderen Verwaltung einen Aktienaustausch (zwecks gegenseitiger Beteiligung am Gesellschaftsvermögen) vor oder aber sie macht ein (fakultatives) Aktienumtauschangebot (Umtausch in Aktien der Großbank auf Grund Angebots an die Aktionäre der kleineren Bank unter Anstrebung der Übernahme des gesamten Aktienkapitals); Austausch soll der Verflechtung zweier, Umtausch der Ausschaltung eines Gesellschaftsvermögens dienen.

in verschiedenster Abstufung, in jedem Maße lockerer und festerer Verflechtung von dem (dem Staatenbunde analogen) Arbeits- und Arbeitsertragsabkommen bis zu dem (dem straff zentralisierten Bundesstaat analogen) vollen Abhängigkeitsverhältnis unter starker finanzieller Verklammerung durch eine beherrschende Unternehmung.

D. Einseitige Beteiligung.

Losgelöst von aller — sei es durch wirkliche oder nur (in der Praxis) sogenannte I.-G. verbürgten — Gegenseitigkeit muß als die weitaus häufigste Rechtsform die einseitige, direkte Beteiligung am Geschäftskapital gelten, die dauernde Kapitalsanlage, die zugleich und darüber hinaus die Einflußnahme auf die Geschäftsführung, auch hier noch bei beschränktem Risiko, ermöglicht und bezweckt.

a) Bei Individualfirmen oder offenen Handelsgesellschaften durch Umwandlung in eine Kommanditgesellschaft (oder bei einer solchen durch Eintritt als weiterer Kommanditist);

b) Bei Aktien- und Kommandit-A.-G.en durch Aktienerwerb (oder bei Gesellschaften m. b. H. durch Erwerb von Geschäftsanteilen usw.).

a) Kommanditierung.

Die Eingehung neuer oder Vergrößerung bestehender kommanditarischer (oder stiller) Beteiligung [1]), wobei die Kommanditen sehr oft, ja überwiegend für den Kommanditisten Filialfunktion erfüllen, hat auch in der Nachkriegszeit niemals den geringen Rahmen, die im Vergleich zu den übrigen Konzentrationsarten doch recht niedrige Ziffer der Vorkriegsperiode überschritten.

Sehr viele Kommanditen wurden völlig übernommen, vielfach neue Beziehungen angeknüpft, vor allem spannten die Bankinstitute der provinziellen Großstädte (oft selbst Konzernbanken) über das Land ein Netz von Kommanditen aus. Die Filialfunktion von Kommanditfirmen trat nunmehr namentlich auch im Verhältnis deutscher Banken zu Holland und verstärkt zu Österreich in die Erscheinung.

Das Verhältnis beider Banken kann sehr verschieden geartet sein: Die Kommanditeinlage ist entweder eine reine Kapitalsanlage (die zugleich auch nützliche neue Beziehungen hereinbringen soll) oder sie soll darüber hinaus in stetem Zusammenarbeiten eine direkte Vertretung der kommanditierenden Bank, bei beschränktem

---

[1]) Wie groß die Einlage ist, bleibt mangels Publikationspflicht meist Geheimnis. Es ist das auch nicht immer so wichtig, denn es kommt auf die geschäftliche Kraft und das gegenseitige Größenverhältnis der beiden Banken an, das großenteils auch die Verkehrsformen bestimmt. In der Wirklichkeit handelt es sich stets um Organismen mit einer Unzahl von Freiheitsgraden.

Aufwand und Risiko für diese, Erfüllung bestimmter geschäftlicher Aufgaben in ihrem Umkreise bewirken (ausländische Kommanditen wurden vielfach geradezu ad hoc gegründet); Konnex und Einfluß auf die Geschäftsleitung und Geschäftspolitik werden in beiden Fällen ein durchaus verschiedener sein. Die Formen der Kontrolle sind durch das Vertrauen bedingt: sie beschränkt sich vielfach auf die formellen Bilanzprüfungen, es können aber auch ständige Berichte über den geschäftlichen Status angefordert oder sogar öftere, periodische Revisionen vorgenommen werden. Vertraglich können — und so geschieht es unter Banken meistens — bestimmte riskante Geschäfte ausgeschlossen werden.

Wie die Kommanditfirma dem Kommanditisten den Vorteil erweiterter Arbeits- und Wirkungssphäre verschafft, so weist dieser der Kommandite größere Geschäfte (Vertrauensgeschäfte, Plazierungsaufträge, Funktion als „Emissionskulisse") zu, gewährt ihr, wo die Mittel nicht ausreichen, Kredite und steht überhaupt mit ihr meist absprachegemäß in engerem Wechsel- und Geldausgleichsverkehr. Dagegen genießt die Kommandite im Geschäftsverkehr mit ihrer Großbank und bei gemeinsamen Geschäften in der Regel durchaus keine Vorzugs-, sondern höchstens Meistbegünstigungskonditionen (für Zins- und Gebührensätze). Aber: durch die freiwillige Gewährung von Konsortialunterbeteiligungen aus rein freundschaftlicher Rücksichtnahme pflegt die Großbank einen meist sicheren Gewinn zugunsten ihrer Kommandite preiszugeben. Im ganzen: keine gemeinsame Leitung, meist keine sehr starke, zentrale Verfügungs- und Anordnungsgewalt des Kommanditisten, überwiegend ein nicht allzu enges Band.

Anders wird es da, wo die Beteiligung wirksam verstärkt und in ihrem Rechtscharakter verändert wird durch einseitige Entsendung eines Geschäftsinhabers, Direktors oder Filialdirektors als persönlich haftender Teilhaber (Disconto-Gesellschaft bei L. Pfeiffer, Kassel; Deutsche Bank bei C. G. Trinkaus, Düsseldorf; S. Bleichröder bei Wm. Schlutow, Stettin; Metallbank bei Delbrück Schickler & Co., Berlin, und bei Delbrück v. d. Heydt & Co., Köln) oder — seltener — durch Austausch von persönlich haftenden Gesellschaftern (S. Bleichröder, Berlin, und H. Aufhäuser, München; früher: Barmer Bankverein und v. d. Heydt-Kersten & Söhne, Elberfeld).

b) Aktienbesitz.

Praktisch und numerisch aber blieb natürlich vor allem wichtig die durch Aktienerwerb gewonnene Einflußnahme auf Aktienbzw. Kommanditaktiengesellschaften, wie sie gerade gegen Ende des Krieges und in der Nachkriegszeit in außerordentlich großem Umfange zu beobachten gewesen ist. Die effektenkapitalistische Verflechtung geht dabei so vor sich, daß eine oder mehrere Banken

Aktien bereits bei der von ihnen vorgenommenen Gründung oder Umwandlung als Hauptaktionäre übernehmen.

Z. B. 1905:

Disconto-Gesellschaft (Berlin) — ADCA (Leipzig) — B. M. Strupp, Meiningen

BANK FÜR THÜRINGEN A.-G. vorm. B. M. STRUPP, Meiningen
1905—1926
(im Februar 1926 Fusion mit der Disconto-Gesellschaft).

Unmittelbar nach der Gründung wurde mit Wirkung vom 1. 1. 1906 die Meininger Filiale (früherer Hauptsitz) der Mitteldeutschen Creditbank übernommen, die ihren dafür erhaltenen Aktienanteil Anfang 1926 an die Disconto-Gesellschaft abgab.

Hierher gehören auch die Tochtergesellschaften i. e. S., zu denen auch Treuhandgesellschaften, mehr oder weniger bankmäßige Beteiligungsgesellschaften, Überseebanken usw. zählen. Fast sämtliche deutschen überseeischen Auslandsbanken sind als gemeinsame Tochtergesellschaften entstanden (Gründungssyndikat). Ein besonderer Fall ist die „Zweimanngesellschaft", deren beide Aktionäre untereinander durch einen Pool-(Konsortial)vertrag gebunden sind (z. B. heute die Deutsch-Südamerikanische Bank), und die später zu behandelnde „Einmanngesellschaft".

Oder aber (der Hauptfall) eine Bank setzt sich auf irgend eine Weise durch den Ankauf eines Aktienpaketes in den Besitz eines größeren Anteils an dem Gesellschaftsvermögen einer anderen Bank. Während der Aktienerwerb im Rahmen der Interessengemeinschaften oder bei Umwandlungen stets beiderseitig gewollt ist, durch Vertrag erfolgt [1]), ist es, wenn ohne diesen Rahmen, charakteristisch, daß manchmal plötzlich, bisweilen erst in der nächsten Generalversammlung, ein Großaktionär auftaucht und der vor die neue Situation gestellten Gesellschaft die von ihm gewünschte Politik aufzuzwingen sucht; überrascht sieht sich die Gesellschaft in der Schlinge gefangen, zumal wenn der neue Interessent — auf dem legalsten Wege — durch Aufkäufer, die er vorschob, sich ohne ihr Wissen das Eigentum der Anteile zu verschaffen vermochte. Dann wird der Großaktionär vor allem mehrere Sitze im Aufsichtsrat — entsprechend seinem Kapitalanteil — auch unter Brechung des entgegenstehenden Willens der Gesellschaftsverwaltung durchzusetzen suchen, wird früher oder später eine Einigung vollzogen werden müssen.

[1]) oder bei Einbehaltung eines Teiles des Emissionsbetrages durch die eine Kapitalerhöhung durchführende befreundete Bank zumindest nicht dem Willen der kleineren Bank zuwiderläuft,

Die Zusammensetzung des Aufsichtsrats ist für die äußere Beurteilung der Herrschaftsverhältnisse eines der relativ sichersten Merkmale [1]). — Die Betriebsräte sind in den Aufsichtsräten bekanntlich praktisch vollkommen beiseite geschoben, „Kommissionsvorbesprechungen" vor den Aufsichtsratssitzungen schalten sie — mindestens bei den Banken — tatsächlich aus. — Umgekehrt erhalten neben befreundeten kontrollierte und namentlich übernommene Banken, wenn sie nur bedeutend genug sind, eine Vertretung im Aufsichtsrat der Muttergesellschaft.

Der Weg der unmittelbaren Gewalt aber ist auf dem Gebiete der Bankenkonzentration nicht der übliche. Durchaus die meisten aktienmäßigen Beteiligungen dürften zuletzt im Wege der Verhandlung von Verwaltung zu Verwaltung erworben worden sein (auch Vermittlungstätigkeit Dritter spielt eine bedeutende Rolle). Austauschvertrag, Ankaufs- oder Umtauschofferte sind die regulären Erwerbsformen.

Oder andere Ausgangspunkte: es wird zwecks Tilgung gewährter Kredite (bei Vorschüssen im Kontokorrent oder anderweitiger Darlehnsgewährung unter Vorbehalt späterer Aktienoption, unter Aktienhinterlegung bzw. -verpfändung oder als sonstige Folge unmöglich gewordener Kreditabdeckung) unter Umwandlung der Forderungen eine Beteiligung oder auch nur eine stille Teilhaberschaft erworben (die stille Gesellschaft ist ja ursprünglich und im Kern nur ein Darlehnsvertrag); bekanntlich erfolgt überhaupt gerade Kreditgewährung oft in der bewußten Absicht der Einflußnahme auf Angliederungsobjekte.

Nach derartiger Einflußnahme wird dann in der Regel — wie oben dargelegt — eine Arbeitsgemeinschaft abgeschlossen, die Vereinbarungen über gemeinsame Geschäftspolitik, Kreditabkommen und dergleichen in sich schließen kann.

Das oben bei den Kommanditverhältnissen über den Inhalt der begleitenden vertraglichen Abmachungen, über die filialvertretende Funktion der Untergesellschaften und über die praktischen Auswirkungen des Gegenseitigkeitsverhältnisses Bemerkte trifft im wesentlichen auch hier zu.

Bereits der Minderheitsaktionär wird, zum Teil kraft seines eigenen Besitzes, ebenso aber und zum Teil noch mehr durch Vertretung der Freunde und Kunden (mit dem Stimmrecht der Depot-, auch der verpfändeten Aktien auf Grund spezieller oder heute meist genereller — in den allgemeinen Geschäftsbedingungen vereinbarter — Legitimationsübertragung, Bitte um Leihüberlassung

---

[1]) Aber auch nicht zu überschätzen: es gibt Fälle ganz verschieden wichtiger Rolle der Aufsichtsratsmitglieder. Und es kommt vor, daß ganz außenstehende Bankfirmen eine gewichtigere Stellung einnehmen als die im Aufsichtsrat vertretenen.

aus Händen hier nicht interessierter Banken), durch die Teilnahmslosigkeit und den „Herdentrieb der freien Aktionäre", die ihren Kleinbesitz durch die Großbank vertreten lassen oder gedankenlos der Bankgroßmacht folgen, einen starken Einfluß ausüben können.

„An dem Besitz von ... Majoritäten wurde nicht pedantisch festgehalten ..., sondern das Streben darauf gerichtet, daß der Konzernzusammenhang bei verhältnismäßig kleinen Aktienbeteiligungen durch innere Bande, durch den Magnetismus des wechselseitigen Interesses und der Gewohnheit erhalten blieb ... So z. B. besaß die AEG [1]) zeitweilig nicht mehr als eine Million Aktien der Berliner Elektrizitäts-Werke und vermochte doch das mit 60 Mill. M. arbeitende Unternehnehmen in allen Einzelheiten zu leiten." [2]) Ähnlich liegt es bei Dutzenden von Banken.

Es kann z. B. der Besitz von weit weniger als 50% des Kapitals auch dann zur Kontrolle ausreichen, wenn die Bank alt ist und ihre Aktien, in viele Hände zersplittert, in den Generalversammlungen unvertreten bleiben. So wird ein nominell nicht sehr erheblicher Besitz praktisch leicht zur „maßgebenden", „qualifizierten" Minorität — bei gesetzlichem oder statutarischem Erfordernis von $^3/_4$-Mehrheiten für gewisse wichtige Entscheidungen genügt ja Verfügung über mehr als 25% nur der vertretenen (!) Aktien als wenigstens negativ wirksame „Sperrminorität" — oder gar zur praktischen Mehrheit.

So kommt es, daß durch Autorität, Tradition und durch gewisse Interessenbeziehungen der wirtschaftliche, machtmäßige Einfluß der Großaktionäre bzw. der Verwaltungskreise meistens weit größer als der Prozentsatz ihres effektiven Aktienbesitzes ist und, wie es bei allen Großbanken der Fall ist, die freien Aktionäre praktisch zur Bedeutungslosigkeit verurteilt. Mit allen möglichen Konstruktionen von „Schutz"aktien hilft man nach, um in Zweifelsfällen die Herrschaft der Verwaltungskreise zu stabilisieren. Die Methoden der juristischen Bindung und Privilegierung haben gewechselt:

Vorzugs- und speziell Stimmrechtsaktien, die die Wirksamkeit und das Gewicht des Besitzanteils am Kapital zugunsten des Stimmrechtsbesitzes verschieben, gibt es — abgesehen von den Hypothekenbanken (z. B. Gemeinschaftsgruppe) mit stellenweise 900-fachem Stimmrecht — nur noch bei einigen wenigen größeren Banken.

Bei der Mitteldeutschen Creditbank haben nom. 20 000 M. (in Verwaltungshänden) 300 faches Stimmrecht. Ferner sollen hier Stimmrechtsbindungen bezüglich eines

[1]) die ja seit den 1890er Jahren selbst auch großes Finanzierungsinstitut ist
[2]) Felix Pinner, Emil Rathenau, S. 212.

anderen festen Paketes bestehen. — Bei der Bayerischen Hypotheken- und Wechselbank haben die (erst teilweise eingezogenen) Vorzugsaktien je 40-faches Stimmrecht; sie ruhen bei einer Tochtergesellschaft, der Süddt. Treuhandgesellschaft. Bei der Bayerischen Vereinsbank geben nom. 1,05 Mill. M. Vorzugsaktien im Besitz eines eng befreundeten dreigliedrigen Konsortiums (auch hier in den drei üblichen wichtigen Fällen, darunter Aufsichtsratsbesetzung!) je 3-faches Stimmrecht (= $15^3/_4$% der Gesamtstimmenmacht).

Bei der Frankfurter Bank bestehen noch Namens-Vorzugsaktien mit je 15-fachem Stimmrecht.

Angesichts der heutigen Verpönung der Vorzugsaktien in der öffentlichen Meinung beschritt man neuerdings stärker den (erstmalig in der Inflationszeit bevorzugten) Weg weitgehender Kapitalfestlegungen durch Schutz-Stammaktien. Es handelt sich da weniger um nicht vollgezahlte oder ausgetauschte oder um eigentliche Vorratsaktien (wie sie bis vor nicht langer Zeit noch in Höhe von 6 Mill. = 20% des A.-K. bei der Bayerischen Hypotheken- und Wechselbank bestanden und sich heute noch bei der Mitteldeutschen Creditbank in Höhe von 5,7 Mill. M. = 26% des A.-K., ruhend bei der Treuhandvereinigung G. m. b. H., und z. B. in Höhe von 20% bei der Lübecker Commerzbank finden) als vielmehr um die 1926/27 so beliebten abseitigen Sonderbegebungen an befreundete Konsortien unter partiellem Bezugsrechtsausschluß und wohl auch ausdrücklichen oder stillschweigenden Stimmrechtsabmachungen:

So gingen u. a. (August/September 1926) $2^1/_2$ Mill. (anläßlich einer Erhöhung um 22 Mill. M.) Aktien der Dresdner Bank fest an ein von Hardy & Co. geführtes Konsortium; bei der ADCA $5^1/_3$ Mill. M. von 14 Mill. M. jungen Aktien hauptsächlich an schweizerische und amerikanische Freunde; bei der Bayerischen Hypotheken- und Wechselbank 5 von 15 Mill. M. neuen Aktien an eine inländische Gruppe; im November 26 2,4 von 4,5 Mill. M. neuen Namensaktien der Vereinsbank Hamburg, hier mit nur 25% eingezahlt, ausdrücklich als Gegenaktion gegen Aktienaufkäufe von dritter Seite, unter langfristiger Sperrverpflichtung an bisherige Großaktionäre;

im Januar 27 nicht weniger als $7^1/_2$ von 18 Mill. M. neuen Aktien der Commerz- und Privatbank an ein Konsortium und endlich

im Februar 27 4,6 von 15 Mill. M. jungen Anteilen des Barmer Bankvereins an die Versicherungsanstalt Mercurius im Haag. — Die gleiche Methode fand unter den Hypothekenbanken bei der Gemeinschaftsgruppe Anwendung. —

Wieweit solche partiellen Verfestigungen der Ergebnisse des bisherigen Konzentrationsprozesses und solche Abschneidungsversuche gewaltsamer Neuangliederungen der Dynamik der wirtschaftlichen Entwicklung gegenüber standhalten werden, gilt abzuwarten. —

Kann bereits eine kleine Minorität de facto eine Majorisierung bedeuten, so vermag erst recht der Träger der nominal absoluten Kapitalmehrheit [1]), nunmehr in Ausübung seiner „Konzerngewalt“[2]) beliebig Vorstandsmitglieder bzw. Filialdirektoren in den Aufsichtsrat zu entsenden und sich über die so gewonnene Verwaltungshoheit hinaus evtl. auch die Geschäftsleitung anzueignen, indem er den Vorstand bestellt oder selbst als Geschäftsinhaber oder Direktor eintritt — eine in neuerer Zeit häufig angewendete Form — und so durch die volle oder teilweise Personalunion die nachhaltigste Verbindung herbeiführt.

E. Völlige Angliederung.

Sahen wir so, daß eine kapitalmäßige Verflechtung in ihrer inneren Auswirkung ganz nahe an eine Fusion heranführen kann, so wird deutlich, daß der Schritt zur endgültigen Verschmelzung oft nur noch ein kleiner — letzte Auswirkung des Vorangegangenen, äußere Bekundung tatsächlich bestehender Unterordnung, interne organisatorische Maßnahme ist. Wurden Interessengemeinschaft oder Beteiligung oft nur gewählt, um volles Risiko zu vermeiden und jederzeit wieder leicht eine Trennung herbeiführen zu können, so wird hier mit der Einverleibung grundsätzlich ein Definitivum geschaffen. Hier erfolgt der Übergang in der Regel auf dem Wege des Umtauschs aller noch in Händen Dritter befindlicher Anteile am Geschäftskapital der übertragenden Firma in solche der übernehmenden nach der derzeitigen Kurswert- (oder Durchschnittsdividenden-) Relation, häufig modifiziert durch das gegenseitige Macht- und Kapitalgrößenverhältnis und den Stand der inneren Reserven, den „inneren Wert“ — dieses Umtauschverhältnis bildet oft genug die Hauptproblematik der Fusionsverhandlungen —, und möglicherweise noch mit einer kleinen Barvergütung an die bisherigen Anteilseigner. Oder bei Einzelfirmen und Personalgesellschaften: durch Übernahme des Handelsgeschäfts mit allen oder einem Teil der Aktiva und Schulden, gleichfalls gegen Gewährung von Gesellschaftsrechten (oder anderen Werten) an die ihr Geschäft einbringenden oder übertragenden bisherigen Inhaber.

a) Formelles Fortbestehen bei tatsächlicher Angliederung (affiliation).

---

[1]) Controling interest: „Verfügungssuperadditum“ über (die restlichen) 49% beim Besitz von 51%!

[2]) Haußmann, Unternehmungszusammenfassungen, S. 91 f.

Die Aufnahme in die Ober-Gesellschaft kann, wenn sich die Tochtergesellschaft dem Erlöschen aus Gründen rein persönlicher Art widersetzt oder Zweckmäßigkeitserwägungen es sonst geboten erscheinen lassen, auch ohne eine rechtliche Verschmelzung nach außen hin hervortreten zu lassen, durchgeführt werden.

Es werden ja oft an sich leicht anzugliedernde und unbestritten kontrollierte Banken (auch Kommanditen) nur wegen des besonderen Charakters ihres Geschäftes und ihrer speziellen wirtschaftlichen Funktion als selbständige individuelle Unternehmungen belassen. Zur „Schonung der lokalen Gefühle" und zur Aufrechterhaltung der übernommenen Chancen und Kundschaftsbeziehungen wurden z. B. 1897—1917 die Bergisch-Märkische Bank und der Schlesische Bankverein, deren Kapital auf Grund Umtauschangebotes zu $^3/_4$ im Besitz der Deutschen Bank war, werden heute noch (trotz rechnerisch annähernder und praktisch absoluter Vollkontrolle) von der Bayerischen Vereinsbank die Bayerische Handelsbank und die Vereinsbank in Nürnberg und (bei mindestens praktischer Beherrschung) von der Deutschen Bank bzw. der Disconto-Gesellschaft die regionalen Großbanken Rheinische Creditbank und Süddeutsche Disconto-Gesellschaft voll aufrecht erhalten.

Eine noch stärkere Verflechtung im Innenverhältnis und die volle wirtschaftlich-finanzielle Einheit trotz absoluter rechtlicher und u. U. relativer verwaltungsmäßiger Selbständigkeit aber läßt sich aus ganz ähnlichen Erwägungen[1]) unter gleichzeitiger Garantie des wirtschaftlichen Effektes einer juristischen Fusion durch 100%ige Übernahme des Grundkapitals herbeiführen. In diesem Falle rein formellen Fortbestehens im Konzern der Muttergesellschaft wird de facto, materiell das ganze Geschäft übernommen, de jure läßt man Firma und Eigenorganisation bestehen, beläßt dem Unternehmen die selbständige Rechtspersönlichkeit[2]) mit den letztlich notwendigen Organen z. B. einer A.-G.: mit eigener

---

[1]) Über diese kluge Rücksichtnahme auf Imponderabilien, Verschiedenheit der Traditionen und lokale Interessen schreibt Dr. Baecker in der „Deutschen Bankbeamten-Zeitung" (1917 Nr. 2): „Das selbstbewußte und konservative Hamburger Element hätte sich wahrscheinlich mit einer Filiale der Disconto-Gesellschaft nicht so schnell befreundet, während die Norddeutsche Bank eben doch ein Hamburger Institut blieb und als solches den Hamburgern vertraut war. Genau so lagen die Verhältnisse in Köln. Alte, hochangesehene rheinische Kaufmanns- und Industriellenfamilien fühlten sich auf Grund einer jahrzehntelangen Tradition mit dem A. Schaaffhausenschen Bankverein eng verbunden. Und wenn der Name des letzteren ganz verschwunden und durch das Firmenschild der Disconto-Gesellschaft ersetzt worden wäre, wer weiß, ob dann nicht dieser oder jener alte Kunde des Bankvereins ganz neue Wege gesucht haben würde."

Vertragsmäßige „Übertragung der Kundschaft" mißlang schon oft, da man die Kunden nicht zwingen kann.

[2]) Volle rechtliche Selbständigkeit im Gegensatz zur bloßen Organgesellschaft, die, mindestens im steuerrechtlichen Sinne, keine Selbständigkeit hat.

(universaler) „Generalversammlung" (natürlich reine Formsache), eigenem Vorstand und Aufsichtsrat, ferner mit eigener Dividende (die der des Hauptinstitutes sehr ähnlich, vielfach etwas niedriger zu sein pflegt), mit gesondertem, eigenem, selbständig bilanzierendem Vermögen (daneben oft eine gemeinsame Additionsbilanz!) und evtl. eigenen Beteiligungen und Filialen. Selbstverständlich unterhält die Obergesellschaft an ihrem Platze keine Filiale. Zum Zwecke der Herstellung einer derartigen Vollkontrolle ist vor allem aber, wie gesagt, das gesamte Grundkapital einer solchen Gesellschaft im Besitze der Muttergesellschaft vereinigt, die also mittels dieser „dauernden Beteiligung" alleinige Gesellschafterin ihres — wirtschaftlich voll abhängigen! — Tochterinstitutes ist.

Zwischen beiden Gesellschaften besteht meist eine mindestens partielle Personalunion in der Weise, daß die Hauptgesellschaft ein oder mehrere Vorstandsmitglieder (Geschäftsinhaber) in die Leitung dieser „Einmanngesellschaft" entsendet, dergestalt, daß diese Delegierten auch vom Sitze der Hauptgesellschaft aus (bei dem sie sogar meist verbleiben) die Untergesellschaft verpflichtende Rechtsgeschäfte abschließen können, während die übrigen Leiter des Tochterinstituts an dessen Sitze ansässig sind, an dem sie ihrer lokalen Sachkenntnis und ihrer Vertrautheit mit dem Betriebe wegen belassen sind. Umgekehrt erhalten vielfach auch Direktoren der *angegliederten* Bank Anteil an der Leitung der Muttergesellschaft[1]). Gleichzeitig findet ein besonders intensiver Austausch unter den beiderseitigen Aufsichtsräten statt. Z. B. derzeitige *Geschäftsinhaber* der *Norddeutschen Bank in Hamburg*:

Dr. Arthur Salomonsohn (seit 1902) (1895—1902 Ad. v. Hansemann) Dr. Ernst Enno Russell (seit 1912)	gleichzeitig Geschäftsinh. d. *Disc.-Ges., Berlin*
Edmund v. Österreich H. Willink (seit 1926) Dr. Jessen (seit 1926)	*Hamburg*

Vorsitzender sowohl des *Aufsichtsrats* der Disconto-Gesellschaft wie der Norddeutschen Bank ist D. Max v. Schinckel, Hamburg (1872—1895 Direktor der Nordd. Bank; 1895—1919 Geschäftsinhaber der DISC und der Nordd. Bank; Aufsichtsratsmitglied beim A. Schaaffhausenschen Bankverein).

Im Aufsichtsrat der *Nordd. Bank* sind von A.-R.-Mitgliedern der DISC u. a.: v. Schinckel, Cuno, Kirdorf; im A.-R. des *A. Schaaffhausenschen Bankvereins*: v. Schinckel,

[1]) Dr. Fischer, Direktor des A. Schaaffhausenschen Bankvereins, wird zugleich (*in Köln*) Geschäftsinhaber der Disconto-Gesellschaft (1914); Max von Schinckel, Direktor der Norddeutschen Bank in Hamburg, wird zugleich (*in Hamburg*) Geschäftsinhaber der Disconto-Gesellschaft (1895).

„Phoenix", Haniel, Klöckner, Hoesch, Dr. Solmssen, Urbig (Disconto-Gesellschaft), Louis Hagen, Kirdorf, Frhr v. Oppenheim usw.; im A.-R. der DISC: Bankiers und Industrielle aus dem Hamburger und Kölner Interessenkreis u. a.

Um diese engste Form der mit Belassung juristischer und — in gewissem Umfange — geschäftlicher Selbständigkeit verbundenen Konzentration herbeizuführen, findet dann u. a., wenn nötig, eine (an sich nicht erforderliche) Umgründung des anzugliedernden Unternehmens statt („Übernahmegründung"). Der Zweck einer solchen, mit vorgängiger oder nachfolgender Fusion verbundenen Um- und Neugründung ist zunächst der nur so erzielbare obligatorische Gesamtumtausch, der das Kapital der angliedernden Bank erst völlig in die Hand gibt.

Bei der Übernahme des Kapitals der Norddeutschen Bank in Hamburg durch die Disconto-Gesellschaft (1895) kam als Motiv der „Umgründung" noch die zwecks Angleichung an die Rechtsform der Muttergesellschaft beabsichtigte Umwandlung in eine Kommanditgesellschaft auf Aktien[1]) hinzu. Hier erfolgte zuerst formelle Fusion der Aktiengesellschaft Norddeutsche Bank mit der Disconto-Gesellschaft unter Umtausch (3 : 2) gemäß § 306 HGB.; 2 Tage darauf wurde die Norddeutsche Bank als K. a. A. von der Disconto-Gesellschaft, die auf sie das von ihr durch die Fusion erworbene gesamte Vermögen inkl. Schulden gegen Übernahme des vollen Kommanditkapitals überführte, wieder neu errichtet.

Eine ähnliche Umgründung wurde auch bei der Angliederung des A. Schaaffhausenschen Bankvereins durch die Disconto-Gesellschaft (1914), wie bei der Norddeutschen Bank auch zum Zwecke der gleichzeitigen Sanierung durch Kapitalherabsetzung, vollzogen: Der Bankverein gründete zunächst eine neue „A. Schaaffhausenscher Bankverein A.-G.", der er dann sein gesamtes Handelsgeschäft, das Firmenrecht, die Passiva und den größeren Teil der Aktiva (gegen Barzahlung) übertrug. Der alte A. Schaaffhausensche Bankverein fusionierte darauf mit der Disconto-Gesellschaft (unter

---

[1]) Dies als Weg der stets komplizierten „Umwandlung" einer A.-G. in eine K. a. A.: Fusionierung durch eine andere Gesellschaft, die dann das übernommene Vermögen in eine von ihr neu errichtete K. a. A. einbringt. Anderer Umweg: Auflösung und Vermögensübertragung auf eine neu zu gründende K. a. A. (HGB § 303) oder: Fusion mit einer anderen K. a. A., die dann nur evtl. ihre Firma ändert (Darmstädter mit Nationalbank; oder: Deutsche Vereinsbank, Frankfurt a. M., die im Oktober 1926 in einer eigens errichteten, dazwischengeschobenen Zweckgründung, der Frankfurter Vereinsbank K. a. A., aufging, worauf Firmenänderung in Deutsche Vereinsbank K. a. A. erfolgte). Vgl. auch die Fusion der offenen Handelsgesellschaft Lazard Speyer-Ellissen und der C. Schlesinger-Trier & Co. K. a. A. mit dem Zwischenstadium einer „Mainische Bank" K. a. A. und dem Endeffekt: Lazard Speyer-Ellissen K. a. A. (Mai 1928).

Umtausch 5 : 3), der er sein nach Durchführung der Transaktion mit dem neuen Bankverein verbliebenes Vermögen als Ganzes gemäß § 306 HGB. übertrug. Die Disconto-Gesellschaft erhielt auf diese Weise das gesamte Aktienkapital des neuen A. Schaaffhausenschen Bankvereins und zugleich (direkt) die oben ausgeschlossenen Aktiva (Wechsel, Kassenbestände und Berliner Bankgebäude im Werte von 40 Mill. M.).

Außer der Norddeutschen Bank und dem A. Schaaffhausenschen Bankverein wären noch der Elberfelder Bankverein A.-G. im Vollbesitze der Deutschen Bank und auch die Bayerische Disconto- und Wechselbank (S. 84) als Beispiele zu nennen, von denen die letztere zu 100% im Besitz der Bayerischen Hypotheken- und Wechselbank ist (die Tochtergesellschaft verteilt keine eigenen Dividenden, die Gewinne werden direkt unter denen der Muttergesellschaft verrechnet; nach Übergabe der laufenden Geschäfte, 1923, wenig mehr als ein Mantel). Ähnlich wird das Berliner Bankgeschäft William Rosenheim & Co. (vgl. S. 102) unter seiner alten Firma als offene Handelsgesellschaft, nominell unter den bisherigen Inhabern[1]), für Rechnung der eigentlichen Eigentümerin des Gesellschaftsvermögens, der Berliner Handelsgesellschaft, fortgeführt; ähnlich auch S. Kaufmann & Co., Berlin, durch die Commerz- und Privatbank.

Auch in England werden übernommene Banken häufig in dieser Rechtsform fortgeführt. Solche 100%ige Kontrolle, dort „affiliation", im Gegensatz zur „amalgamation" bzw. „absorption", der vollen, eigentlichen Fusion, genannt, gibt es heute bei vieren der „Big Five": allein an inländischen affiliations 3 bei der Midland, 2 bei der National Provincial, je eine bei der Barclays und der Westminster Bank.

So bleiben große Provinzbanken mit traditioneller Kundschaft ohne Schaden, zugleich für Rechnung und zum Nutzen[2]) einer D-Bank — als reine Tochtergesellschaften — „selbständig" bestehen.

Rechtlich zu scheiden ist natürlich die gleichfalls aus lokalen Gründen gewählte bloße Sonderbenennung, die Firmen-

[1]) Der atypische Fall der offenen Handelsgesellschaft: „die Teilhaber nur vorgeschobene Treuhänder (Angestellte)... die an der Substanz nicht beteiligt werden, festes Gehalt, evtl. Tantieme, beziehen, während der dahinter stehende Konzern das Unternehmen finanziert und ... die Weisungen erteilt." (Friedländer, Konzernrecht, S. 75.) Ob in dem Falle Rosenheim die „Inhaber" tatsächlich nur Geschäftsführer sind, steht nicht fest. Jedenfalls aber kann auch eine Personalgesellschaft in diesem Sinne tatsächlich einer Einmanngesellschaft gleichstehen. Ganz ähnlich sind bei einer Kommandit-Aktiengesellschaft als Einmanngesellschaft die Komplementäre nur Treuhänder (Norddeutsche Bank).

[2]) Sonst wäre wohl schwerlich z. B. noch 1926 ein Vertreter des A. Schaaffhausenschen Bankvereins — neben einen solchen der Direction der Disconto-Gesellschaft — in den Aufsichtsrat der AEG gewählt worden, in dem sonst die befreundeten Banken nur je einen Sitz haben.

fortführung, wie sie als Unterfirma von Filialen z. B. in der Bezeichnung „Essener Creditanstalt, Filiale der Deutschen Bank“, „Bremer Bank, Filiale der Dresdner Bank“ zum Ausdruck kommt.

So bedient sich die Wirtschaft der ihr von der Rechtsordnung gebotenen Institutionen und nutzt sie für ihre Zwecksetzungen — weitgehend unbeschränkt durch diese Formen [1]), ja, sie in spezifischen Kombinationen ausgestaltend.

b) Volle Fusion (absorption, amalgamation).

Sahen wir bisher in der „reinen“ Interessengemeinschaft zunächst die Arbeitsgemeinschaft, darüber hinaus in der Interessengemeinschaft mit Gewinnpoolung und der verschieden gearteten Beteiligung die finanzielle Gemeinschaft, in der Scheinautonomie tatsächlich eingegliederter Institute die volle Vermögenskonzentration in fremder Hand, so werden bei der völligen, nun auch rechtsförmlichen Verschmelzung [2]) — im Gegensatz zu dem vorher betrachteten Kombinationstyp — beide Unternehmen auch im Rechtssinne eins. — Die fusionsweise Übertragung des Gesamtvermögens (wobei bisweilen der eine der Kontrahenten inter pares die bloß formelle Rolle des Aufnehmenden, der „Fusionsbasis“, spielt: vgl. Darmstädter und Nationalbank S. 92) erfolgt unter Banken fast immer unter Ausschluß der Liquidation (HGB. § 306), also durch Universalsukzession. Liquidationsverfahren (§ 305) ist ganz selten und findet sich namentlich zur Abwicklung von der Übertragung ausgenommener Aktiven oder Passiven. Zwecks Übernahme einzelner Vermögenswerte führt außerdem häufig eine Großbank — ohne Fusion! — die Liquidation einer Bank oder eines Bankgeschäftes von sich aus durch.

Evtl. nimmt die aufnehmende Gesellschaft dann noch eine neuen Firma (Commerz- und Discontobank nach Aufnahme der Mitteldeutschen Privatbank: Commerz- und Privatbank) oder bzw. zugleich eine neue Gesellschaftsform an. Die andere Möglichkeit aber: Erlöschen und Aufgehen beider Gesellschaften unmittelbar in einer neu errichteten dritten Gesellschaft, wäre zwar durchaus denkbar, ist aber wie in der übrigen Wirtschaft, so namentlich auch bei den Banken, nicht üblich.

Die Leiter des auf solche Weise [3]) völlig aufgehenden Unternehmens erhalten schließlich, wenn ihr Unternehmen bedeutend

---

[1]) Vgl. Max Weber, Wirtschaft und Gesellschaft: Rechtssoziologie S. 383, 384.

[2]) Bei einer A.-G. oder K. a. A.: HGB §§ 305, 306; § 303 bei Übernahme gegen bar oder wenn nicht durch eine A.-G. oder K. a. A.

[3]) Neben der Fusion (Aufnahme einer A.-G. oder K. a. A.) kommt hier natürlich die Übernahme durch tausch- oder kaufweisen Erwerb (seltener durch Einbringung) des Handelsgeschäftes eines Einzelbankiers oder des Gesamtvermögens vor allem einer offenen Handels- oder Kommanditgesellschaft praktisch in Frage.

genug war, bisweilen einen Platz in der Geschäftsleitung, häufiger aber Sitz und Stimme im Aufsichtsrat der übernehmenden Gesellschaft, wie sie auch sehr oft „Direktoren" — nunmehr bloße Filialleiter — in ihrem früheren Geschäfte werden. So bilden heutzutage die Aufsichtsräte der größten Banken ein namentlich in der Nachkriegsperiode sehr stark angewachsenes, teilweise 50—60 Personen umfassendes Gremium (so z. B. bei der Danat-Bank angesichts ihres großen, sprunghaft gewachsenen Komplexes). Da sitzen neben den kraft eigenen Rechtes (aktiv) interessierten, durch ständige vertragliche Bande oder geschäftliche Beziehungen verbundenen Industrie- und Bankmächten und evtl. auch bedeutenderen Aktionären alle die größeren unter den „Übergeschluckten", nicht etwa nur weil sie Sachverständige sein könnten, sondern vielmehr als die Pairs in einer Ersten Kammer Mediatisierter [1]). Wenn sie auch in dieser Eigenschaft nominell die rechtliche und verwaltungsmäßige Kontrolle über die Direktion ausüben, so vermögen doch oft genug gerade ihrerseits tüchtige Direktoren und schon als solche unabhängigere „Geschäftsinhaber" [2]) — sei es mit oder ohne intimeren Konnex mit dem engeren Kreise der prominenten Aufsichtsratsmitglieder — selbst ganz persönliche Leiter „ihres" an sich ja „anonymen", aber durch persönliche Kontakte straff organisierten Konzerns zu sein. —

3. Die Stadien der Entwicklung, die Tendenzen der Gestaltung.

Und so geht neben dem Prozeß der Konzentration und der Entpersönlichung des Besitzes (und in ihm) der Prozeß der Entpersönlichung der Form der Erwerbsgesellschaft, Stufe um Stufe verfolgbar, einher. Die „Versachlichung" des Kapitalverhältnisses (Sombart) zeigt sich auch bei den Banken, nur teilweise paralysiert durch das Wiederaufleben des Privatbankiers, in der gesteigerten Entwicklung von der Individualfirma oder dem Familienunternehmen (dessen Fortführung auch nach Umgründung in eine A.-G. oder K. a. A. mit Namensaktien sich als nicht mehr haltbar erwiesen hat) über die gemischte Sozienunternehmung (Personalgesellschaft, Aufstieg tüchtiger Beamter) zur Kapitalgesellschaft hin. An Stelle der Erbfolge kraft blutmäßiger Gebundenheit oder Verschwägerung tritt eine andere Erbfolge kraft Eindringens finanzkapitalinteressierter Mächte von außen her. Der Großkonzern ent-

[1]) Die weniger Großen kommen in die mit fortschreitender Konzentration (z. T. schon vor dem Kriege) gebildeten regionalen „Orts"- oder „Landesausschüsse", vielfach lediglich formelle Repräsentationsorgane niederen Ranges, die vor allem der Warmhaltung der Beziehungen zur Großkundschaft dienen und den Aufsichtsräten fusionierter Institute wenigstens diese Ehrenstellung erhalten sollen.

[2]) Vielfach in lebenslänglich unkündbarer Stellung!

steht, mit Besitz -und Interessensphären, ein jeder umgeben von einem Kreise naher und fernerer, untergeordneter und alliierter Banken und Bankhäuser, sich nach jeweiliger tatsächlicher oder rechtlicher Möglichkeit und Zweckmäßigkeit die organischen Formen in spezifischen Kombinationen schaffend und anwendend.

In der Entwicklungsanalyse des konkreten Falles drängen sich Analogien zwischen diesem „Konzernrecht" und dem Staatsrecht von selbst auf. Gebietet doch auch das britische Imperium über Glieder, die in der Kombination und Komplexität ihrer Rechtsformen das Gesamtreich konstituieren und ihm in allen nur irgend ausdenkbaren Freiheitsgraden verbunden sind (von den Kronkolonien über die Vasallenstaaten und Protektorate, die Mandate, die Selbstverwaltungsländer ohne Dominionstatus, dann Indien, bis hinauf zu den Dominions und Ägypten und schließlich zum Irischen Freistaat).

So spiegelt auch im Recht der Bankenkonzentration die in fortschreitendem Prozeß jeweils gewählte Assoziationsform zugleich die innere Bedeutung des individuellen Vorganges wider und dadurch auch wiederum: das Gesetz der Gesamtentwicklung.

VII. Zusammenfassende Übersichten.

1. Die Großbankkonzerne und die Gruppen großer Bankhäuser.

Vorbemerkung.

Im folgenden werden die Konzerne der deutschen Großbanken und -bankiers — mitsamt ihren engeren Freunden — dargestellt. Neben den direkt erfaßbaren „dauernden Beteiligungen" sind alle Beziehungen im Sinne der oben gegebenen Typologie der Rechtsformen berücksichtigt.

I. Deutsche Bank, Berlin.

Zurzeit über 170 deutsche Filialen [1]), ferner 3 Danziger, 1 Kattowitzer, 1 in Amsterdam (1921), 1 in Sofia (1917, 1921) und 1 in Konstantinopel (1924).

Engerer Konzern:

Rheinische Creditbank, Mannheim, mit 40 Filialen
J. A. Krebs, Freiburg
Deutsche Überseeische Bank, Berlin (Banco Alemán Transatlántico [2])) mit 24 Filialen
Bankverein für Schleswig-Holstein A.-G., Neumünster
Niederlausitzer Bank A.-G., Kottbus
Elberfelder Bankverein A.-G., Elberfeld } in 100%igem Besitz
Oberschlesischer Bankverein, Königshütte } in 100%igem Besitz
Deutsche Treuhand-Gesellschaft, Berlin
Deutsche Treuhand A.-G. für Warenverkehr, Berlin (gegr. 1921)
C. G. Trinkaus, Düsseldorf (1916)
Oldenburgische Spar- und Leihbank, Oldenburg
Kieler Bank, Kiel

Georg Fromberg & Co., Berlin (1917)
Commerzbank in Lübeck.
Danziger Bank A.-G. (1920).

---

[1]) Fusionierte, seither mit der Filialbezeichnung im Untertitel firmierende Gesellschaften: Bergisch-Märkische Bank Fil. der D.B. (1914), Schlesischer Bankverein Fil. d. D.B. (1917), Hannoversche Bank Fil. d. D.B. (1920), Württembergische Vereinsbank Fil. d. D.B. (1924), Essener Credit-Anstalt Fil. d. D.B. (1925), Siegener Bank Fil. d. D.B. (1925), Hildesheimer Bank Fil. d. D.B. (Febr. 1928).

[2]) bzw. Banco Allemão Transatlantico.

Plauener Bank A.-G. (seit 1927 ist die Commerz- und Privatbank mitbeteiligt).
Mecklenburgische Depositen- und Wechselbank, Schwerin (1921).
  Rostocker Bank A.-G.
  Hennings & Co., Berlin.
  Mecklenburgische Treuhand G. m. b. H.
Wiener Bankverein (mit anderen Großaktionären).
Internationale Kredit Cie., Amsterdam (mit anderen Großaktionären) 1924.
Hauptbank für Tirol und Vorarlberg, Innsbruck (1920; Allg. Österr. Boden-Creditanstalt mitbeteiligt).
British and German Trust Ltd., London (1926, mit anderen Großaktionären).

(Die Deutsche Bank ist auch Großaktionärin der Bank für orientalische Eisenbahnen, Zürich.

Der Deutschen Bank stehen ferner freundschaftlich nahe vor allem: B. Metzler seel. Sohn & Co., Georg Hauck & Sohn (beide seit 1923 im Aufsichtsrat der Deutschen Bank), Jacob S. H. Stern (seit Anfang der 1870er Jahre) und Gebr. Sulzbach (Mitgründer der Deutschen Bank und der Mitteldeutschen Creditbank), sämtlich in Frankfurt a. M., ferner durch teilweise Beteiligung noch die Osnabrücker Bank und — durch eine Reihe gemeinsamer Interessen — die Firmen Speyer & Co., New York, und Lazard Speyer-Ellissen K. a. A., Frankfurt a. M.-Berlin.)

II. Direction der Disconto-Gesellschaft, Berlin und 95 Filialen und Niederlassungen.

Engerer Konzern:

Norddeutsche Bank in Hamburg (mit Filialen in Altona und Bergedorf) } in 100%igem Besitz
A. Schaaffhausen'scher Bankverein A.-G., Köln (mit 26 Niederlassungen) } in 100%igem Besitz
  Rheinisch-Westfälische „Revision“ Treuhand A.-G. (1920)
Süddeutsche Disconto-Gesellschaft A.-G., Mannheim und 21 Filialen
  E. Ladenburg, Frankfurt a. M. (Verbindung mit Ladenburg, Thalmann & Co., New York)
  Carl Schmitt & Cie. A.-G., Pforzheim (1914)
  Handels- und Gewerbebank Heilbronn A.-G. (1918)
  Frankenthaler Volksbank A.-G. (1919)
  Freundschaftliche Beziehung zu Straus & Co., Karlsruhe
L. Pfeiffer, Kassel (1922)
Ephrussi & Co., Wien (1921)
Handel-Mij. H. Alb. de Bary & Co., Amsterdam (1919,

A. Schaaffhausenscher Bankverein und Norddeutsche Bank mitbeteiligt; seit 1890 als Compagnie Commerciale Belge anciennement H. Albert de Bary & Co. in Antwerpen der Disconto-Gesellschaft nahestehend)

Internationale Kredit Cie., Amsterdam (mit anderen Großaktionären) 1924

Kreditna Banka, Sofia (gegr. 1905 von der Disconto-Gesellschaft, S. Bleichröder und der Norddeutschen Bank)

Banco Brasileiro Allemão (Brasilianische Bank für Deutschland) (Norddeutsche Bank mitbeteiligt)

Banco de Chile y Alemania (Bank für Chile und Deutschland) (Norddeutsche Bank mitbeteiligt)

Geestemünder Bank, Wesermünde

Philipp Elimeyer, Dresden

} Engerer Konzern

Vereinsbank in Hamburg (1917).

Preußische Central-Boden-Credit-A.-G., Berlin.

Allgemeine Deutsche Credit-Anstalt (ADCA), Leipzig mit 77 Filialen.

Anhalt-Dessauische Landesbank, Dessau (1921).

Amsterdamsche Crediet Mij. (1923).

L. Wolfrum & Co., Aussig (1921).

Altenburg & Lindemann, Naumburg (1921).

Joh. Liebieg & Co., Wien (1922).

Deutsch-Asiatische Bank, Shanghai, Berlin, Hamburg und 5 Filialen (Disconto-Gesellschaft Führerin des Großaktionär-Konsortiums).

Weitere Beziehungen zu:

Sal. Oppenheim jr. & Cie., Köln

A. Levy, Köln

Hagen & Co., Berlin (1922)

Zuckschwerdt & Beuchel, Magdeburg.

Schröder Gebr. & Co., Hamburg (seit 1899 im Aufsichtsrat)

Joh. Liebieg & Co., Wien (1921).

Bayerische Hypotheken- und Wechselbank, München (128 Niederlassungen).

Bayer. Disconto- und Wechselbank A.-G., Nürnberg.

Süddeutsche Treuhand-Ges. A.-G., München.

Salzburger Kredit- und Wechselbank, Salzburg (1921)

Kärntner Kredit- und Wechselbank, Ehrfeld & Co., Klagenfurt (1922)

Ullmann & Co., Wien (1922—1925, mit anderen)

} Österreichische Gründungen.

Hardy & Co. G. m. b. H., Berlin (1921).

Dresdener Handelsbank A.-G., Dresden Handelsbank A.-G., Berlin Bank für Handel und Verkehr A.-G., Chemnitz Handels- und Verkehrsbank A.-G., Hamburg	Viehmarkt-banken-Konzern (1921).

Süddeutsche Festwertbank A.-G., Stuttgart (1923).
Württembergische Hypothekenbank, Stuttgart.
Scherbaum & Co., Wien (1923).
Friedrich Stern & Co., Mannheim (1922).
Nik. Stark, Abensberg (1918).
Frischholz & Mayr, Buchloe (1921).
Allgäuer Vereinsbank, Kaufbeuren (1922).
„Revision“ Treuhand A.-G., Berlin (mit der Disconto-Gesellschaft).
Freundschaftliche Beziehung zu Anton Kohn, Nürnberg.

(Enge traditionelle Beziehungen der Disconto-Gesellschaft zu S. Bleichröder, Berlin, zur Österreichischen Creditanstalt, Wien, und zur Ungarischen Allgemeinen Creditbank, Budapest; neuere zu Dillon, Read & Co., New York.)

III. Darmstädter und Nationalbank Kommanditgesellschaft auf Aktien, Berlin, Bremen, Darmstadt und 114 Filialen.

Schwarz, Goldschmidt & Co., Berlin (1918).
Stenger, Hofmann & Co., Essen (1921).
Hagen & Co., Berlin (A. Levy, Köln, mitbeteiligt).
Otto Hirsch & Co., Frankfurt a. M. (1919).
Gebr. Hammerstein, Essen-Berlin (1920).
Mercurbank A.-G., Wien (Beteiligung in den letzten Jahren noch verstärkt)[1].
Böhmische Kommerzialbank, Prag.
Wechselstuben-A.-G. „Mercur“, Budapest.
Kommerzialbank A.-G., Krakau.
Banca Comerciala Nationala, Czernowitz.
Wechselstuben-A.-G. „Mercur“, Budapest.
Danziger Bank für Handel und Gewerbe A.-G., Danzig (1923).

Deutsche Orientbank A.-G., Berlin, Hamburg und 4 Filialen Deutsch-Südamerikanische Bank A.-G. (Banco Germánico de la América del Sud), Berlin, Hamburg und 9 Filialen	zusammen mit der Dresdner Bank

[1]) Hallgarten & Co., New York, (1923) und Simon Hirschland, Essen, (1928) mitbeteiligt.

Internationale Bank te Amsterdam (1924; mit anderen Großaktionären, die Darmstädter und Nationalbank führend).[1])

Ferner sind die Häuser Eichborn & Co., Breslau, und Koppel & Co., Berlin, im Aufsichtsrat der Darmstädter und Nationalbank vertreten.

IV. **Dresdner Bank**, Berlin-Dresden und 85 Filialen, darunter in Bukarest (1920) und Danzig (1924).

Engerer Konzern:

- Hardy & Co. G. m. b. H., Berlin (und München) (1917, mit anderen Gesellschaftern)
- Oldenburgische Landesbank, Oldenburg
- Mecklenburgische Bank, Schwerin.
  - Neuvorpommersche Spar- und Creditbank, Stralsund
- Dürener Bank A.-G., Düren (1917)
  - Dürener Volksbank A.-G., Düren
- Landgräfl. Hessische conc. Landesbank, Homburg v. d. H.
- Deutsche Genossenschaftsbank A.-G., Berlin (1923)
- Kreditanstalt für Verkehrsmittel A.-G., Berlin (1926)
- Zentral-Kredit-Gemeinschaft e. G. m. b. H., Berlin (1926)
- Deutsch-Südamerikanische Bank A.-G. (Banco Germánico de la América del Sud), Berlin, Hamburg und 9 Filialen — zusammen mit der Darmstädter und Nationalbank
- Deutsche Orientbank A.-G., Berlin, Hamburg und 4 Filialen — zusammen mit der Darmstädter und Nationalbank
- Proehl & Gutmann, Amsterdam (1921)
  - Internationale Kredit Cie., Amsterdam (1924, mit anderen Großaktionären)
  - „Dubina“ (Administratiekantoor van Duitsche Bank- en Industrie Aandeelen), Amsterdam (1926)
- Treuhand-Vereinigung A.-G., Berlin

Mit anderen Großaktionären:

- Centrale Bank voor Spoorwegen, Amsterdam (1925)
- Internationale Bank in Luxemburg (1926)
- Rigaische Internationale Bank, Riga (1926, Dresdner Bank Stärkstbeteiligte)

---

[1]) Bereits seit 1920 Beteiligung an der N.V. Hamburger & Co.'s Bankierskantoor, Amsterdam (deren Aufsichtsrat die Danat-Bank seit einigen Jahren allerdings nicht mehr angehört).

Schleswig-Holsteinische Bank, Husum.
Communalbank für Sachsen, Leipzig (1927).
Veit L. Homburger, Karlsruhe.
American, British and Continental Corp. („ABC-Trust") (1926, mit anderen Großaktionären).
Eisenbahn-Bank, Frankfurt a. M.
Eisenbahn-Rentenbank, Frankfurt a. M.

Im Aufsichtsrat der Dresdner Bank sind ferner die Häuser Simon Hirschland, Essen (1923), L. & E. Wertheimber (— Deutsche Vereinsbank K. a. A.), Frankfurt a. M., v. Goldschmidt-Rothschild & Co., Berlin, F. A. Neubauer, Magdeburg-Hamburg, und Glogowski & Co., Berlin, vertreten.

Ferner bestehen alte Beziehungen zum Wiener Bankverein.

1926 Beteiligung an der Gründung der Cie. Générale Financière de Tabacs S. A., Basel, (internationale Tabakfinanzierungsgesellschaft) und der Société Technique et Financière pour l'Utilisation des Prestations en Nature, Paris (einer internationalen Bank für Finanzierung von Reparationslieferungen).

„Genossenschaftlicher Giroverband", umfassend die Kreditgenossenschaften (Volksbanken) Schultze-Delitzscher Richtung (Ende 1927: 1069 genossenschaftliche Volksbanken), unter Leitung der Genossenschaftsabteilungen der Dresdner Bank.

V. Commerz- und Privatbank A.-G., Berlin-Hamburg, 197 Filialen und 120 Depositenkassen.

S. Kaufmann & Co., Berlin (1904).
Marcus Nelken & Sohn, Berlin-Breslau (Juli 1928).
Plauener Bank A.-G., Plauen (1927, Deutsche Bank mitbeteiligt).
Waarenkommissionsbank A.-G., Hamburg.
Gebr. Oberlaender, Gera.
Oberrheinische Bankanstalt A.-G., Konstanz (1921).
Vereinsbank zu Colditz.
N. V. Hugo Kaufmann & Co.'s Bank, Amsterdam (1923).
New York and Hanseatic Corp., New York.
Rigaische Internationale Bank, Riga (mit geringerer Beteiligung als die Dresdner Bank; mitbeteiligt sind ferner u. a. Hallgarten & Co., New York).

Freundschaftliche Beziehung außerdem zu J. Dreyfus & Co., Frankfurt a. M. - Berlin (1897—1903 fusioniert, 1904—08 kommanditiert), J. H. Stein, Köln (seit 1914 im Aufsichtsrat), und auch zur London Merchant Bank Ltd., London, der früheren London and Hanseatic Bank Ltd.

VI. *Berliner Handelsgesellschaft*, Berlin.
William Rosenheim & Co., Berlin (1920).
Danziger Privat-Actien-Bank (1917) mit 4 deutschen, 4 polnischen Zweigstellen.
J. F. Schroeder Bank K. a. A., Bremen (-Hamburg) (1921).
British and German Trust Ltd., London (1926) }
Internationale Bank te Amsterdam (1927) } mit anderen Großaktionären

Weitere Beziehungen zu:
Niederösterreichische Escompte-Gesellschaft, Wien.
Joh. Berenberg, Goßler & Co., Hamburg.

VII. Viag (Vereinigte Industrie-Unternehmungen A.-G., 1923; Reichsfiskus Alleinaktionär).
Der reichseigene Industriekonzern
Reichs-Kredit-Gesellschaft A.-G., Berlin.
Deutsche Verkehrs-Kreditbank A.-G. (gegr. 1923, 75% des Kapitals im Besitze der Reichsbahn-Gesellschaft, am Rest ist mit den Großbanken die Reichs-Kredit-Gesellschaft beteiligt).
Deutsche Versicherungsbank A.-G. (45% des Kapitals im Besitz der Viag, 5% in dem der Reichs-Kredit-Gesellschaft, 50% bei privaten Versicherungsgesellschaften).
Deutsche Orientbank A.-G. (mit anderen Großbanken).
British and German Trust Ltd., London (mit anderen Großaktionären, 1926).
Deutsche Revisions- und Treuhand A.-G., Berlin (70% bei der Viag, 30% im Besitze des Preußischen Staates).

VIII. *Barmer Bankverein*, Düsseldorf-Barmen und 37 Niederlassungen.
Siegfried Falk, Düsseldorf und Köln (1921; Interesse verstärkt 1926/27).
Hardy & Co. G. m. b. H., Berlin (1921).
v. d. Heydt-Kersten & Söhne, Elberfeld (1911) [1].

IX. *Mendelssohn & Co.*, Berlin (gegr. 1795).
Mendelssohn & Co. K. a. A., Amsterdam (im Sept. 1920 mit 5 Mill. hfl. Kapital gegründet, in Personalunion mit dem Berliner Stammhause, heute die größte und bedeutendste der deutschen Bankorganisationen am Amsterdamer Platze).

---

[1]) Ferner 1921—1927: H. Schirmer, Kassel; 1920—1926: S. & H. Goldschmidt, Frankfurt a. M.

Maatschappij voor Bank-en Handelsondernemingen, Amsterdam (1922, Gemeinschaftsstelle für größere Geschäfte; Kleinwort, Sons & Co., London, und Bayerische Vereinsbank, München, sind mitbeteiligt).

Nederlandsche Accept Mij., Amsterdam (1924, mit anderen Großaktionären).

N. V. Wolbank, Amsterdam (1924, im Verein mit holländischem, englischem und schweizerischem Kapital mit 6 Mill. hfl. errichtete Wollfinanzierungsgesellschaft).

Internationale Kredit Cie., Amsterdam (1924, mit anderen internationalen Großaktionären, darunter auch Kleinwort, Sons & Co., London).

Weitere ausgedehnte holländische Interessen, z. B. an der Nederlandsche Mij. voor Handels-en Bankzaken, Amsterdam (gegr. 1924).

Kux, Bloch & Co., Wien (gegr. 1922 als Wiener Niederlassung, 1925 verstärkte Beziehung; mitbeteiligt sind Mendelssohn & Co. K. a. A., Amsterdam, Maatschappij voor Bank-en Handelsondernemingen, Amsterdam, Kleinwort, Sons & Co., London, und Bayerische Vereinsbank, München); durch Kux, Bloch & Co. 1926 Verengerung der alten Beziehungen zur Ungarischen Allgemeinen Creditbank, Budapest.

Deutsche Waren-Treuhand A.-G., Hamburg (-Berlin, Frankfurt a. M., Duisburg, 1920 gegr. von M. M. Warburg & Co., Hamburg, und Mendelssohn & Co., Berlin, interessiert ferner: Sal. Oppenheim jr. & Cie. und A. Levy, Köln, Lazard Speyer-Ellissen und J. Dreyfus & Co., Frankfurt a. M. - Berlin, Wiener und Hamburger Kreise).

Bayerische Vereinsbank, München und 56 Niederlassungen (1922 Einflußnahme von Mendelssohn & Co., Berlin, und Mendelssohn & Co., K. a. A., Amsterdam).

Bayerische Handelsbank, München (1921) }
Vereinsbank in Nürnberg (1921). }

E. L. Friedmann, Berlin (1921; u. a. lebhafte Interessen in Danzig).

Bank für Oberösterreich und Salzburg, Linz (1921) (zusammen mit der Allg. Österr. Boden-Credit-Anstalt).

Steiermärkische Escomptebank, Graz (1921).

Tiroler Landesbank, Innsbruck.

Donauländische Kredit-Gesellschaft A.-G., München (1921 gegründet).

Kux, Bloch & Co., Wien (1922).

Maatschappij voor Bank-en Handelsondernemingen, Amsterdam (1922).

X. S. Bleichröder, Berlin (gegr. 1803).
H. Aufhäuser, München (1918 kommanditiert, 1922 teilweise Personalunion).
Wm. Schlutow, Stettin.
S. Schönberger & Co., Berlin (1922).
S. Schönberger & Co. Amsterdam (1923).
S. Schönberger & Co. Amsterdam (1923, zusammen mit anderen Großaktionären).
Kreditna Banka, Sofia (gegr. 1905 von der Disconto-Gesellschaft zusammen mit der Norddeutschen Bank in Hamburg und S. Bleichröder).
Freundschaftliche Beziehungen zur Allgemeinen Deutschen Credit-Anstalt, Leipzig (ADCA), und zur Braunschweigischen Bank und Kreditanstalt, Braunschweig.
Mit der Direction der Disconto-Gesellschaft auch im übrigen (bereits seit 1864 durch die — S. Bleichröder seit etwa 1820 nahestehenden — Häuser Rothschild) enges und häufiges Zusammenarbeiten.

XI. Hardy & Co. G. m. b. H., Berlin.
Hauptgesellschafter von Hardy & Co. G. m. b. H. in Berlin:
1. Dresdner Bank (1917 durch Übernahme der Rheinisch-Westfälischen Disconto-Gesellschaft, heute mit ca. 20%).
2. Barmer Bank-Verein[1]
3. Bayerische Hypotheken- und Wechselbank[2]
4. Stummsche Verwaltung oder genauer: v. Stumm-Halberg u. v. Schubert Erben (Familie Schubert-Stumm).

(2.–4.: anläßlich Kapitalverdoppelung im April 1921 hinzutretend.)

5. Jacob S. H. Stern, Frankfurt a. M., beteiligt sich nach jahrelanger enger Freundschaft im Dezember 1921 bei Hardy in Berlin. — Dresdner Bank und Bayerische Hypotheken- und Wechselbank sind heute die stärkst Beteiligten. — Hardy-Berlin, die Bayerische Hypotheken- und Wechselbank und der Barmer Bank-Verein hatten starkes Interesse an der Vereinigten Budapester Hauptstädtischen Sparkasse (bis 1926). — 1926 erhielt Hardy & Co. den Vorsitz im Aufsichtsrat der Dresdner Bank. — Kapitalserhöhung von 10 auf 15 Mill. Mark 1925 und 1926 ganz an ausländische Interessenten begeben. — Hardy-Berlin gründete im Dezember 1926 mit der Banque Commerciale (Luxemburg) u. a. die Allgemeine Finanzierungsgesellschaft, Luxemburg, und mit George H. Burr & Co., Brown Brothers

[1]) Zunächst in München, seit 1926 (mit ca. 4,4 %) in Berlin beteiligt. Münchener Firma jetzt: Hardy & Co.

[2]) Mit der Bayerischen Disconto- und Wechselbank heute ca. 12 %.

und der Bankers' Trust Co., New York, 1926 die International Mortgage and Investment Corp. (Baltimore). — Hardy & Co., Berlin, hatten u. a. 1922—1925 in Wien die Kommandite Ullmann & Co., an der der Barmer Bankverein, die Bayerische Hypotheken- und Wechselbank und die Bayerische Disconto- und Wechselbank mit beteiligt waren.

Hardy & Co. sind seit Mai 1924 bei George H. Burr & Co., New York, beteiligt.

XII. Delbrück Schickler & Co., Berlin.

Gebr. Schickler (1712), Berlin Delbrück Leo & Co. (1854), Berlin	Delbrück Schickler & Co., *1910*	Delbrück v. d. Heydt & Co., Köln, *1919*.
v. d. Heydt & Co. (1895), Berlin		

(Gebrüder Schickler wird nur formell, in Personalunion mit Delbrück Schickler & Co., fortgeführt.)

Die **Metallbank** 1909 Kommanditistin bei Delbrück Leo & Co., Berlin; im Juni 1913 wurde Dr. Ratjen, bisher Direktor der Metallbank, Teilhaber bei Delbrück Schickler & Co. — Im November 1919 Interessengemeinschaft zwischen Delbrück Schickler & Co. und v. d. Heydt & Co.: Austausch der Gesellschafter und Errichtung eines Kölner Hauses unter der Firma **Delbrück v. d. Heydt & Co.** unter Beteiligung von J. H. Stein, Köln, der Metallbank und Gebr. Röchling. — Im Mai 1921 traten bei Gebr. Schickler die Vertreter zweier bedeutender holländischer Finanz- und Industriegruppen als stille Gesellschafter ein, nämlich: F. H. Fentener van Vlissingen, Utrecht (führendes Mitglied der Hoogoven- und Staalverks-Gruppe, Direktor der N. V. Steenkohlen-Handelsvereeniging, holländische Phönixgruppe, stellvertretender Aufsichtsratsvorsitzender des Phönix), und D. G. van Beuningen (Direktor der N. V. Administratiekantoor Unitas, Utrecht). Im Oktober 1921 wurde Dr. M. M. Schim van der Loeff, Generalsekretär der Direktion der Rotterdamschen Bankvereeniging, Teilhaber in Berlin (im Februar 1923 durch Tod ausgeschieden). Mit Friedr. Schmid & Co., Augsburg, einem sehr bedeutenden Hause, das gegenwärtig den Aufsichtsratsvorsitz der Bayerischen Vereinsbank innehat, im Juli 1921 gegenseitiges Kommanditverhältnis, das auf seiten von Delbrück Schickler & Co. Ende 1926 in ein stilles Gesellschaftsverhältnis umgewandelt wurde. — Im Oktober 1921 trat Richard Merton, Leiter der Metallbank, als persönlich haftender Teilhaber in Berlin und Köln ein (nachdem schon im November 1917 die Einlage der Metallbank durch Übernahme des Anteils der bis dahin höchstbeteiligten Rheinisch-Westfälischen Discontogesellschaft von 2 auf 5 Mill. M. erhöht war). — Die Metallbank, beide Häuser Delbrück und Friedr. Schmid & Co. beteiligten sich mit anderen 1921 bei Joh. Liebieg & Co. in Wien. — Im Mai 1927 trat Dr. Ratjen (i. Fa. Delbrück Schickler & Co. und Delbrück v. d. Heydt & Co.) mit anderen wieder in den Verwaltungsrat der Internationalen Bank in Luxemburg ein; Delbrück Schickler & Co. sind mit J. H. Stein, Köln, auch an der Luxemburger Union-Bank beteiligt. — Enge Zusammenarbeit von Metallbank und Delbrück Schickler & Co. in industriellen Verwaltungen und Konsortien (ähnlich wie AEG-Berliner Handelsgesellschaft). — Franz Koenigs, Amsterdam, ist Teilhaber in Berlin, Köln und in Amsterdam bei dem eng liierten Hause **Rhodius-Koenigs Handel-Mij.** Die Metallbank, Frankfurt a. M., ist zusammen mit Delbrück Schickler & Co. bei dem Bankgeschäft Gebr. Lismann, Frankfurt a. M., beteiligt.

2. Auslandsverbindungen und internationale Wirksamkeit.

A. Die Verbindung mit Holland.

Kollektivbegründung internationaler Kreditinstitute durch deutsche Großbanken in Gemeinschaft mit ausländischem Bankkapital in Holland (namentlich mit den führenden holländischen Großbanken):

I. 1. Deutsche Bank (durch Filiale Amsterdam)
2. Disconto-Ges. (durch H. Alb. de Bary)
3. Dresdner Bank (durch Proehl & Gutmann)
4. Mendelssohn & Co. (Amsterdam)[1]
5. Kleinwort, Sons & Co. (London)
6. Westminster Bank (London)
7. Nederlandsche Handel Mij. (Amsterdam)[1]
8. Rotterdamsche Bankvereeniging (Rotterdam)
9. Pierson & Co. (Amsterdam)[1]
10. Schweizerischer Bankverein (Basel)
11. Skandinaviska Kredit A. B. (Stockholm)

} **Internationale Kredit Cie., Amsterdam**

Mit 20 Mill. vorgesehenem und 11 Mill. Gulden eingezahltem Kapital begründet im Februar 1924.

Gegen Ende 1924 eine Art Generalagentur-Abkommen mit A. Levy, Köln (Louis Hagen): vorzugsweise durch dessen Vermittlung die rheinisch-westfälische Industrie (durch Akzeptkredit) zu finanzieren.

Zur Fühlungnahme war zunächst (Januar 1924) von den obigen drei holländischen Häusern unter alleiniger Beteiligung von Mendelssohn & Co. die Nederlandsche Accept Mij. (5 Mill. Gulden Kapital, davon 1 Mill. eingezahlt) ins Leben gerufen worden.

[1]) Neuerdings immer wieder als engeres Konsortium für internationale Emissionen auftretend.

Internationale Bank te Amsterdam:

II. 1. **Darmstädter und Nationalbank** (Berlin)
2. **Amsterdamsche Bank** } (Amsterdam)
3. de Twentsche Bank } (Amsterdam)
4. Lippmann, Rosenthal & Co. } (Rotterdam)
5. R. Mees & Zoonen } (Rotterdam)
6. Lloyds Bank[1] } (London)
7. Lazard Brothers & Co.[2] } (London)
8. Whitehall Trust[3] } (London)
9. Ferrier, Lullin & Cie. } (Genf)
10. Union Financière de Genève } (Genf)
11. Schweizerische Bankgesellschaft (Zürich)
12. Stockholms Enskilda Bank (Stockholm)[4]

mit einem Kapital von 14 Mill. Gulden gegründet im Januar 1924, endgültige Konstituierung laut Zirkular vom April 1924. — Entstanden auf Initiative der Darmstädter und Nationalbank, die fortan hier ihr westliches Auslandsgeschäft zentralisierte und persönlich wie geschäftlich außerordentlich erweiterte. Verwaltungsratsvorsitzender der Internationalen Bank te Amsterdam ist ein Vertreter der Amsterdamschen Bank[5]), während die Darmstädter und Nationalbank entsprechend ihrer (im Gegensatz zu allen übrigen Gesellschaftern offenbar *3* Mill. Gulden betragenden) Einlage drei Aufsichtsratssitze, darunter das Vizepräsidium, inne hat. 1927 wurde das Kapital von 14 auf 16 Mill. Gulden erhöht. Die Anteile gingen an die neuen Gesellschafter

13. Lazard Frères & Cie. (Paris),
14. Lazard Frères (New York) und an die
15. Berliner Handelsgesellschaft (Berlin).

1926 wurde das Geschäft bedeutend ausgedehnt.

Im Vordergrunde steht das Warenrembours-, das Akzept- und das Devisengeschäft. Ende 1925 wurde auch das internationale Emissionsgeschäft aufgenommen. Bisher gingen noch die meisten Industriekredite und Anleihen nach Deutschland, aber auch nach Frankreich, Belgien, Luxemburg und Übersee wurden Anleihen gewährt. Die Internationale Bank tritt damit — meist konsortialiter mit mehreren ihrer Gründerbanken (Amsterdamsche Bank, de Twentsche Bank, Lippmann, Rosenthal & Co. u. a.) — in Gegen-

[1]) Neuerdings mehr zurücktretend.

[2]) Liiert mit Lazard Frères, New York, und besonders mit Lazard Frères & Cie., Paris.

[3]) Lloyds Bank und Lazard Brothers attachierte Trustgesellschaft.

[4]) (Wallenberg).

[5]) Die Amsterdamsche Bank wurde 1871 unter hervorragender Beteiligung der Darmstädter Bank begründet und emanzipierte sich erst in der Kriegszeit — wie z. B. auch die größte italienische Bank, die international stark verwurzelte Banca Commerciale Italiana (Mailand) — von ihren deutschen Gründern und Großaktionären. Noch 1914 hatte die Darmstädter Bank drei Vertreter im Aufsichtsrat der Amsterdamschen Bank.

satz zur Internationalen Kredit Cie., die, wie die Nederlandsche Accept Mij., zwar auch für die Kreditgewährung an das Ausland und speziell an Deutschland begründet wurde, aber nicht selbständig als großes internationales Emissionshaus auftritt.

III. Die Niederlassungen oder Vertretungen der deutschen Großbanken und großen Bankhäuser in Amsterdam.

1. Deutsche Bank: Filiale, gegr. Juli 1921 (1915—1921 beteiligt bei W. Pannenborg, dann Umgründung).
2. Disconto-Gesellschaft: Handel-Maatschappij H. Alb. de Bary & Co., deren Kapital (9 Mill. fl.) fast völlig im Besitze der Disconto-Gesellschaft (A. Schaaffhausenscher Bankverein, Norddeutsche Bank in Hamburg) ist [1]).
3. Dresdner Bank: Proehl & Gutmann, 1919 als Vertretung, seit 1921 als Kommandite.
4. Darmstädter und Nationalbank: 1920: Hamburger & Co.'s Bankierskantoor. 1924: Internationale Bank te Amsterdam (s. oben).
5. Commerz- und Privatbank: N. V. Hugo Kaufmann & Co.'s Bank, als Kommandite errichtet 1923 (Kapital und Reserven jetzt $3^3/_4$ Mill. hfl.).
6. Mendelssohn & Co., Berlin: Mendelssohn & Co., Kommanditgesellschaft a. A., Amsterdam, errichtet September 1920.
   (Maatschappij voor Bank- en Handelsondernemingen, Amsterdam, 1922).
7. Delbrück Schickler & Co., Berlin, und Delbrück v. d. Heydt & Co., Köln: Rhodius-Koenigs Handel-Mij., Amsterdam.
8. ADCA, Leipzig, mit Simon Hirschland, Essen, der Bayerischen Hypotheken- und Wechselbank und zunächst S. Bleichröder, ferner Coutts & Co., London, und Comptoir d'Escompte de Genève: Amsterdamsche Crediet Mij. [2]) (1923).
9. Lazard Speyer-Ellissen, Frankfurt a. M.-Berlin: Gebr. Teixeira de Mattos, Amsterdam.
10. S. Schönberger & Co., Berlin, unter kommanditarischer

---

[1]) Verwaltungsrat: H. Albert v. Bary, Vors. (Geschäftsführer), Amsterdam; Gustaf Schlieper, Berlin (Disconto-Ges.), stellvertr. Vors.; W. Redelmeier, Amsterdam (Geschäftsf.); Joh. B. Schroeder, Hamburg (Disc.-Ges.); E. M. Krell, Amsterdam (Geschäftsf.).

[2]) 1920—1923 „van der Heydt-Kersten's-Bank"; die neue Firma infolge Ausscheidens des Barmer Bankvereins (vgl. S. 87) und mit Rücksicht auf den Eintritt anderer, auch ausländischer Bankinteressen. Im Aufsichtsrat führend die ADCA, ferner: Louis Hagen (A. Levy, Köln), Sal. Oppenheim jr. & Cie., Köln, Repräsentanten Stummscher Interessen und die Londoner und Genfer Gesellschaften. Kapital: 3 Mill. hfl.

Mitbeteiligung von S. Bleichröder, Berlin, Blankart & Cie., Zürich, Rosenberg, Colorni & Cie., Mailand, Petschek, Außig, und (seit Juni 1927) der Mitteldeutschen Creditbank: S. Schönberger & Co. Amsterdam (in Personalunion mit Schönberger, Berlin), August 1923. (Kapital: 3,5 Mill. hfl.)

11. L. Behrens & Söhne, Hamburg: N. V. Bank van L. Behrens & Söhne, Amsterdam, errichtet März 1924 unter Beteiligung von Guiness, Mahon & Co., London-Dublin, und (bis 1926) der Reichskreditgesellschaft, Berlin; 3 Mill. hfl. eingezahltes Kapital. Nach Wiederausscheiden der Reichskreditgesellschaft 1926 stark eingeschränktes Geschäft.
12. F. A. Neubauer, Magdeburg-Hamburg: Amsterdamsche Mij. voor Bank- en Handelszaken.
13. Deutsche Girozentrale — Deutsche Kommunalbank: bis 1927: N. V. Hollandsche Koopmans-Bank (Kapital: 1 Mill. hfl.).

Die in der Nachkriegszeit am Amsterdamer Platze begründeten deutschen Banken haben eine ganz eigene Bedeutung in dem Sinne, daß sie Ersatz für direkte Vertretungen in England und auch in Belgien geworden sind, heute zu einem großen Teile, wenn auch noch nicht völlig, in die Funktionen der deutschen Vorkriegsniederlassungen in London eingetreten sind und so eine starke Position der deutschen Großbanken am Amsterdamer Kapitalmarkt begründen halfen, wie sie direkt vor dem Kriege in Holland überhaupt nicht, ähnlich nur, jedoch nicht in kollektiver Form, in London bestand. Hand in Hand mit der wachsenden internationalen Bedeutung der holländischen Großbanken (Nederlandsche Handel Mij.; Amsterdamsche Bank; Rotterdamsche Bankvereeniging; de Twentsche Bank) gewann Amsterdam unter tiefgehender Umwandlung seiner wirtschaftlichen Struktur und Funktion eine bisher ungekannte Bedeutung als internationales Finanzzentrum.

Dabei wirkte mit, daß Amsterdam mit zunehmender Inflation der deutschen Kapitalsanlage in holländischen Werten, vor allem aber der Devisenbeschaffung und dem privaten Devisenarbitragegeschäft diente [1]), daß deshalb die Amsterdamer Börse [2]) in erster

[1]) Die Etappe zu diesem zentralen Devisenmarkte hin war damals Köln, als Zentrum des besetzten, von der Devisenreglementierung ausgenommenen und als Zollsondergebiet geltenden Rheinlandes wirtschaftlich selbst halb Ausland, als interlokaler und internationaler Brennpunkt nur Danzig vergleichbar (wo die deutschen Banken sich gleichfalls stark etablierten). In Köln wurden seit 1920 von Großbankhäusern zahlreiche gemeinsame „Devisenstellen" errichtet (Mendelssohn & Co., A. Levy, Sal. Oppenheim; Speyer-Ellissen, J. H. Stein, Delbrück v. d. Heydt & Co. u. a.). 1924 bzw. 1925 wurden sie wieder aufgehoben.

[2]) „... in letzter Zeit zweifellos bereits der größte Devisenmarkt des Kon-

Linie für **Deutschland** ganz außerordentlich wichtig werden mußte und in eine Reihe mit London und New York, ja eine lange Zeit hindurch völlig an die Stelle dieser Plätze trat. War Amsterdam so *vor* der deutschen Stabilisierung geradezu notwendiger Stützpunkt, so behielt es nachher seine hohe Bedeutung für die Akzept- und Rembours-Kreditgewährung, wie sie namentlich auch die *internationalen* Institute betreiben, und damit, nochmals gesteigert nach der Zulassung des Akzeptes und Giros der deutschen Amsterdamer Banken zur Diskontierung bei der Nederlandsche Bank (1926), für die Finanzierung des deutschen Außenhandels mit Holland und Übersee und wurde anläßlich der umfangreichen Kapitaleinfuhr nach Deutschland seit Herbst 1924 als Emissionsplatz der großen deutschen Auslandsplazierungen, darunter vielfach solcher unter amerikanischer Konsortialführung, nochmals als Kreditgeber oder Kreditvermittler von hervorragender Wichtigkeit.

B. Die Verbindung mit dem übrigen Ausland, insbesondere Amerika und England.

Der zeitlich erste Kontakt deutscher Bankhäuser mit dem Auslande entstand dort wieder, wo *familiäre* Bande bestehen. So schuf z. B. die nahe persönlich-geschäftliche Beziehung des Hauses *Warburg*, das allerdings seine partielle Personalunion mit Kuhn, Loeb & Co., New York, nicht erneuerte, zur New Yorker International Acceptance Bank dem Emissions- und Außenhandels- (Akzept- und Rembours-) Geschäft Deutschlands und des mittleren und nördlichen europäischen Kontinents eine wertvolle Verbindung. Man denke an das sehr starke Hervortreten der Gruppen Warburg und *Speyer* (s. oben) anläßlich der Beschaffung von Auslandskrediten für die deutsche Industrie via New York 1924—1926 und auch noch späterhin.

Zum Teil etwas früher oder gleichzeitig, zum Teil erst später erfolgte die Wiedererrichtung der *deutschen Auslandsbanken-Organisation in Übersee* und, wie oben dargestellt, teils direkt, teils kollektiv, in *Amsterdam*, dem Ausfallstor der sich wieder in die Weltwirtschaft eingliedernden Wirtschaft Mitteleuropas und der Brücke zwischen Deutschland und den Märkten des Britischen Reiches und Amerikas.

Die *nächsten* Anknüpfungen internationaler Finanzbeziehungen geschahen gleichfalls in kollektiver Form, nämlich durch die *Beteiligung an englischen und amerikanischen „Investment-Trusts“* (1925/26 ff.). (Deutsche Bank, A. Levy, Sal. Oppenheim jr. & Cie., J. H. Stein, M. M. Warburg, Simon Hirschland bei der *Industrial Finance and Investment*

---

tinents... geworden“ (Kiliani, Die Großbankentwicklung in Holland und die mitteleuropäische Wirtschaft, 1923).

Corporation Ltd., London, (und der American & Continental Corporation, New York); Mendelssohn & Co., Berlin und Amsterdam, Disconto-Gesellschaft bei der German Credit and Investment Corp. (Dillon, Read & Co.); M. M. Warburg, Danat-Bank, A. Levy, Sal. Oppenheim jr. & Cie. bei der European Shares Inc.; Berliner Handelsgesellschaft und J. Dreyfus & Co. bei der Commercial Investment Trust, New York; Reichskreditgesellschaft, Seehandlung, Deutsche Bank, Mitteldeutsche Creditbank, Berliner Handelsgesellschaft bei der British and German Trust Ltd., London; Dresdner Bank bei dem „ABC-Trust", London-New York; usw. usw.)

Gleichzeitig erfuhren die amerikanischen Beziehungen fast aller größeren deutschen Banken durch die Plazierungen eigener Aktien (s. oben) 1926 und zum Teil noch 1927 eine erhebliche Vertiefung.

Vielfach sind die zerrissenen Bande auch, allerdings nirgends in der alten Form der persönlichen Teilhaberschaft, unter erheblicher Umorientierung an anderen Stellen durch neue deutsche Beteiligungen ersetzt worden:

J. Dreyfus & Co., Frankfurt-Berlin[1]), begründeten 1923 in New York das Haus Strupp & Co.

Hardy & Co. G. m. b. H., Berlin, beteiligten sich im Mai 1924 bei George H. Burr & Co., New York. Hardy und Burr vermittelten 1926/27 die Aktienverkäufe der Hardy nahestehenden und zum Teil auch untereinander befreundeten Firmen Barmer Bankverein, ADCA und Bayerische Hypotheken- und Wechselbank nach Amerika (vgl. S. 33, 86).

(Die Beteiligung von S. Bleichröder, Berlin, bei Ladenburg, Thalmann & Co., New York, wo drei Chefs von Bleichröder Partners waren, wurde bereits 1912 abgestoßen.

Die Berliner Handelsgesellschaft hatte in New York die Kommandite Hallgarten & Co., in die sie „zwecks engster Verbindung" 1903 ihren bisherigen Geschäftsinhaber Hans Winterfeldt jr. (der später eine zeitlang Teilhaber bei Speyer & Co., New York, und 1914/15 Vorgänger Schachts als Direktor der Nationalbank für Deutschland wurde) als Gesellschafter entsandte. Im September 1912 traten Carl Fürstenberg und Dr. Treitel von der Berliner Handelsgesellschaft als Partners in New York aus.)

Alle führenden Berliner Großbanken haben heute wieder eigene New Yorker Vertretungen, die Commerzbank sogar eine Beteiligung an der New York and Hanseatic Corp.

Dieser Aufbau deutet, weit davon entfernt, die Merkmale einer vorkriegsmäßigen Auslandsexpansion Deutschlands aufzu-

---

[1]) Seit neuerer Zeit beteiligt bei Reitler & Co. in Wien und bis 1918 in teilweiser Personalunion, seither noch in engeren freundschaftlichen Beziehungen mit Dreyfus Söhne & Cie. in Basel. Interesse an der Nederlandsche Standard Bank.

zeigen, die rechtliche Vertiefung der z. B. für die Beschaffung der Auslandskredite höchst förderlichen „freundschaftlichen Beziehungen" an, wie sie im Falle der Umstellung der Deutschen Bank zu einer vorübergehenden effektenkapitalistischen Abhängigkeit, Verkauf bisheriger Vorratsaktien an Schroeder (London und New York) und Speyer & Co. (New York) geführt haben und für die Gewährung der Industriekredite die Richtung angeben.

Denn es ist klar, daß, wenn genau das gleiche Syndikat, das die Aktien der Deutschen Bank kaufte, auch der Reichsbahngesellschaft im November 1924 den 15 Mill. Dollar-Eventualkredit gewährte, so das wohl damit zusammenhängt, daß der Verwaltungsratspräsident der Reichsbahn Dr. Carl Friedrich v. Siemens ist, der Führer des Siemens-Konzerns, der vorzugsweise mit der Deutschen Bank arbeitet, und daß der Staatssekretär a. D. Bergmann (vgl. S. 110) im Arbeitsausschuß des Verwaltungsrats der Reichsbahngesellschaft an hervorragender Stelle steht.

Die letzte Etappe internationaler Wiedereingliederung der deutschen Banken begann nach der politischen und wirtschaftlichen Entspannung der westeuropäischen Atmosphäre 1926/27 mit dem Eintritt deutscher Banken und Bankhäuser in die Verwaltung der Internationalen Bank in Luxemburg, der Domäne französischer und belgischer Kapitalinteressen. Über die westeuropäisch orientierte Wiedereingliederung der Dresdner Bank in die internationale Bankwelt vgl. S. 97f.

3. Übersicht über die Interessenverflechtung der Großbanken und -Bankhäuser mit den Industrie-Konzernen.

(D = Deutsche Bank; Disc. = Disconto-Gesellschaft;
DN = Darmstädter und Nationalbank; Dresd. = Dresdner Bank.)

1. Vereinigte Stahlwerke A.-G., Düsseldorf: Disc. und DN.
Gelsenkirchener (Essen): Disc., DN.
Gebr. Boehler A.-G. (Berlin): Disc.
Thyssen arbeitet mit sämtlichen D-Banken gleichmäßig (am meisten mit der Disc., Louis Hagen).
Otto Wolff — Phoenix — v. d. Zypen-Wissen: Louis Hagen, Disc. und D.
Rheinstahl s. unter I.-G. Farbenindustrie.
Mitteldeutsche Stahlwerke A.-G. (Berlin): DN.
Vereinigte Oberschlesische Hüttenwerke A.-G. (Gleiwitz): D (mit allen anderen Großbanken).
Oberbedarf: Eugen Landau, D; DN u. a.
Österr. Alpine Montangesellschaft: Disc.
Kattowitzer Bergbau: Dresd.

Bismarckhütte: DN.
2. I.-G. Farbenindustrie, Frankfurt a. M.: D, ferner DN, Disc., Dresd. [1])
Rheinstahl (I.-G. Farben, Otto Wolff): Disc., Deutsche Länderbank, ferner D; Hagen.
Dynamit-Nobel: Disc.
3. Siemens-Konzern: D.
Siemens & Halske: D, außerdem Bayer. Vereinsbank, Disc.
Schuckert & Co.: Disc. und Bayer. Vereinsbank (ferner Commerzbank und Bayer. Hypotheken- und Wechselbank).
Siemens-Schuckert: vor allem Bayer. Vereinsbank, ferner D und Commerzbank.
4. AEG-Konzern: Vorsitz: Berliner Handelsgesellschaft, stellvertretender Vorsitz: Hardy & Co. [2]), ferner Disconto-Gesellschaft, A. Levy-Köln, Sal. Oppenheim jr. & Cie.-Köln, DN, S. Bleichröder, A. Schaaffhausenscher Bankverein, Dresd., Delbrück Schickler & Co., Eugen Landau, J. F. Schröder [3]) [4]).
5. Klöckner: Louis Hagen und Disc. (daneben D).
6. Krupp: Dresd., DN (daneben D, Disc., Hirschland).
7. Haniel: Disc. und D.
8. Hoesch: Dresd. und Disc.
9. Röchling(-Buderus): Mitteldeutsche Creditbank und Gebr. Röchling Bank.
10. Stumm: Dresd. und D (u. a.).
11. Mannesmann: D.
12. Schultheiß-Patzenhofer-Ostwerke: Eugen Landau, DN, Commerzbank; Mitteldeutsche Creditbank (auch D). — Schlesische Portland-Cement-Industrie A.-G. (Oppeln) (Ostwerke-Jaris-

---

[1]) Unter den 51 A.-R.-Mitgliedern fehlen die Großbanken völlig! Vertreten sind nur (obgleich 6 Berliner Großbanken in der Generalversammlung vom Juni 1926 $^1/_3$ aller Stammaktien vertraten) Gebr. Bethmann, Georg Hauck & Sohn (Frankfurt a. M.), Hugo Oppenheim & Sohn (Berlin), A. Levy, J. H. Stein (Köln) und M. M. Warburg & Co. (Hamburg), ferner einige Persönlichkeiten, die allerdings, zum Teil führend, dem Aufsichtsrat der Deutschen Bank (Geheimrat Fischer, Stuttgart) bzw. der Mitteldeutschen Creditbank (von Steinmeister) bzw. der Disconto-Gesellschaft (v. Schinckel) angehören. Keiner von ihnen sitzt im „Verwaltungsrat".

[2]) Fritz Andreae i. Fa. Hardy & Co. ist Schwiegersohn Emil Rathenaus!

[3]) Die Deutsche Bank dagegen, 1887—96 im Aufsichtsrat (davon 1889—96 Vorsitz), fehlt heute in der Verwaltung der AEG, nachdem ihre Siemensgruppe immer mehr von der AEG abrückte, arbeitet aber noch weiter mit der AEG lebhaft zusammen.

[4]) Zu beachten ist bei der Zusammensetzung des Aufsichtsrats der AEG der Wert von Konzernbildungen und Bündnispolitik für die Möglichkeit „zusätzlicher" Stimmen für die Größtbanken; glückliche Politik der hervorragend verbündeten Disconto-Gesellschaft: außer dem von ihr voll beherrschten Schaaffhausenschen Bankverein gehört ihr früherer Geschäftsinhaber Dr. Hermann Fischer und gehören u. a. ihre Freunde A. Levy, Sal. Oppenheim und S. Bleichröder dem Aufsichtsrate an.

lowsky): Jarislowsky, Dresd., Eugen Landau, D, DN, Reichskredit.

13. HAPAG: Disc.; DN, Warburg (auch D).
14. Norddeutscher Lloyd: DN und J. F. Schröder (D, Bleichröder).
15. Hamburg-Südamerikanische Schiffahrt: Disc. Verwaltungsbank, J. F. Schröder im Besitz der Stammaktienmehrheit.
16. Hansa (Bremen): J. F. Schröder (alle D-Banken, Berl. Handelsgesellschaft).
17. Vereinigte Glanzstoff (Elberfeld): D; Schlesinger-Trier-Speyer; Disc., Reichskredit.
    I. P. Bemberg A.-G.: D, DN.
18. Rheinisch-Westfälisches Elektrizitätswerk (RWE): alle D-Banken, Hirschland.
19. Wintershall (Kali-Industrie A.-G.; Rosterg): vor allem D, Commerzbank (auch Dresd. u. a.).
20. Burbach-Konzern (Korte, Rechberg): Commerzbank.
21. Salzdetfurth-Konzern: Disc. (außerdem: DN; Mitteldeutsche Creditbank; auch Commerzbank und Delbrück Schickler).
22. Petroleum-Trust: 1. Vorsitz: Disc.; 2. Vorsitz: D.
    (Deutsche Erdöl-A.-G. (DEA): Disc. Rütgerswerke A.-G.: D; auch Berl. Handelgesellschaft).
23. Deutsch-Atlantische Telegrafen-Gesellschaft: Disc. und daneben vor allem Dresd. und Warburg.
24. Harpener Bergbau-A.-G.: Berl. Handelsgesellschaft, D (die anderen D-Banken).
25. Rheinische Braunkohle (Silverberg): D und Louis Hagen.
26. Karstadt A.-G.: Barmer Bankverein und Warburg (auch DN und Commerzbank).
27. Leonhard Tietz (Köln): Barmer Bankverein, Dresd., Speyer.
28. Metallbankkonzern (AEG und Farbentrust freundschaftlich nahestehend): Disc. und Berl. Handelsgesellschaft, Delbrück Schickler, DN und verschiedene Frankfurter.
29. Lothringen-Konzern: Disc. (auch D, Commerzbank und DN).
30. Bergmann-Elektrizitätswerke: D, außerdem Disc. und DN.
31. Ludw. Loewe & Co.: Disc., Dresd. (auch Berl. Handelsgesellschaft und DN).
    Gesfürel: ebenso.
32. Mansfeld: ADCA, Dresd. u. a.
33. Deutsche Linoleumwerke (Linoleumtrust): Disc. und J. F. Schröder.
34. Süddeutsche Zucker-A.-G.: D, außerdem Disc. (auch Bayer. Hypotheken- und Wechselbank u. a.).
35. Zeiß-Ikon-A.-G. (Phototrust): D, außerdem Disc., DN.
36. Eschweiler Bergwerksverein (ARBED): Disc., Dresd., Louis Hagen.

37. Deutsche Schiffs- und Maschinenbau-A.-G. (Bremer Werfttrust): J. F. Schröder; außerdem Dresd.; D, Berl. Handelsgesellschaft, DN.
38. Borsig: D (auch Reichskredit).
39. Demag: D.
40. Ilse: Mitteldeutsche Creditbank.
41. Orenstein & Koppel: Dresd. und D, ferner Disc. u. a.
42. Brown, Boveri: Dresd. und D.
43. Hirsch-Kupfer: vor allem D; daneben DN, auch Commerzbank.
44. Beer, Sondheimer & Co.: Mitteldeutsche Creditbank.
45. Oberschlesische Kokswerke: Berl. Handelsgesellschaft; D; Mitteldeutsche Creditbank, Commerzbank u. a.
46. Rheinmetall: D (daneben Delbrück Schickler und DN).
47. Elberfelder Textil-A.-G. (Etag): D.
48. Norddeutsche Wollkämmerei: DN (außerdem Disc.).
49. Deutsche Lufthansa A.-G. (1926): vor allem D und Disc.
50. Aquila (Adler, Frankfurt a. M.): DN, Disc.
51. Scheidemandel: Dresd.
52. Linke-Hofmann (Stahlverein): DN, Berl. Handelsgesellschaft.
53. MIAG (Mühlenbau): DN, auch Speyer.
54. Zellstoff-Waldhof: Disc.
55. Hugo Stinnes jun.: jetzt Commerzbank.

4. Übersicht über die Hausbanken der wichtigsten industriellen Konzerne Deutschlands.

Das Rechtsverhältnis dieser „Hausbanken" — vgl. S. 22ff. — zu ihrem Konzern kann durchaus verschieden sein. Es steigert sich a) vom einfachen Beteiligungsverhältnis über b) numerisch qualifizierte Beherrschung bis endlich c) zum völligen Besitz der (vielfach erst ad hoc ins Leben gerufenen) Bank (z. B.: ad a) Centralkreditbank; ad b) Deutsche Länderbank; ad c) Industrie- und Privatbank; s. im folgenden). Etwa parallel dazu differiert auch die Funktion dieser Konzerninstitute: sie steigt von der bloß gelegentlichen oder gewöhnlich geübten [1]) Betrauung mit der Ausführung von Kapitaltransaktionen und Geldgeschäften über die Tätigkeit als ständige Bankverbindung (Kreditbasis) bis zum Charakter als Vermögensverwaltungsstelle (Kapitalanlagegesellschaft), als „Bankabteilung", die als Geldausgleichsstelle im Konzern alle laufenden bankmäßigen Konzerngeschäfte, auch Finanzierungen, durchführt (während den großen Banken meist Emissionen und wirklich große Finanzierungen vorbehalten bleiben)

---

[1]) Die „Hausbank" tritt dann für Rechnung des Konzerns an der Börse auf, ist Agent für dessen Börsentransaktionen (der Farbentrust kauft durch seine Deutsche Länderbank-Berlin an der dortigen Börse Aktien usw.).

und evtl. gleichzeitig als Übernahme- und Holdinggesellschaft (Bank für Textilindustrie, Industrie- und Privatbank) dient oder gar den Konzern selbst durch Depositenakquisition finanziert.

In diesem Sinne sind im folgenden von 1. (lockere Verbindung) ansteigend, diese graduellen Abstufungen der Beherrschung, soweit von außen beurteilbar, mit Ziffern angedeutet worden.

I. HUGO STINNES G. M. B. H., Beteiligungen 1922 bis Sommer 1925:

(3) Barmer Bankverein, Düsseldorf-Barmen (1923—25).
Berliner Handelsgesellschaft (1922—25).

(3) Nordstern Versicherungskonzern mit der Nordstern-Bank A.-G., Berlin (Februar 1924—1925).

(3) Bankfirma Hermann Adrian, Berlin. — (Eine Zeit lang Elberfelder Privatbank, Elberfeld.)

II. AEG.

Berliner Handelsgesellschaft (vgl. S. 101 f.); die übrigen „Banken" im AEG-Konzern sind Finanzierungs- und Übernahmegesellschaften.

III. METALLBANK-KONZERN.

(2) Delbrück Schickler & Co., Berlin (1909).

(2) Delbrück v. d. Heydt & Co., Köln (1919).

(2) Gebr. Lismann, Frankfurt a. M. (1921, Kommandite der Metallbank und von Gebr. Schickler bzw. Delbrück Schickler & Co.).

(4) Merton & Co., Frankfurt a. M. (Neugründung: Verwaltungsgesellschaft der Konzernleitung mit Treuhänderfunktionen).

IV. I.-G. FARBENINDUSTRIE A.-G.

(4) Deutsche Länderbank A.-G., Berlin (80%ige Beteiligung seit März 1924).
(Diese 1923 beteiligt u. a. bei: Schweitzer, Freund & Co., Beuthen.)

V. Der inzwischen liquidierte RHEINHANDELS-KONZERN besaß (4) die Disconto-Bank, Halle, die gleichfalls seither aufgelöst wurde.

VI. HANIEL-GUTEHOFFNUNGSHÜTTE.

(3) Bank für Bergwerks- und Hüttenwerke A.-G., Düsseldorf.

VII. LOTHRINGEN-KONZERN.

(4) Westfalenbank A.-G., Bochum (1921 als Konzernbank errichtet; Niederlassung in Hannover).

(3) Rheinisch-Westfälische Bank für Grundbesitz, Essen.

VIII. Die inzwischen aufgelöste JULIUS SICHEL & CO. K. a. A., Mainz (SICHEL-KONZERN) schuf sich die

(3) Westbank A.-G. (1919 Umgründung und Verlegung der Deutschen Palästina-Bank von Berlin nach Frankfurt a. M.), Trennung Mitte 1925.

IX. GEBR. MANNESMANN, bzw. Mannesmann Industrie- und Handels A.-G., Berlin.
(2) Bank für Innen- und Außenhandel A.-G., Berlin (Juni 1924, 25%).
Banca Arnus, Barcelona [1]) (mit 75% mitbeteiligt bei obiger Bank).
(4) Disconto- und Effektenbank, Hamburg—Berlin (Juli 1924 —1925).
(1) Depositen- und Handelsbank A.-G., Berlin.

X. SCHULTHEISS-PATZENHOFER-OSTWERKE-KONZERN.
(3) Ostdeutsche Bank A.-G., Berlin (Mitte 1923 bis 1926).
(3) Getreide-Kreditbank A.-G., Berlin (Beteiligung 1926 verstärkt).
(3) Deutsche Landwirtschaftliche Handelsbank G. m. b. H., Berlin.

XI. JACOB MICHAEL & CO., Berlin.
(4) Industrie- und Privatbank A.-G. (als Bankabteilung, Finanzierungs- und Beteiligungsgesellschaft, gegr. Oktober 1923) in Berlin; durch diese:
(3) Internationale Handelsbank, K. a. A., Berlin (Dez. 1924 bis März 1927 zu 40%).
(3) Rheinlandbank A.-G., Worms-Biebrich (Febr. 1925, z. Zt. in Liquid.).
(3) Deutsche Vereinsbank, Frankfurt a. M. (Juli 1924 bis Februar 1926).
(3) Tschecho-Slowakischer Bankverein A.-G., Berlin (Juli 1925), seit Nov. 1926: Bankverein für Kredit und Handel A.-G., Berlin.
(3) Mitteldeutsche Bodenkreditanstalt, Greiz (Mai 1924 zu 80%).
(3) Hannoversche Bodenkreditbank, Hildesheim-Berlin (Oktober 1923 bis Januar 1927 zu 97%).
(2) Österreichische Hypothekenbank, Wien (Ende 1924).
(4) Textil-Kredit A.-G., Berlin (Kreditbank für den Textilhandel, März 1924).
(2) Wiener Lombard- und Escomptebank, inzwischen liquidiert
(3) A.-G. für Hypothekenwerte, Berlin—Zürich.
(2) Hrvatska Banka, Agram (1924 bis Mai 1928).
(1) (Iduna Versicherungskonzern, Berlin-Halle, Sept. 1924.)
(1) (Germania Versicherungsgruppe, Stettin, Febr. 1924).

XII. FRIEDRICH MINOUX G. m. b. H. für Handel u. Industrie, Berlin.
(3) Jacquier & Securius, Berlin (altangesehene Firma, bei der M. seit 1. 1. 24 Teilhaber ist.)
(1) Central-Kreditbank A.-G., Berlin (Minderheitsaktionär, seither wieder ausgeschieden.)

---

[1]) Konzern Bauer Marchal, Paris.

XIII. WINTERSHALL-KONZERN (Kali-Industrie A.-G.)
(4) Kali-Bank A.-G. Kassel (1922).
Bank für Landwirtschaft A.-G., Berlin.
XIV. THYSSEN-KONZERN
(3) v. d. Heydt's Bank A.-G., Berlin (1928).
(4) Bank voor Handel en Scheepvaart (Rotterdam, Kapital jetzt 12 Mill. hfl.), die ihrerseits Ende 1926 (mit Amerikanern) sogar eine Holland-American Investment Corp. in Rotterdam (Kapital 1 Mill. hfl.) begründete.
Als Alleiniger schon vor dem Kriege:
XV. RÖCHLING-KONZERN (Saarbrücken).
(4) Gebr. Röchling, Bank (Saarbrücken-Berlin).
(4) Röchling & Co., Bank, Basel (1924; beteiligt mit anderen an der Rigaer Internationalen Bank).
(2) Bayerische Notenbank, München (Aktienbesitz Febr. 1927 zum größten Teil verkauft.)
XVI. JOSEPH & ALFRED BLUMENSTEIN G. m. b. H.
(4) Bank für Textilindustrie A.-G., Berlin (gegr. 1919), durch diese:
(4) Algemeene Industrie-en Bankvereeniging, Amsterdam („Allindubank").
XVII. ELBERFELDER TEXTILWERKE A.-G., („ETAG", in Interessengemeinschaft mit Stöhr-Leipzig.)
(2) F. W. Krause & Co., K. a. A., in Berlin (Kurt Frowein Juli 1923 bis Okt. 1926 Geschäftsinhaber.) 31%ige Beteiligung. (Central-Kreditbank A.-G., Berlin; Abr. Frowein Großaktionär und Aufsichtsratsvorsitzender, 1926 stark eingeschränkt.)
XVIII. HUGENBERG gehört die
Ostbank für Handel und Gewerbe und mit ihr die Ostdeutsche Privatbank (August 1924), außerdem: Deutscher Credit-Verein A.-G., Berlin; bis März 1927 beteiligt bei der: Roggenrentenbank A.-G., Berlin, und durch sie bei der Preußischen Pfandbriefbank A.-G., Berlin, von denen die erstere wiederum die inzwischen liquidierte Agrar- und Commerzbank, Berlin, (1921) und die Getreiderentenbank für Landwirtschaft A.-G., Berlin, kontrollierte.
Ferner:
XIX. Die Bergwerksgesellschaft Georg v. GIESCHEs Erben unterhält seit einigen Jahren die Giesche-Bank in Breslau.

Zwischen den so in einem Konzern vereinigten und sich gegenseitig ergänzenden Bankinstituten besteht, wenn auch nicht juristisch, so doch tatsächlich, vielfach ein so enger Geschäftsverkehr, eine interessengebundene (Arbeits-) Gemeinschaft, bestehen so enge wechselseitige Kreditbeziehungen wie zwischen den Filialen einer Großbank oder den Gliedern eines Bankkonzerns.

VIII. Vergleichendes und Abschließendes.

Die Konzentration im englischen und im amerikanischen Bankwesen.

England:

Zum Vergleich sei das englische Bankwesen einer kurzen Betrachtung unterzogen. Hier ist — sieht man von dem jüngsten Zusammenschluß in der chemischen Industrie ab — der Konzentrationsprozeß am weitesten von allen Zweigen der englischen Wirtschaft fortgeschritten. Hunderte von Bankfirmen sind durch „amalgamation" oder „absorption" (Zusammenschluß und Aufsaugung) fortgefallen:

JOINT-STOCK BANKS IN ENGLAND UND WALES[1]):

Ende des Jahres	Anzahl	Eigenkapital[2])	Deposite	Filialen
1890	104	67,83	368,7	
1895	99	69,213	455,6	2690
1900	77	78,85	586,73	3757
1905	59	82,01	627,53	4558
1910	45	80,95	720,7	5202
1915	37	81,73	992,6	6027
1920	20	128,154	1961,527	7257
1925	18	134,847	1806,262	8469

Millionen Pfund St.

Diese 18 englische Aktienbanken vermindern sich noch um 2 (Coutts and Co. und Union Bank of Manchester), die ganz im Besitz von zweien der „Big Five" in London sind. Ferner gehören von den 8 Joint-Stock Banks in Schottland: 4, von den dreien in Nordirland: 2 den Big Five (Midland Bank, Lloyds Bank, Barclays Bank, Westminster Bank, National Provincial Bank).

Den Big Five gehörten vom Eigenkapital der Joint-Stock Banks in England und Wales 1925 nicht weniger als 82,8%, (1920 : 82%), von den Depositen entfielen auf sie 84% (mit den beiden Affiliierten 85,9%) gegen 83% i. J. 1920, von den Filialen (1925 wie 1920) 83% (auf die drei Größten unter ihnen: 63,6% der

[1]) Ohne die Bank von England.

[2]) Aktienkapital und Reserven.

Gesamtzahl). Die Konzentration des Bankkapitals und der Bankdepositen in London erhellt noch umfassender aus den folgenden Daten:

Ende 1925	in % aller Banken von Großbritannien und Nordirland (ohne Bank von England):	
	Eigenkapital	Depositen
Die 18 englischen Joint-Stock Banks:	81,4	85
Die 4 private banks:	1,6	1,3
Die 8 schottischen Joint-Stock Banks:	14,5	11,3
Die 3 nordirischen Joint-Stock Banks:	2,5	2,4
Davon die Big Five:	**67,4**	**71,4**
Die Big Five mit den affiliierten 2 englischen, 4 schottischen, 2 nordirischen Joint-Stock Banks:.....		**79,84**

Auch die sogenannten private banks sind ganz außerordentlich dezimiert worden:

1832 gab es 62 private banks,

1895 hatten die 38 private banks 11,834 Mill. Pfd. Eigenkapital und 70,372 Mill. Pfd. Depositen,

1910 die 9 private banks 5,535 Mill. E.-K. und 26,808 Mill. Depositen,

1925 die 4 private banks 2,625 Mill. E.-K. und 27,781 Mill. Depositen. —

Die größte der BIG FIVE, die Midlandbank (R. Mc. Kenna), ging beispielsweise allein bis 1910 aus nicht weniger als 32 Banken hervor (Jaffé). Lloyds Bank, die zweitgrößte, zählte bis 1923 : 52 Fusionen.

Bemerkenswert ist, daß *1917* gerade unter dem Eindruck des deutschen Vorbildes (Deutsche Bank!) die Midlandbank und mit ihr dann die anderen zu den großen Expansionstransaktionen übergingen (Sykes, a. a. O. Seite 75 f., 81 f.!). Der Höhepunkt der wie in Deutschland stark konjunkturbedingten Konzentrationstätigkeit lag in den Jahren 1918 und 1919; am geringsten (außer 1916): 1921 und 1924; 1925—1927 fanden überhaupt keine Bankverschmelzungen von Bedeutung mehr statt.

Die englische Bankkonzentration ist im Gegensatz zur deutschen mehr reine Filialexpansion als Angliederung schon bestehender Bankunternehmungen, ein mehr quantitativer Prozeß, bei dem der Zweck der Kapitalattraktion (Depositenkassen) überwiegt.

Die englischen Banken sind viel konzentrationsgeneigter und -geeigneter als die deutschen, da sie sich im Gegensatz zu diesen dem „reinen" Bankgeschäft widmen und daher im wesentlichen aller besonderen Individualität (wie bei uns durch die viel weitergehende Interessenverflechtung mit der Industrie!) ermangeln.

Walter Leaf sagte in der letzten Generalversammlung der Westminster Bank, die er leiten konnte (27. Jan. 1927), als er von der Konzentration im englischen Bankgewerbe sprach: „... The State thereupon intervened and laid a veto upon any more amalgamations by the big banks; that veto is still in force." (The Economist, 1927, S. 218).

Auch Canada ist, im Gegensatz zu den Vereinigten Staaten, nach dem englischen System organisiert; es zählte 1926 nur noch 11 selbständige Bankinstitute mit zusammen ca. 5000 Filialen.

Amerika:

Die Konzentration in den Vereinigten Staaten von Amerika dagegen ist von wesenhaft, nicht etwa nur graduell anderer Art. Hier handelt es sich nicht so sehr um eine Konzentration von Unternehmungen — die es freilich auch in erheblichem Umfange bis in die allerletzte Zeit, und zwar mit besonderer Stärke seit 1920 gegeben hat — als vielmehr um eine bloße Konzentration des Kapitals in den Banken vor allem der beiden größten Städte des Landes. So beliefen sich die Depositen bei den 8085 Nationalbanken Mitte 1924 auf 14,853 Milliarden Dollars; davon entfielen jedoch allein auf die **sechzehn** (!) größten unter ihnen (in New York und Chicago) nicht weniger als vierzig Prozent! Man sieht: einer sehr großen Dezentralisation durch selbständige Unternehmungen steht eine sehr große Zentralisation des Kapitals gegenüber (vgl. dazu A. Feiler, Amerika-Europa, S. 131 ff.).

Weit in das Herrschaftsgebiet der Banken greift — direkt und indirekt, manifest und latent — der Einfluß der großen Privat-Bankiers ein, unter denen sich am sinnfälligsten in dem Hause **Morgan** (New York[1]), Philadelphia[2]), London[3]), Paris[4]), Rom[5]), Mailand[5]); 1922 Beteiligung an der Österreichischen Bodenkredit-anstalt) die Konzentration der Marktbeherrschung dokumentiert.

Von New York aus (das 1799 nur eine Bank, die von den alten Grundbesitzerfamilien betriebene Bank of New York,

---

[1]) J. P. Morgan & Co. (1871, 1895).
[2]) Drexel & Co. (gegr. 1838).
[3]) Morgan, Grenfell & Co. (als J. S. Morgan & Co. 1864).
[4]) Morgan, Harjes & Cie. (1868).
[5]) Filialen (1925).

besaß!) finanzierte J. P. Morgan die Kriegsführung der Alliierten 1914—18 und stützte später fast sämtliche europäische Währungen (mindestens durch Revolving-Kredite). Morgan ist der Bankier der aus der Carnegie Steel Co. hervorgegangenen U. St. Steel Corp. (Gary) und steht, zusammen mit anderen großen Finanzleuten, der American Telephone & Telegraph Co., der nach der Deutschen Reichsbahngesellschaft größten Gesellschaft der Welt, sehr nahe. Undurchsichtiger ist sein Verhältnis zur Standard Oil-Gruppe, die direkt ein Kapital von 6—700 Mill. Dollars, indirekt aber (1924) im ganzen schätzungsweise ein solches von 8 Milliarden Dollars repräsentiert und als deren Bankier er vielfach auftrat, freilich in Rivalität mit Kuhn, Loeb & Co. und neuerdings (Dez. 1926) Dillon, Read & Co. — Das Nebeneinanderarbeiten in Nachbarpositionen mit dem Hauptaktionär von Standard Oil, Rockefeller, dokumentiert sich noch heute am deutlichsten in dem gemeinsamen Interesse an der National City Bank (s. unten). Von hier laufen neuerdings Fäden zur I.-G. Farbenindustrie und (Jan. 1926) zur Swedish American Investment Corp. des Schwedischen Zündholztrusts. Von den Banken des Morgankreises seien nur die wichtigsten New Yorker herausgehoben: Vor allem

1. die NATIONAL CITY BANK, seit jüngster Zeit auf Grund ihres Eigenkapitals die größte Bank der Welt (während die englischen Big Five noch höhere Depositenziffern haben), die Bank der International Mercantile Marine Co. (Morgans Schiffahrtstrust) und vor allem der Standard Oil-Gruppe, deren Kapital (Ende 1926 ohne Untergesellschaften mit einem Börsenwert von ca. 19,36 Milliarden Mark) hinter ihr steht. Beziehung zur Harrimanschen Anaconda Copper Co.

   Mit anderen Beteiligung an der American International Corp. Als Emissionshaus der National City Bank fungiert die National City Co.
2. Die GUARANTY TRUST CO., die drittgrößte Bank von USA. Beziehung zu den (besonders auch Kuhn, Loeb & Co. nahestehenden) Kupferkönigen Guggenheim (American Smelting & Refining Co.) und zu W. A. Harriman & Co. — Fäden zur Bethlehem Steel Corp. (dem zweitgrößten amerikanischen Stahltrust; Schwab). 1920 an der Österreichischen Creditanstalt, 1924 an der Rotterdamschen Bankvereeniging beteiligt.
3. Die FIRST NATIONAL BANK (of the City of New York).
4. Die BANKERS' TRUST CO. of New York, die mit Morgan vor allem der General Motors Corp. und der General Electric Co. (vgl. S. 103), dem größten Elektrizitätstrust mindestens

der Neuen Welt (Chairman: Owen D. Young, der als spiritus rector des Dawes Report gilt), ferner der Anaconda Copper Mining Co. (s. oben), der Bradden Copper Co. u. a. nahe steht.

5. In etwas loserem Konnex: die CHASE NATIONAL BANK (Chairman of exec. committee: G. W. Mc. Garrah, amerikanisches Generalratsmitglied der Reichsbank). Nach der Fusion mit der großen Mechanics & Metals National Bank im Febr. 1926 zweitgrößte Bank der USA. Nähere Beziehungen zur General Motors Corp., zur Anaconda Copper Co., zur Standard Oil Co., zu Blair & Co., zur Betlehem Steel Corp. und vor allem zu der (auch Kuhn, Loeb & Co. nahestehenden) zweitgrößten amerikanischen Elektrizitätsgesellschaft, der Westinghouse Electric & Manufacturing Co. (Vertragsverhältnis mit Siemens).

Bei mehreren anderen größten Banken kreuzt sich der Einfluß Morgans mit dem der anderen Großbankiers. — Genannt sei vor allem noch die Morgan gleichfalls nahestehende Central Trust Co. of Illinois, Chicago, deren Chairman seit 1902 der derzeitige Vizepräsident der U. St., Charles G. Dawes, ist.

In USA. üben weitaus stärker, als es in Deutschland und in England der Fall ist, wenigstens einige Banken beherrschenden Einfluß, vornehmlich auch auf den gewaltigen Vertrustungsprozeß, aus.

Ähnlich den englischen „Big Five" blieben und bleiben auch in Deutschland einige Größtbanken, durch Rivalität (auch rein persönlicher Natur) und differente Orientiertheit auseinandergehalten, in hierdurch bedingter wertvoller Konkurrenz wirkend und sich vergrößernd.

Über ihre Stellung zueinander dürfte heute, nach vorläufigem Abschluß des großen Konzentrationsprozesses, folgendes zu sagen sein.

Infolge ihrer im ganzen doch gleichmäßig intensiven Beteiligung am Konzentrationsprozeß der letzten zehn Jahre ergab sich (trotz des Zusammenschlusses Darmstädter und Nationalbank) gegenüber etwa 1913 keine bedeutende Machtverschiebung unter den D-Banken selbst. Bestimmte Gruppen heben sich unter den führenden Großbanken nicht so ab, daß sich mehr als (ohne jede Exklusivität) häufiger wiederkehrende Kooperationsverhältnisse konstatieren ließen.

Mehr oder minder freundschaftlich stehen heute in einem gewissen Sinne einander gegenüber (und arbeiten in mancher Hinsicht gerne zusammen): Deutsche Bank und Berliner Handelsgesellschaft, dieser aber auch, wenn auch weniger intim, die Darmstädter und Nationalbank; die Deutsche Bank und die Mitteldeutsche Creditbank (schon seit den 70er Jahren); die Darmstädter und Nationalbank und die Commerz- & Privatbank, die aber auch dem Kreise der Deutschen Bank nicht feindlich gegenübersteht; teils direkte teils indirekte bedeutendere geschäftliche und persönliche Fäden laufen zwischen Danatbank, Commerz- & Privatbank und Mitteldeutscher Creditbank[1]); die Discontogesellschaft arbeitet an vielen Stellen mit der Dresdner Bank in z. T. noch aus der Verbindung der Dresdner Bank mit dem A. Schaaffhausenschen Bankverein herrührenden Nachbarpositionen zusammen. Dagegen ganz ausgesprochener, Jahrzehnte alter persönlicher und geschäftlicher Antagonismus zwischen den beiden Größten, zwischen Deutscher Bank und Disconto-Gesellschaft. — Daneben stehen die wenigen ganz großen Privatbankhäuser, die durch ihre intimen internationalen Verbindungen, als Mittler in der Weltwirtschaft gleich den größten Aktienbanken in wertvoller Eigenart ganz selbständig die Brücken schlagen, als Pioniere für die Großbanken, in deren Aufsichtsrat sie oftmals sitzen, neue Wege zur Wirtschaft auch des Auslandes bahnen oder kleineren und mittleren Banken ihre weiter reichenden Beziehungen nutzbar machen. Diese großen Konsortialen und selbst sehr kapitalkräftigen Freunde der D-Banken sind der Konzentration keinesfalls unterworfen.

Nach dem Abschluß der inflationistischen Scheinkonjunktur blieb der organisatorische Zustand der Großbanken im wesentlichen stationär. Gründe des Prestige und der Rivalität verhinderten in den Krisen und der Depression der Jahre 1924, 25 und 26 einen prinzipiellen Abbau des innerhalb weniger Jahre so weit dezentralisierten organisatorischen Apparates[2]), also die gleichen

---

[1]) Vor allem auch durch die Person Eugen Landaus, der in der Mitte steht zwischen Commerz- und Privatbank, Danatbank und Mitteldeutscher Creditbank. Landau ist stellvertretender Aufsichtsratsvorsitzender, sein Stiefsohn Curt Sobernheim (bis 1911 stellvertretender Direktor der Nationalbank) Direktor der Commerzbank; das Haus Landau gründete einst mit finanzieller Unterstützung der Commerzbank und anderer die Nationalbank für Deutschland, in der es seine Firma 1897 aufgehen ließ, um Jahre hindurch als Großaktionär den Aufsichtsratsvorsitz zu behalten; vor allem aber ist Landau heute Präsident der Schultheiß-Patzenhofer-Gruppe des Bierspritkonzerns, der im Aufsichtsrat der Danatbank (u. a. durch Gen.-Dir. Walter Sobernheim, einen anderen Sohn Landaus) und — seit 1927 — der Commerzbank, vor allem aber in dem der Mitteldeutschen Creditbank vertreten ist, dem auch Hugo Landau vor dem Kriege angehörte; bei der Mitteldeutschen Creditbank kann man noch weit mehr als bei der Commerzbank von einer Familienhegemonie der der Bank persönlich eng verbundenen Großaktionärgruppe reden. Hier gibt es Großaktionäre in einem bei den anderen Großbanken nicht bekannten Ausmaß: Die Gruppe Katzenellenbogen — Ostwerke (Bierspritttrust) verfügt (zusammen mit Jarislowsky-Berlin) direkt und durch die ihr nahestehenden Kreise der Verwaltung, vornehmlich auf Grund des Besitzes der Vorzugsaktien, der 5,7 Mill. Vorratsaktien und mehr als der Hälfte des umlaufenden Kapitals, über die praktische Stimmenmehrheit.

[2]) Noch 1911 waren Berlin und Frankfurt a. Main die einzigen Städte, in denen alle D-Banken vertreten waren. 1917 gab es 8 solcher Städte, 1920: 16, 1922 bereits 31 und 1924: 39.

Faktoren, die seinerzeit auch wesentlich zu seinem Aufbau beigetragen haben. Zu einer Behebung der auch jetzt noch bestehenden Überorganisation, die heute (im Vergleich zur Vorkriegszeit!) eine rationelle Kapitalausnutzung ganz erheblich erschwert und den Ertrag tief beeinflußt, d. h. zu Filialvereinigungen und Vollzusammenschlüssen (Verständigungs-Konzentrationen) könnte es offenbar erst unter dem Zwange einer geschäftlich ganz besonders schlechten Situation, in ertraglosen Jahren, kommen. Die Konstellation der Jahre 1924—26 hat jedenfalls — trotz mehrfacher interner Aussprachen der Bankleitungen über dieses Problem — diese Wirkung nicht gehabt. Jede weitere Besserung der wirtschaftlichen Gesamtlage bringt (freilich nicht entsprechend, sondern langsamer) eine bessere Ausnutzungsmöglichkeit des extensivierten Filialapparates und so des investierten Kapitals und zugleich darüber hinaus, wenigstens prinzipiell, wieder steigende Befähigung zu organisatorischer Neuexpansion. Freilich: sollte es bei künftiger starker Hebung der Konjunkturkurve zu erneuter Angliederungstätigkeit im deutschen Bankgewerbe kommen, so ist zu erwarten, daß ein solcher Prozeß dieses Mal erst später und in relativ maßvollerem Tempo einsetzen wird, als in dem in dieser Arbeit behandelten Zeitraum, da der Organisationsapparat der deutschen Banken noch von der Expansion der Nachkriegskonjunkturperiode her weit genug ausgebaut ist, um auch den Erfordernissen gesteigerten Geschäftsumfanges vorerst zu genügen.

Die sich anbahnende internationale Kartellierung von Industriezweigen (und die ihr vielfach folgende nationale und später internationale Vertrustung) wird auch die Banken der verschiedenen nationalen Wirtschaftskörper einander noch bedeutend mehr nähern als in der bisherigen nachinflationären Epoche. — Schließlich: sollte sich künftig, namentlich nach wie auch immer gearteter Reparationsregelung, das deutsche Zinsniveau der fallenden Tendenz der europäischen Zinssätze verstärkt anschließen, so wird auch das den Geschäftsumfang und den Entwicklungsgang der deutschen Banken tiefgreifend zu beeinflussen vermögen.

Indem sie sich stetig vergrößern, dienen sie der Selbstbehauptung der nationalen Wirtschaft. Indem sie willig neue Fäden in internationale Finanzzentren spinnen, helfen sie überstaatliche Bande enger zu knüpfen.

Der Konzentrationsprozeß ist nach seiner Überspitzung in den Nachkriegsjahren und zumal in der gegenwärtigen schwankungsreichen und noch nicht voll ausgeglichenen Zeit des Überganges mit Notwendigkeit in seiner vollen Entfaltung gehemmt. Nach ihrer Überwindung wird er, sei es offiziell oder latent, mit der gleichen Notwendigkeit fortschreiten.

Literatur.

Baecker, Die deutschen Banken im Jahre 1918, Berlin 1919 (u. folg. Jahre).
Beckerath, Herb. v., Kräfte, Ziele und Gestaltungen in der deutschen Industriewirtschaft. 2. Aufl. Jena 1924.
Benfey, Die neuere Entwicklung des deutschen Auslandsbankwesens 1914—25, Berlin—Wien 1925.
Burkart, Die fünf großen engl. Depositenbanken (The Big Five). Basel 1925.
Die deutschen Banken im Jahre 1924. Herausgegeben von „Der Deutsche Ökonomist", Berlin 1926.
Die Disconto-Gesellschaft 1851—1901. Berlin 1901.
Dietzel, Hans, Konjunkturbewegungen des letzten Jahrzehnts im deutschen privaten Kreditbankgewerbe (1914—24). Stuttgart 1925.
Denkschrift zum 50jährigen Bestehen der Essener Creditanstalt 1872—1922.
Fendler, A., Zur Kapitalkonzentration der Berliner Großbanken von 1914—1923. Berlin 1926.
Friedländer, H., Die Interessengemeinschaft als Rechtsform der Konzernbildung. Berlin 1921.
Friedländer, H., Konzernrecht. Mannheim-Berlin-Leipzig 1927.
Geiler, K., Gesellschaftliche Organisationsformen des neueren Wirtschaftsrechts. 2. Aufl. Mannheim 1922.
Goldschmidt, E., Die Bankgruppen. Mainz 1904.
Handwörterbuch der Staatswissenschaften. 3. u. 4. Aufl., 1910/23 bis 27 (Art. von Hahn, Prion, Somary).
Haußmann, Grundlegung des Rechts der Unternehmenszusammenfassungen, Mannheim 1926.
Helfferich, K., Georg v. Siemens. Berlin 1921.
Hild, P., Das Wiederaufleben des Privatbankiers. Diss. Heidelberg 1922.
Hilferding, R., Das Finanzkapital Eine Studie über die jüngste Entwicklung des Kapitalismus. Marx-Studien Bd. III. Wien 1910.
Jaffé, E., Das englisch-amerikanische und das französische Bankwesen, Grundriß der Sozialökonomik V. 2 (1915).
Jaffé, E., Das englische Bankwesen. 2. Aufl. Leipzig 1910.
Jeidels, O., Das Verhältnis der deutschen Großbanken zur Industrie mit besonderer Berücksichtigung der Eisenindustrie, 1905 (Schmollers Forschungen XXIV 2).
Jursch, H., 10 Jahre deutsche Kommunal- u. Giroorganisation. Berlin 1926.
Kiliani, Die Großbankenentwicklung in Holland und die mitteleuropäische Wirtschaft. Leipzig 1923.
Koch, A., Die Zusammenschlußbestrebungen der Privatbankiers. Jena 1920.
Lehmann, Rechtsformen und Wirtschaftstypen der privaten Unternehmung. Mannheim 1925.
Lewinsohn, R. (Morus), Die Umschichtung der europäischen Vermögen. Berlin 1925.
Liefmann, R., Beteiligungs- u. Finanzierungsgesellschaften. 4. Aufl. Jena 1923.
Liefmann, R., Kartelle, Konzerne und Trusts. 7. Aufl. Stuttgart 1927.
Liefmann, R., Die Unternehmungsformen. 3. Aufl. Stuttgart 1923.
Mannstaedt, Ursachen und Ziele des Zusammenschlusses im Gewerbe unter besonderer Berücksichtigung der Kartelle und Trusts. Jena 1916.
Mautner, W., Die jüngste Entwicklung des niederländischen Bankwesens in: Niederl. Jahrbuch 1924. München 1924 (insbes. S. 4—9 u. 24 f.).
Konzerne der Metallindustrie. Herausgegeben vom Vorstand des deutschen Metallarbeiter-Verbandes. 1923 (Stuttgart) und 1924.
Model-Loeb, Die großen Berliner Effektenbanken. Jena 1896.

Naphtali, F., Im Zeichen des Währungselends, 2. Aufl. Frankfurt 1924.
Naphtali, F., Währungsgesundung und Wirtschaftssanierung. Frankfurt 1925.
Naphtali, F., Abbau und Aufbau. Frankfurt 1926.
Neißer, Das deutsche Bankgewerbe und seine Bedeutung für den Wiederaufbau der Wirtschaft. Berlin 1924.
Pinner, F., Deutsche Wirtschaftsführer. Charlottenburg 1925. 15. Aufl.
Pinner, F., Emil Rathenau und das elektrische Zeitalter. Leipzig 1918.
Poschinger, H. v., Bankwesen und Bankpolitik in Preußen. 3 Bde. Berlin 1878/79.
Rathenau, W., Vom Aktienwesen. Berlin 1917.
Reibnitz, Frhr. K. v., Amerikas internationale Kapitalwanderungen (Sozialwiss. Forschungen Abt. IV, H. 3. Berlin 1926.)
Rießer, J., Die deutschen Großbanken und ihre Konzentration im Zusammenhang mit der Entwicklung der Gesamtwirtschaft in Deutschland. 4. Aufl. Jena 1912.
Rosendorff, Die rechtliche Organisation der Konzerne. Berlin 1926.
Schulze-Gaevernitz, v., Die deutsche Kreditbank (Grundriß der Sozialökonomik V. 2.)
Schumacher, Die Ursachen und Wirkungen der Konzentration im deutschen Bankwesen. (Schmollers Jahrbuch XXX 3; 1906.)
Sombart, W., Der moderne Kapitalismus. München-Leipzig 1919, 1921, 1926 f.
Sombart, W., Die deutsche Volkswirtschaft im 19. Jahrhundert und im Anfang des 20. Jahrhunderts. 5. Aufl. Berlin 1921.
Statthalter, J., Interessengemeinschaften. Essen 1922.
Steinberg, Die Konzentration im Bankgewerbe. Berlin 1906.
Stillich, Die Banken, ihre Arten und ihre Beziehungen zur Gesellschaftsordnung. Berlin 1924.
Strasser, K., Die deutschen Banken im Ausland. München 1925. 2. Aufl.
Sykes, J., The amalgamation movement in English Banking 1825—1924. London 1926.
Tschierschky, Kartell und Trust. Leipzig 1911.
Troß, Der Aufbau der Eisen- und eisenverarbeitenden Industriekonzerne Deutschlands. Berlin 1923.
Ufermann u. Hüglin, Die AEG. Berlin 1922.
—, Stinnes und seine Konzerne. Berlin 1924.
Ufermann, Könige der Inflation. Berlin 1924.
Vogelstein, Th., Die finanzielle Organisation der kapitalistischen Industrie und die Monopolbildungen (Grundriß der Sozialökonomik VI).
Wallich, P., Die Konzentration im deutschen Bankwesen. Stuttgart 1905.
Weber, Ad., Depositenbanken und Spekulationsbanken. München-Leipzig 1922. 3. Aufl.
Weber, M., Wirtschaftsgeschichte. München und Leipzig 1923.
Weber, M., Wirtschaft und Gesellschaft (Grundriß der Sozialökonomik III. Tübingen 1922.)
Weihs, G., Die Beziehungen der Banken zur Industrie. Wien 1921.
Wulff, H., Die Norddeutsche Bank in Hamburg, 1856—1906. Berlin 1906.

Tageszeitungen. — Geschäftsberichte. — Die Bank (Lansburgh). Bank-Archiv (Rießer). Plutus (bis 1924), Magazin der Wirtschaft (Schwarzschildt, seit 1925). Wirtschaftsdienst. Der Deutsche Volkswirt (Stolper). Die Wirtschaftskurve der Frankfurter Zeitung. Deutsche Bankbeamtenzeitung. Kartell-Rundschau (Tschierschky). Der Deutsche Ökonomist. Die Gesellschaft (Hilferding). The Economist. Banker's Magazine (London). Annual Reports of the Federal Reserve Board, Federal Reserve Bulletin (Washington). — Salings Börsenpapiere (Berlin). Handbuch der deutschen Aktiengesellschaften (Berlin). Adreßbuch der Direktoren und Aufsichtsräte (Berlin). Wirtschaft und Statistik (Statist. Reichsamt). — Einzelschriften zur Statistik des Deutschen Reiches. Nr. 3. Die deutschen Banken 1924 bis 1926. Berlin 1927.

Die Not der Zeit hat die meisten deutschen Sammlungen von staats- und sozialwissenschaftlichen Abhandlungen zum Erliegen gebracht. Den Fachzeitschriften fehlt der Raum für größere Untersuchungen. In der Erkenntnis, daß nur eine Zusammenfassung der Kräfte Abhilfe schaffen könne, haben deshalb die sozialwissenschaftlichen Forscher Deutschlands die Herausgabe einer gemeinschaftlichen Sammlung beschlossen und eine Arbeitsgemeinschaft begründet, welche die sorgfältige Auslese der zu veröffentlichenden Abhandlungen sicherstellt. In dankenswerter Weise hat der Verlag Walter de Gruyter & Co. auf jeden Gewinn aus den »Sozialwissenschaftlichen Forschungen« verzichtet und leistet die Notgemeinschaft der deutschen Wissenschaft Zuschüsse zu den Herstellungskosten.

Mit wenigen Ausnahmen sind alle Lehrer der Staats- und Sozialwissenschaften an den deutschen Universitäten, landwirtschaftlichen, technischen und Handelshochschulen und eine Anzahl Privatgelehrter der Arbeitsgemeinschaft beigetreten. Sie gliedert sich ebenso wie die »Sozialwissenschaftlichen Forschungen« bis auf weiteres in 5 Abteilungen. Der von den Fachgenossen gewählte Abteilungsvorsteher oder sein Stellvertreter entscheidet über die Annahme der eingereichten Arbeiten und trägt die Verantwortung als Herausgeber. Die Abteilungen und ihre Vorsteher sind die folgenden:

I. Allgemeine Nationalökonomie (mit Einschluß des Bevölkerungswesens), Soziologie, allgemeine Sozialpolitik, allgemeine Probleme der Statistik, der Wirtschaftsgeschichte und -geographie.

Professor **Diehl**-Freiburg,
„ **Alfred Weber**-Heidelberg,
„ **v. Zwiedineck-Südenhorst**-München.

II. Agrar- und Siedlungswesen (auch Forstwesen, Jagd, Fischerei) mit Einschluß der nationalökonomischen Probleme der landwirtschaftlichen Betriebslehre.

Professor **Sering**-Berlin,
„ **Skalweit**-Kiel,
Dr. **Keup**-Berlin.

III. Gewerbe (Bergbau, Industrie, Handwerk) mit Einschluß der gewerblichen Sozialpolitik.

Professor **Herkner**-Berlin,
„ **Adolf Weber**-München,
„ **Heyde**-Berlin und Kiel.

IV. Handel und Verkehr, Bank- und Börsenwesen, Versicherungswesen, auswärtige Wirtschaftspolitik.

Professor **Eckert**-Köln,
„ **Prion**-Berlin,
„ **Erwin v. Beckerath**-Köln.

V. Finanzwissenschaft.

Professor **v. Eheberg**-Erlangen,
„ **Terhalle**-Hamburg,
Landesfinanzamtspräsident **Dr. Schwarz**-Magdeburg.

Berlin und Breslau im Oktober 1922.

Das Präsidium der sozialwissenschaftlichen Arbeitsgemeinschaft

Sering. Herkner. Hesse.

Kolibri 360 GmbH
Ferdinand-Jühlke-Straße 7
99095 Erfurt, Deutschland
produktsicherheit@kolibri360.de